U0873280

吉首大学“十三五”规划精品教材

中学体育教学设计

张天成　张福兰 ◎ 主编

西南交通大学出版社
·成　都·

图书在版编目（CIP）数据

中学体育教学设计 / 张天成，张福兰主编．—成都：西南交通大学出版社，2018.11（2024.7 重印）
ISBN 978-7-5643-6586-8

Ⅰ．①中… Ⅱ．①张… ②张… Ⅲ．①体育课 - 教学设计 - 中学 Ⅳ．①G633.962

中国版本图书馆 CIP 数据核字（2018）第 256048 号

中学体育教学设计

张天成　张福兰　主编

责任编辑	郭发仔
助理编辑	郑丽娟
封面设计	墨创文化
出版发行	西南交通大学出版社（四川省成都市二环路北一段 111 号 西南交通大学创新大厦 21 楼）
发行部电话	028-87600564　028-87600533
邮政编码	610031
网址	http://www.xnjdcbs.com
印刷	成都中永印务有限责任公司
成品尺寸	185 mm × 260 mm
印张	12.75
字数	272 千
版次	2018 年 11 月第 1 版
印次	2024 年 7 月第 5 次
书号	ISBN 978-7-5643-6586-8
定价	35.00 元

图书如有印装质量问题　本社负责退换
版权所有　盗版必究　举报电话：028-87600562

前言//

“中学体育教学设计”是普通高等学校体育教育专业师范类课程，是师范生教学技能培养的主要内容，是体育教师资格证培训的核心内容。本教材以《全国普通高等学校体育教育本科专业课程方案》对体育教育专业培养目标的定位和《体育与健康课程标准》的基本理念为依据，围绕培养“宽口径、厚基础、强能力、广适应”的多元化体育教育专业人才目标，进行课程资源与教材建设，最终形成融知识性、操作性、实用性于一体的“中学体育教学设计”课程教学教材，为体育教育专业学生教学设计能力培训提供服务。

本教材以教学理论、学习理论、信息传播理论以及体育专业理论为基础，结合教育学、生理学、心理学、社会学等学科相关理论，系统阐述了体育教学设计的一般原理、目标设计、策略设计、方法设计、组织设计、过程设计、结构设计、模式设计、计划设计、评价设计等，体现了教材的思想性、系统性、理论性、科学性。教材内容紧密联系中学体育教学实践，突出“健康第一”的指导思想，体现中学《体育与健康课程》教材有关要求，培养学生体育教学设计能力、教学能力、组织和管理能力。教材案例以中学《体育与健康课程》教材为基础，结合中学体育教学实际和中学生身心发展特点，精选案例，内容涉及田径、体操、武术、球类、民族传统体育等项目，材料翔实、体例合理、图文并茂。本教材不仅可作为体育教育专业本科学生的教材，还可作为体育学硕士研究生教学参考教材，同时也是师范生教学技能培养、教师资格证考试培训、职前教师、广大体育教师和管理者方便、实用的参考教材。

本教材在撰写过程中参阅并引用了有关专家、学者的著作和资料，在此表示衷心的感谢。由于编者的水平和能力有限，本教材难免会有不足之处，敬请同行和专家批评指正。

编 者

2018 年 7 月

目录

第一章 体育教学设计概述

【教学目的和要求】

了解体育教学设计的概念与意义；掌握体育教学设计的理论基础与原则；理解体育教学设计背景分析。

【教学重点和难点】

体育教学设计理论基础；体育教学设计背景分析。

【教学方法和手段】

讲解、提问、讨论、案例分析。

【教学主要内容】

体育教学设计的概念与意义；体育教学设计理论基础；体育教学设计原则；体育教学设计背景分析。

第一节 体育教学设计概念与意义

一、体育教学设计概念

（一）设计、教学设计的概念

1. 设计概念

“设计”一词在众多的领域都得到了广泛应用，但是人们对此的理解却不尽相同。如，戈登·罗伦德认为“设计就是为创造某种具有实际效用的新事物而进行的探究”；孙可平认为“设计是指在创造某种具有实际效用的新事物或者解决新问题之前所进行的探究式的系统计划过程”；王辉则认为“所谓设计，就是为了实现预定的目标，预想今后可能会出现的情况，观念性的操作构成要素，明确整体和部分之间关系的行为”。对于“设计”一词，《现代汉语词典》的解释是：设计就是在正式做某项工作之前，根据一定的目的要求，预先制定方法、图样等。从以上几种解释可以看出，当我们去做某件事情时，为达到某种我们所需要的目的和效果，都要进行一定的设计。在这里应该指出的是设计不等同于计划。设计是指在某项活动之前，根据一定的目的要求，提前对这项活动进行的安排和策划。而在安排和计划中，它所要求的科学性、仔细性、精确性程度要比计划高。

2. 教学设计概念

“教学设计”是在20世纪50年代以后逐渐发展起来的，它是在教育心理学和教学技术的基础之上所形成的一种现代教学理论。什么是教学设计呢？在现在的社会中，有些人认为教学只是一种很简单的媒介，通过教学，让学生可以去得到自己未知的知识。他们觉得教学只是一种知识的传递，只要是能掌握这门学科的知识，谁去授课都一样。很显然，他们简化了教学。实际上，教学是一个非常复杂的系统，里面包含了众多的元素。教学设计是针对教学的复杂性进行统一的排序，它遵循教学规律和原理，同时它还具有设计的一般性。关于教学设计的概念，不同的专家有不同的看法，如教学论学者赖格卢思形象地把教学设计比作建筑设计蓝图的准备，把教学开发比作实施这个计划的过程。而有些学者则把教学设计与教学开发视为同一物。我国一些学者认为教学设计是运用系统方法，分析教学问题和确定教学目标，建立解决教学问题的策略方案，评价实施结果和对方案进行修改的过程。虽然大家的说法不一，但是重心都是放在教学规划和课程开发上。教学设计是一个大的概念，它是对教学的整体规划甚至是课程开发的概念。因此，教学设计是运用教学理论和教学技术，采用系统方法，分析教学问题，确定教学目标，建立教学策略方案，评价教学实施结果，并对教学方案进行修改的过程。

（二）体育教学设计概念

体育教学是一个特殊的教学过程，与别的学科相比，体育与健康课程承担着促进学生身心全面发展的任务，其教学过程不仅是身体活动的过程、思维发展的过程，同时也是学生体育学科核心素养培养的过程。其重要特征是在教学过程中学生要承担一定的生理负荷和心理负荷，加之体育教学活动空间开放，影响因素众多，体育教学的组织和控制的难度是其他学科难以比拟的。因此，对体育教学过程中的各个要素进行分析研究，围绕体育课程目标对体育教学过程进行充分的准备和策划是非常必要的。

我国对体育教学设计的研究始于20世纪80年代中期，从那时起，教学设计的原理和方法越来越受到人们的重视，并已开始在课程计划的制订、教学软件的开发以及课堂教学的改革等方面有所应用。如，毛振明认为“体育教学设计是根据教学目的和教学条件，对某个过程（如学段、学年、学期、单元和学时）教学所进行的各方面的最优化研究工作和计划工作”，这个定义明确了体育教学设计的应用范围；周登嵩认为“体育教学设计是根据体育学科的特点，从体育教学系统的整体出发，综合考虑体育教师、学生、场地器材、体育教学环境及要达成的教学目标等各方面的因素”，这个定义清晰详细分析体育教学可能出现的问题，有针对性地设计出解决这些问题的教学行动方案，并在体育教学实施过程中评价行动方案的可靠性，同时随时做出修正，直到体育教学活动取得优化的教学效果为止；南勇认为“所谓体育教学设计，实质上就是根据体育教学的特点，采用系统的方法，对教学前的各种准备工作和教学过程的实施进行系统的综合”，等等。

综合以上学者的观点，体育教学设计是一项研究工作和计划工作。它以获取最佳体育教学效果为目的，以学习理论、教学理论、传播学和体育教学原理为理论基础，通过一套具体的操作程序来协调、配置体育教学过程中的各种要素（如体育教师、学生及教学内容、教学条件、教学目标、教学媒体、教学组织形式）以达到优化体育教学过程的一种设计活动。因此，体育教学设计是指以教学理论、学习理论、信息传播理论以及体育专业理论等相关理论为基础，运用系统方法分析体育教学问题，确定体育教学目标，设计解决体育问题的策略、试行方案、评价结果和修改方案的系统化计划过程。

二、体育教学设计的意义

（一）调控和指导体育教学过程

从一般意义上讲,体育教学设计的主要任务是解决体育教学过程中所出现的问题，优化体育教学过程。具体来说，就是通过预先的规划与设计使得相同的问题在今后的体育教学中不再出现或者减少出现。传统的体育教学设计大多以课堂、书本及教师为中心，片面地强调体育教学中学生的主体作用，教学决策大都仅凭教师个人经验和意向。现代的体育教学设计则克服了这种局限，将体育教学活动建立在系统方法的科学基础之上，使体育教学手段、过程成为可复制、可传授的技术和程序。体育教学设计虽然对体育教学起不了决定性的作用，但是它的作用也是不容忽视的，它对体育教学过程起着宏观调控、指导与定向的作用，是体育教学目标实现过程的具体演说，它的优劣直接决定着体育教学过程和教学效果的优劣。

（二）促进体育教学理论与实践的结合

杜俊娟认为，体育教学设计有利于使体育教学科学化、现代化。现代体育教学设计是以学习理论、心理学有关理论为依据，从体育教学科学规律出发，应用系统方法解决体育教学问题,这就使体育教学活动的设计摆脱了经验主义而进入科学的轨道中，使广大体育教育工作者方便接受，并能在体育教学实践中进行传承。要使体育教学工作科学化，就应当提倡学习和运用体育教学设计这项教学技术。长期以来，体育教学研究偏重于理论上的描述和完善，使体育教学理论成为纸上谈兵，对改进体育教学工作帮助不大。在这种情况之下，被称为“桥梁学科”的体育教学设计学起到了沟通体育教学理论与体育教学实践的作用。一方面，通过体育教学设计，可以把已有的体育教学理论和研究成果运用到体育教学实践中；另一方面，也可以把体育教师的教学经验升华为教学理论，充实和完善学科教学理论，这样就把体育教学理论与体育教学实践紧密地结合起来了。另外，对体育教学设计过程的认识，可促进体育教师结合教学实际，对现有的教学行为进行改进和创新，全面贯彻和实施《体育与健康课程标准》，促进《体育与健康课程》教学改革，优化课程教学，提高教学质量。

（三）培养体育教师科学思维习惯和能力

体育教学设计可以促使体育教师的教学从经验型、随意型向科学型转变。体育教学设计集合了体育教师的教育教学理论知识和专业素养，体现了《体育与健康课程》对教师的要求，有助于把体育教师培养成为教学的设计者、组织者和实施者。体育教学设计有助于体育教师发现教学中存在的问题，积极思考和探索解决问题的办法和思路，使体育教学设计的教学方案更具有实效性、针对性。同时，体育教学设计有助于更好地体现学生的主体地位，满足根据学生的个体差异进行教学的需要。体育教学设计也是系统地解决体育教学问题的过程，如在课时教学目标分析中，需要将教学目标分解为一系列子目标（认知、技能、情感目标等），建立一个教学目标群，然后根据教学目标确定教学内容、选择教学方法、制定教学策略，并确定实现目标的教学步骤等。这与很多实际问题的解决思路（如现代管理学中的目标管理思路）是相同的。另外，像教学设计的背景分析、决策设计、评价反馈等理论与方法，在现实的生活、工作实践中也经常运用。因此，通过体育教学设计原理与方法的学习、运用，可以培养体育教师科学思维的习惯，提高体育教师分析和解决教学问题的能力。

第二节　体育教学设计理论基础

一、系统论理论基础

系统科学近年来在教育领域内应用比较广泛。依据系统理论的思想观点，不仅体育教学过程是一个系统，而且体育教学设计也是一个系统。系统理论主要为体育教学设计提供了系统分析方法。从系统理论所提供的思想和方法出发，来研究体育教学设计，为体育教学设计打开了一个新的视角。系统理论的提出者是奥地利生物学家 L.V. 贝塔朗菲，他在 1932 年发表“抗体系统论”，提出了系统论的思想；在 1937 年提出了一般系统论原理，奠定了这门科学的理论基础；他在 1968 年发表的专著《一般系统理论基础、发展和应用》，该书被公认为是这门学科的代表作。在教学设计中，人们对系统理论也非常重视。系统理论和控制论、信息论一样，同样是现代科学技术革命发展的产物。系统理论为人们进一步认识事物的本质提供了依据，指导人们去揭示物质运动的规律。系统理论认为：整个自然界是以系统的形式存在的有机体，任何客体都是由很多要素以一定结构组成的具有相对功能的系统，整个自然界是由不同层次的等级结构组成的开放系统，它处于永不停息的运动中。用这些基本观点去观察世界，能够较为具体地说明物质世界的本质联系。这也为系统地研究体育教学设计系统及体育教学各要素提供了重要的方法论指导。

系统论认为，世界上一切事物都是作为各种各样的系统而存在，任何事物、现象、过程都自成系统。什么是系统？“系统”一词出自希腊语“system”，表示群或集合的概念。“系统”的英文为“system”，解释为“同类事物按一定的关系相互作用的整体”。系统论的创始人贝塔朗菲把系统定义为“相互作用的很多要素的复合体”。一般认为，“系统是相互间具有有机联系的组成部分结合起来的能够完成特定功能的整体”。系统就其本质来说，就是要素及其关系的总和。系统的构成至少要有三个条件：① 要有一定的要素，其中因为分析的需要，而把其主要的元素称之为要素；② 要有一定的结构，即要素之间的相互联系，若要素之间没有联系，则不能构成系统；③ 要有一定的环境，系统是一定环境中的系统，它在一定的环境作用下，又作用于一定的环境，没有环境就没有系统。系统的组成部分所包含的内容将由系统设计者的需要而定。

由于分类的标准不同，对系统有不同的分法：① 根据系统的组成内容不同，可将系统分为物质系统、社会系统等；② 根据系统的生成原因不同，可将系统分为自然系统、人工系统；③ 以系统的形式或从它的复杂程度来分，可将系统分为小型系统、中型系统；④ 从系统与时空的关系上来划分，可将系统分为静态系统、动态系统；⑤ 从系统与环境的关系上来划分，可将系统分为封闭系统、开放系统；⑥ 从功能上分，可将系统分为控制系统、封闭系统等。

体育教学系统的特点主要有以下几方面。① 目的性。体育教学系统的存在和运行始终围绕着一个明确的教学目标，这个目标从纵向关系看，包括学段（水平）教学目标、学年教学目标、学期教学目标、单元教学目标、课时教学目标等。② 整体性。系统是由两个或两个以上的可相互区别的要素构成的综合整体。构成体育教学系统的各要素虽然具有不同的作用，但它们都是根据逻辑统一性的要求而构成的整体，缺一不可，如教师、学生、教学目标、教学内容、教学方法、教学环境、教学过程、教学评价等。③ 关联性。体育教学系统各要素是相互联系、相互作用的，这些要素之间具有相互依赖的特定关系，这种特定关系才能使它们有机地结合起来，从而形成具有特定性能的体育教学系统。④ 开放性。体育教学主要在户外进行，与外界始终是紧密联系的，它的操作及运行过程受环境条件影响较大，体育教学系统与外界系统保持着动态联系。⑤ 差异性。体育教学对象（学生）是存在差异的，这种差异既有班级间的差异，又有学生个体的差异，体质强弱、健康水平、兴趣爱好、运动技能等千差万别。所以在体育教学中，教学内容的选择、方法的应用、负荷的大小都应因人、因时、因地制宜等。

总之，体育教学设计是一个复杂的系统，它受到诸多教学要素的影响和制约。因此，我们只有从系统理论所提供的思想和方法出发，研究体育教学设计的过程，同时了解体育教学设计各要素的结构、功能和特点并整合各要素的功能，深入了解各要素之间的关系，并通过严密的分析和精心的策划，充分发挥各要素对体育教学设计的良性作用，才能设计出高质量的体育教学方案。

二、传播学理论基础

传播就是将信息从一个地方传到另一个地方。传播学研究的是信息的传播过程、信息的结构和形式、信息的效果和功能。传播理论对体育教学设计产生着重要影响，因为体育教学过程就是一个信息的传播过程。传播理论揭示了体育教学过程系统中各要素之间的动态联系和相互关系，描述了体育教学系统中信息的传播过程，为体育教学设计者进行体育教学设计提供了理论支撑。人类是处理信息的动物，是传播的动物，传播渗透到我们所做的一切事情中，它是形成人类关系的材料，它不断延伸我们的感觉和信息渠道。人们除了睡觉外，大部分时间都在使用媒介。在日常生活中，人们对信息有三种看法：一是作为通信的消息来理解；二是作为运算的内容而提出的；三是作为人类感知的来源而存在的。一般地说，“信息是指反映客观世界中各种事物的特征和变化的组成”。

关于信息的传递，威尔伯·施拉姆提出了有意义信号的传播和接收的模式。此模式具有四个要素：信息发送者、信号、信息通道、信息接受者。首先，信息发送者通过各种媒体，使用语言，借助手势、表情、语调等方式发送信息，这些信息包含了发送者的文化、经验、态度、能力等。所发送的信息并不是所有的都能被信息接受者接受。因此，所发送的信息必须经过某种形式的编码，被编码后的信息通过信息传播通道传播出去。信息传递有不同的通道，声波作为听觉通道，光波作为视觉通道。何种信息选用哪种信息传播的通道，才能获得最佳的效果，是体育教学设计者选择媒体时应着重考虑的。

然后，信息接受者对接到的信息进行解码，并对其附加一定的意义。要有效地完成这个过程，信息接受者对信息的细节必须有足够的感知和注意，这还取决于信息接受者的经验背景、个性特征、价值观等，与信号呈现的质量等因素也有关。在威尔伯·施拉姆《大众传播的过程与效果》一书中，他认为，只有在信息传播者和信息接受者的经验领域重叠的部分，传播才是有效的。从传播模式中可以看出，有效的传播不仅是发送信息，还要通过反馈途径，从接受者那里获取反馈信息，以便据此调整发送出去的信息。在信息传递的全过程中，信号的质量可能受到噪声的干扰，极易导致传播失误或接收困难。因此，在体育教学设计时，必须考虑噪声的消除问题。信号的形式和结构影响着信息的接收，这里需要注意三个问题：信号的组织、语言的作用和能够引起注意的信号特征。大多数信息都可以用词或者句子进行编码，所以语言是建构信号的基本因素。语言为组织信号提供了一种结构方式，人们可利用语言对信号进行编码和组织，也可用其对信号进行解码。

传播过程中另一个关键因素是信号中所包含信息的组织化程度。那些有序的结构和图式丰富的、相互之间密切联系的信息易于记忆和提取，而无序的信号由于缺乏结构而常常被人遗忘。这里我们还要考虑一个问题，那就是信号的传播速率对信号负载量的影响。快速传递的信息对接受者施加了更重的信息负载。一般认为，接受者控制信号的程度越高，传播的效果越好。信号的形式和结构中还有一个要考虑的问题是，信号要能够吸引接受者的注意力。因此，体育教学设计者必须对信号精心设计，而且还要排除影响接受者注意和编码的那些刺激信号。所以，确定选择何种体育教学媒体是十分重要的。

至于传播的背景，瑞奇根据利特炯的观点，将传播发生的背景划分为个人之间的、小组中的、机构中的和大众媒体的四类。个人之间传播的原因有人际关系、需要等。体育教学活动常以小组的形式进行，在小组传播情境中，传播具有相互依赖、较强的目的性、密集形式等三种特性。据此，可以分析小组中相互之间传播的情况。如果要影响机构的传播状况，必须了解机构的传播模式和有影响力的管理者。大众传播的特点是单向快速，信息接受者可控制信号的接收，以上这些方面的知识对进行体育教学设计是有帮助的。

通过以上分析，传播理论的基本思想和观点可以应用到体育教学设计中去。第一，体育教学设计可应用传播理论的一些具体方法。例如，对学生的分析，其宗旨就是要了解学生原有的经验、兴趣和动机等，以便使信息发送者（体育教师）清楚信息接受者（学生）具备了哪些经验。传播模式中的反馈是为了了解信息接受者（学生）是如何解释所发出的信息，接受的效果如何。体育教学设计也必须通过反馈不断地了解学生的需要，以便修改体育教学信息，使传送的体育教学信息更有效。第二，传播理论十分重视传播媒体的分析和选择，不同的媒体将产生不同的传播效果。体育教学设计也十分重视体育教学媒体的分析和选择，因为体育教学媒体是传递体育教学信息的通道，哪种通道便于学生理解和接受体育教学信息，哪些通道有利于提高体育教学效率和效果，这是进行体育教学设计时必须加以考虑的。同时，应用传播理论可以使体育教学设计者科学地考察学生接受信息的能力，有效地提高学生理解和接受体育教学信息的能力和水平。传播理论对体育教学设计的理论支持主要体现在：传播过程理论模型说明了体育教学传播过程所涉及要素；传播理论指出了体育教学过程双向性等。

三、教育学理论基础

教育是培养人的活动，教育的直接对象是个体的人，人才培养的质量与劳动力的素质和劳动生产率密切相关。孔子提出的“有教无类”的教育思想，可以理解为人人都有受教育的权利；孔子的这些教育思想与观点成为当今教育“人人、时时、处处”学习与教育理念的思想基础。教育学理论指出，教师在教学过程中起主导作用，主要因为教师“闻道在先，术有专攻”，受过专门的教育训练。他们不仅知之在先，知之较多，而且有扎实的教育科学知识、体系化的教学技能，从而能够更有效地向学生传授知识，帮助学生发展智力、完整人格。

学习理论是研究人类学习的本质及其形成机制的心理学理论，而体育教学设计则是为学习者的体育学习创造环境，根据学习者的不同需要设计不同的体育教学计划，在充分发挥体育教学对人的全面发展作用的基础上进一步挖掘体育教学的功能。因此，体育教学设计要广泛地了解及学习人类行为，将学习理论作为其理论基础。

现代学习理论主要有三大学派。他们在对学习的实质、过程、规律及其与学习者心理发展关系的认识上都有所不同：“行为主义的学习理论强调学习刺激与反应的联结，主张通过强化和模仿来形成和改变行为；认知主义的学习理论强调学习是认知结构的建立与组织的过程，重视整体性和发展式学习；人本主义的学习理论强调学习是发挥人的潜能、实现人的价值的过程，要求学生愉快地、创造性地学习。”各学派学习理论对体育教学设计的理论支持作用表现在三大方面。① 在行为主义学习理论中，斯金纳的程序教学为体育教学设计的程序提供依据。体育教学设计开始于程序教学的设计，程序教学为体育教学设计提供实现基础。② 认知主义学习理论为体育教学设计提供科学依据。布鲁纳是美国当代认知心理学的主要代表人物，他认为学习是认知结构的组织和重新构建，是将有内在逻辑结构的教材与学生原有的认知结构联系起来，新旧知识交互作用，是新材料在学习者脑中获得新意义的过程。③ 人本主义学习理论以罗杰斯的“以学习者为中心”的学说为代表。他主张学习者要充分挖掘自己的潜在能力，能够愉快地、创造性地学习。其主要观点有：意义和经验的学习是重要的学习，即让学生学习对自己有意义、有价值、有好处的知识和技能；学习是愉快的事，即不应给学生加上过重的心理负担，不能用威胁、讽刺等手段强制学生学习；学生必须懂得怎样学习，即学生必须在教师的引导下主动发现、运用有效的学习方法；学生要学会自我评价，即教师要引导学生分析自己的学习历程与学习水平，而不是和别人比较；情感在学习过程中有重要作用，即要发展学生的积极情感，使学生以饱满的热情投入学习。总之，体育教学设计的目的是促进学习者更有效地进行体育与健康知识和技能的学习。体育教学设计必须充分研究学习者的体育学习，即分析学习者的学习需要、学习特征和体育教材内容，然后制定体育教学目标、研究教学策略、选择媒体等。学习理论就是研究人类学习的理论，也必然成为体育教学设计的基础理论之一。

教学理论是研究教学本质和一般规律的科学。教学的本质与一般规律是指教学过程的基本性质以及教学过程与教学结果之间的因果关系，即各种教学事件（教学活动）和学习过程、学习结果之间的内在联系。因为要通过规律性的认识来确定优化学习的各种教学条件与方法，所以教学理论属于规定性理论。教学的社会职能是传授人类历史发展中积累的社会经验，它不能不受到社会背景规定的目的和任务的制约。传授什么，如何传授，以及最后在学生身上形成什么样的品质，是教学理论的核心问题。教学理论研究的范畴将教学理论的研究对象具体化，主要是研究教学的价值、目的和教学活动的具体目标，确立正确的价值观，探讨教学目的、目的制定的依据及其与教学活动的联系或关系。研究教学的本质，揭示教学过程的因素、结构及其客观规律。研究教学内容，探讨社会、教师、学生与教学内容的制约关系，揭示教学内容的制定、变化和更新的机制。研究课程、教材的正确选择与合理编排的原则和要求。研究教学的模式、原则和组织形式，研究教学的手段和方法，为教学实践活动建立规范、提出要求。研究教学评价，教学评价的标准、要求和手段，为调整教学活动环节，保证和提高教学质量提供可靠的反馈系统。

教学理论与体育教学设计的关系。体育教学设计是科学解决体育教学问题、提出解决方法的过程，是在教学理论、学习理论指导下，用系统的思想和方法对教学理论研究的主要范畴，即教师、学生、教学目标、教学任务、教学内容、教学形式、方法和原则等要素进行研究和应用。因此，教学理论是体育教学设计的直接理论来源。古今中外教学理论的研究和发展为体育教学设计提供了丰富的科学依据。斯金纳的程序教学理论、布鲁姆的目标分类理论、布鲁纳的引导—发现法、奥苏伯尔的“先行组织者”的程序教学、加涅的信息理论、赞可夫的“以最好的教学效果来促进学生最大发展”的理论、维果茨基的“最近发展区”理论、瓦根舍因的范例教学理论，都是促进教学设计发展的丰富而坚实的理论基础。体育教学设计从其指导思想到教学内容的确定，对学习者以及学习者学习需要的分析，到体育教学目标的设计到体育教学方法、教学活动程序、教学组织形式、教学媒体等一系列具体教学策略的选择和制定，再到教学评价，都是从各种教学理论中吸取精华，并加以综合运用，从而保证其设计过程的成功。体育教学设计以教学理论为基础，是教学理论与教学实践之间的一座桥梁。同时，体育教学设计的产生也是教学理论不断发展和完善的结果，体育教学设计在系统过程中为教学理论应用实践的成功创造了良好的基础。因此，体育教学设计以教学理论为基础，又可以为教学理论的改进和完善提供条件。

四、生理学理论基础

青少年儿童生长发育是一个长达 20 年左右的连续、统一的发展过程。在这一过程中，由于社会环境、营养、遗传和体育锻炼等因素的影响，不可避免地存在着较大的个体差异，但同时也遵循着共同的基本规律。青少年儿童生长发育的规律主要包括身体形态、生理机能和身体素质等几个方面，它们互相依存、互相影响、互相制约。人体的形态，从外形上，可分为头、颈、躯干和四肢等主要部分；从人体内部来看，主要包括肌肉、骨骼、心、肝、肺、肠等大的器官。如果用显微镜来观察就可以发现，人体任何部位、器官都是由基本相同的结构单位组成的，这就是细胞，它是组成人体的形态、结构，形成人体机能，以及人生长发育的基本单位。

人体的生长发育是一个连续、统一、逐渐完善的过程，青少年儿童的身体形态随着年龄的增长而变化，但在各个年龄阶段，生长发育的速度并非匀速直线上升，而是呈现出一定的阶段性和波浪性的特点。青少年儿童的身体机能发展和完善表现在神经系统、骨骼肌肉系统、呼吸系统以及心血管系统的功能变化上，各个系统的功能和特点都会随着青少年儿童发育的不同阶段呈现出较大的差异。身体素质的发展随着年龄的增长而变化，表现出明显的年龄特征和性别差异。在身体素质发展的过程中，不仅存在一个连续的增长速度较快的时期，而且还有一个身体素质发展的敏感期。

体育教学是以学生的身体练习为主要手段，以促进学生健康、增强学生体能为核心，以培养和谐全面发展的学生为目的的特殊教学方式。体育教学设计就是为了最大限度地挖掘体育教学在促进学生生长发育、提高学生的身体机能、增强学生的体能等方面的有效性。因此，在进行具体的体育教学方案设计时，我们应该详细了解教学对象的生长发育规律、有机体的机能特征以及不同年龄阶段学生的身体素质特点。青少年儿童的生理特点对体育教学设计的影响主要表现为：在分析体育教材内容、确定或创编具体的体育教材内容时，应充分考虑青少年儿童的生理发展特点，使选择的体育教材内容充分发挥其在体育教学中的载体作用，为体育教学目标和任务的完成提供条件；在对学习者的学习需要和具体特征进行分析时，尊重学习者的心理发展特点，有利于我们准确地确定体育教学中存在的问题，确定学习者的教学起点；此外，体育教学目标的制定、体育教学策略的选择以及体育教学过程的安排都要遵循青少年儿童的生理发展特点，以设计出适宜的体育教学目标、有效的体育教学策略和丰富多彩的体育教学过程。总之，在体育教学设计过程中，必须认真遵循学生生长发育的规律，重视各种生理规律对体育教学的积极影响和制约。只有这样，才能设计出真正体现新体育课程理念、高效完成新体育课程目标和任务的体育教学方案。

动作技能形成的规律。运动技能是一种习得的能力，是按一定的技术要求，通过练习而获得的迅速、精确、流畅和娴熟的身体运动能力。运动技能也指在准确的时间和空间里正确运用肌肉的能力，即在大脑皮质主导下的肌肉的协调性。按照巴甫洛夫条件反射学说，运动技能的形成是由简单到复杂的过程，其实质是在大脑皮质建立暂时神经联系的过程，并有建立、形成、巩固和发展的阶段性变化和生理规律。运动技能的形成过程是一个连续的、渐进的过程，运动技能的形成可分为泛化过程、分化过程、巩固过程和自动化过程。新课程标准把体育与健康课程的性质确定为：体育与健康课程是一门以身体练习为主要手段、以增进中小学生健康为主要目的的必修课程。新课程的内容标准分为四个学习领域，即运动参与、运动技能、身体健康、心理健康和社会适应。其中，运动技能学习领域直接体现了体育与健康课程以身体练习为主的本质特征。运动技能也是实现其他领域学习目标的主要手段之一，没有运动技能教学也就没有体育教学存在的价值。运动技能的教学仍是我们体育教学的核心。在体育教学设计中，运动技能的形成规律主要影响体育教学目标的制定、体育教学策略的选择以及体育教学过程的组织和实施。只有严格地遵循运动技能的形成规律，才能制定出准确而适宜的知识、技能学习目标，才能设计出实用性好、针对性强的体育教学方法、手段，也才能较好地实施和控制体育教学过程。因此，体育教学设计必须遵循运动技能的形成规律。

身体机能适应规律。体育教学之所以能通过体育活动和锻炼对学习者的有机体进行生物改造，达到增强体质、增进健康的目的，就是因为有身体机能适应规律的存在。遵循身体机能适应规律，不仅能有效地增强体能，而且能促使有机体的神经系统、运动系统、心血管系统、呼吸系统和能量代谢系统等的机能水平向着有助于健康的方向发展，这也正是体育教学活动和体育锻炼的意义所在。在体育教学设计中，学生身体机能适应规律会影响体育教学策略和体育教学过程的设计。我们在设计具体的体育教学模式、体育教学方法和体育教学手段时，要遵循学生的身体机能适应规律，使我们所选择的教学模式、方法、手段有利于促进学生体能的增强以及健康水平、体育动作技能和活动能力的提高。在对体育教学过程进行设计时，把握学生的身体机能适应规律，有助于设计出更科学、更有效的体育教学过程。

五、心理学理论基础

体育锻炼既是身体活动又是心理活动，体育锻炼与心理健康之间是一种相互作用、相互制约的关系。心理健康对于个体学习和掌握动作技能、提高体育成绩及坚持参加体育锻炼具有重要作用；反过来，体育锻炼有助于增进人的心理健康。

青少年儿童心理发展包括认知发展、情感和意志发展、个性发展等三个方面。认知发展主要包括：感知、注意、记忆、思维和想象。青少年儿童的认知发展随着年龄的变化而变化，在不同的年龄阶段表现出较大的差异性。从总体来看，青少年的情感与儿童相比具有内隐性及延续性，他们的情感丰富、生动，表现强烈、鲜明，但对情绪、情感的控制能力不够强。儿童意志的独立性、果断性、坚持性和自控能力都比较差。随着年龄的增长，初中阶段以后，学生意志的独立性和坚持性迅速发展，果断性和自控能力也得到提高，但仍带有冲动性和草率性。个性发展包括：个性心理特征（气质、性格、能力）和个性心理倾向（需要、动机、兴趣、信念和世界观等）。青少年儿童的个性心理特征和个性心理倾向在不同的年龄阶段具有不同的特点。

在体育教学中，为了更好地实现体育教学目标，达到增强学生的体质、增进学生的健康、使他们掌握体育与健康的基本知识和技能的目的，我们需要了解不同年龄阶段学生的心理特征；为了培养学生积极参与体育活动的态度和行为，培养学生健康的心理以及良好的社会适应能力，我们更需要详细掌握学生的不同心理特点。学生学习和掌握体育与健康的知识和技能、增强体质、增进健康的过程不仅需要学生的身体参与，而且对学生的心理过程也有较高的要求。培养学生积极参与体育活动的态度和行为以及健康的心理，更需要我们深入地理解心理学的相关原理，并有效地结合体育教学实践加以应用。学生的心理发展特点是我们进行体育教学设计时需要遵循的主要规律之一。这是因为学生在体育课堂中的学习受到其心理发展特点的影响和制约。我们只有清楚地把握学生的心理发展特点，才能准确地分析学生的学习需求和特点，准确地确定学生的起始状态，为后续体育教学活动的安排提供依据；才能选择或创编符合学生心理特点的体育教材内容并使其充分发挥实现体育教学目标的载体作用，激发和保持学生对体育学习的兴趣，调动学生的学习积极性和主动性；才能制定出具体的、可操作性强的体育教学目标，为体育教学活动的开展提供准确方向；才能设计出理想的、高效的体育教学模式、方法和手段，为体育教学目标的实现提供保障；才能设计出既丰富多彩又严谨有序的体育教学过程，为体育教学的全面实施提供具体的、完整的思路。总之，掌握不同年龄学生的心理发展特点是设计高质量体育教学方案的前提和基础。

第三节　体育教学设计原则

一、体育教学设计原则概念

杜俊娟在《体育教学设计的依据、原则及操作程序》中提出的体育教学设计的原则为准备性、全面性、适量性、活动性、差异性。孙英俊在《体育教学设计的“四要素”》中指出一个好的教案应具有以下要素：整体布局要严谨且有逻辑性；教学设置要有针对性；教学方法要有实效性；学习评价要有激励性。时国兴在《体育教学设计依据和操作原则的理论实践探析》中提出“教学效果则是取决于教学诸要素的合力，教学设计是为了能全面地把握教学过程诸要素，处理好各要素之间的关系，将教学活动合理优化、简单化”。杨进波在《体育教学设计的方法论研究》中指出“不断更新体育教学观念；正确处理借鉴与创新的关系；重视体育教学实践研究。在系统科学方法中强调：整体性原则；动态性原则；最优化原则”。焦敬伟在《体育教学设计的基本过程与方法》中提到“体育教学设计要求理论与实践统一，设计的系统化，思想要具有丰富性，在解决问题方案时寻求新颖性以及独特性，及设计者的创造性”。朱伟强在《体育教学设计理论体系的构建》中认为“体育教学设计具有系统性、灵活性、科学性和艺术性等的特点。体育教学设计有利于体育教学工作的科学化、有利于体育教学理论与体育教学实践的结合、有利于科学思维习惯和能力的培养、有利于加速对青年教师的培养并且有利于体育媒体教材的开发和质量的提高”。因此，体育教学设计原则是根据体育教学的基本规律和系统论的方法学原理制定的，对体育教学设计具有普遍的指导意义。指导体育教学设计的原则有：目标性导向原则、整体优化原则、程序性原则、可操作性原则、灵活性原则等。

二、体育教学设计原则

（一）目标导向原则

目标导向原则是指体育教学设计必须紧扣体育教学目标，所有教学环节的设计都以目标为导向，体育教学设计方案要保证实施过程的教学行为与目标保持高度一致，为目标的实现服务。体育教学目标由体育与健康课程目标决定。从课程目标到水平目标，到学年目标，到学期目标，到单元目标，再到课时目标，形成系统的教学目标序列。

体育教学设计是一个通过解决问题来实现体育教学目标的准备过程。因此，在进行体育教学设计之前，要认真解读体育与健康课程目标体系，理解体育教学的宏观目标，找到课程目标实现的具体步骤；要深入教学实际进行调查，了解教学中存在的问题，确定问题的性质，分析学习者的学习需要、特点和起始能力，从而确立课堂教学的具体目标；要选择实现目标的手段，研究解决问题的办法和途径，设计实施程序，然后用体育教学设计方案的形式呈现出来，最终达到解决体育教学问题、实现体育与健康课程目标的目的。

体育教学设计在体育教学过程的初始阶段，对体育教学过程起着宏观调控、指导与定向的作用，是体育教学目标实现过程的具体演说，它的优劣直接决定着体育教学过程和教学效果的优劣。体育教学的目的就是帮助学生从起始状态（学生目前的实际情况）达到目标状态（学生学习后达到的结果）。而体育教学设计就是为了制定科学、合理的教学实施方案，高效地帮助学生实现这种状态的转移。因此，体育教学设计的每一个环节、每一个步骤都要考虑对教学目标实现的功能和作用效果，检查是否有利于学生的体育能力、健康状态、社会适应能力向目标状态高效转移。

（二）整体优化原则

葛冰在《体育教学模式的整体优化研究》中指出“体育教学模式的整体优化是指体育教师运用综合性观点，对体育教学模式分析和综合的基础上，通过优选体育教学模式方案和科学地组织体育教学，在已有物质基础条件下用最少的时间和精力获取最佳的体育教学效果”。为此，在进行体育教学设计时，应从整体最优化的目标出发，使体育教学系统的每一个要素、每一局部过程和每一环节都置于系统的整体设计之中，以协同实现体育教学设计整体功能的最优化，而且要特别注意要素之间结构和功能的相互匹配，最终设计出最优的教学方案，使体育教学达到体育教学设计的预期效果。

体育教学设计的整体优化集中表现在设计和组织教学两个方面。它包括以下四个最基本的要素：① 分析教学对象；② 制定教学目标；③ 确定教学策略；④ 安排教学过程。体育教学设计整体优化原则要求把体育教学设计作为一个整体加以考虑。要从体育教学设计方案整体与要素、要素与要素的相互联系和相互作用，以及体育教学设计系统与外部环境的制约关系中去揭示体育教学设计的特征与规律。要运用系统的思想和方法，把影响体育教学设计效果的各个因素看作整体的一个部分，对体育教学设计过程的各个环节及其相互关系做出分析和探讨。同时，由于整体功能大于部分功能之和，我们还要从整体考虑并设计体育教学过程，处理好体育学习需要与学生特征、体育教学内容与体育教学策略、体育教学目标与体育教学评价、体育教学环境与体育教学媒体等要素和要素之间的相关性、制约性，设计出最优化的体育教学方案，增强体育教学系统的整体功能，提高体育教学的整体效益。

（三）程序性原则

程序性原则是指在体育教学设计中必须根据学生的现实状态，遵循体育教学规律，有序地编排教学内容和采用恰当的教学策略。体育教学观念不同，体育教学设计的指导思想不同，体育教学设计的重点和结果也不同。体育教学设计是体育教师科学素养和教学思想的具体体现。体育教学设计作为系统决策过程，它的每一步都受一定的体育教学观念的支配。因此，在体育教学设计中，体育学习程序的编排要有利于学生原有认知结构、动作技能、健康水平、身体素质向新的体育学习内容转化，有利于动作技能的良性迁移，有利于促进学生的学习和社会适应能力的形成，还要便于教与学的操作。

体育教学设计实现程序化是一个非常困难的过程。因为体育教学目标体系是多元化的，体育教学内容与体育学习目标成非线性关系。体育教学内容本身基本上是依托体育项目，因此难以形成有序性；加之体育教学环境复杂，不可预测因素多，也使体育教学设计难以程序化。体育教学设计课程是一门关于“以系统的思想和方法为指导，以体育教育学的相关理论为基础，遵循与体育课程有关的生理学、心理学和社会学原理，对‘教什么’和‘如何教’所制定的一种‘低耗高效’的操作方案”。因此，体育教学设计的程序性不但要求体育教学设计者把握学生认识过程规律、动作技能形成规律、身体发育规律、身体适应规律，深入了解学生的知识学习基础、身体基础、动作技能基础、体育学习态度，还要求教师根据现有教学环境条件，研究体育教学内容体系，编制体育教学步骤，才能使之程序化。

在体育教学方法程序性设计方面，巴班斯基指出，“选择一整套教学方法总的决策还得再分为一系列步骤，这些步骤乃是关于选择各个个别方法中介决定的”。借鉴巴班斯基优选教学方法的程序，并结合体育教学的实际情况，我们可以将体育教学方法程序性设计划分为如下几个步骤。

1. 明确体育教学任务

分析每节课中的体育教学任务，将所有细化出的教学任务整理排列出来，综合制定本节课的思想德育教育、知识技能学习运用技能学习以及学生创新能力、个性发展培养的详细任务。这就提示我们体育课教学的任务不仅仅是让学生掌握运动技能，而是培养学生的综合性能力。

2. 提出总体设想

根据具体教学任务、教材内容难易程度、学生具体情况和体育教学外部综合条件，提出本节课所能用到的多种教学方法以及教学时间。并且，对多种教学方法进行分析，主要考虑其对学生的适应性，以及在各个教学阶段完成不同的教学任务的效果。在选择具体教学方法时，要以启发式教学为指导思想，以培养学生创新能力、促进学生个性全面发展为目标。

3. 对多种教育教学方法进行优化组合

首先，制定一张最佳教学方法的选择工作表，其中包括各种可用的体育教学方法和各种方法的使用方式和细节等。其次，对所提供的体育教学方法进行多方比较、仔细推敲、去粗取精，并做出调整、配合、选定。最后，完成优化组合并应用到体育教学实践中去。

4. 教学方法的实施和评价

在体育课堂中对优选出来的体育教学方法进行实践应用时，体育教师要注意教学方法的实施情况与学生的适应状况。课后要对本节课的教学方法的应用情况进行评价，找出成功或失败的原因，总结经验教训，不断提高体育教学方法优化组合的理论和实践能力。

（四）可操作性原则

可操作性原则是指体育教学设计方案应在体育教学具体实施过程中具备便捷、实用、低耗、高效的特点。体育教学设计的工作主要有以下 7 个方面。

1. 对学生学习需要和发展需要的分析

进行体育教学设计的第一个工作就是要认真分析体育教学系统的环境，其中最重要的内容就是对学生的学习需要和发展需要进行分析；只有在客观地分析学生学习需要和发展需要的基础上，才能提出合理的体育教学目标并进行科学的体育教学设计。因此，体育教学设计的第一个工作就是要明确学生“为什么而学”“为什么必须学”的问题。

2. 对学习内容的分析

体育教学设计还要对学生需要学习哪些知识和技能，要达到什么程度和水平，体育教学过程可以形成何种能力等进行分析。学习需要分析与学习内容分析密切相关。前者是明确学生“为什么而学”的问题，后者是教师针对学生学习和发展的需要决定“让学生学什么”的问题。

3. 对学生的分析

教师对学生当前具备的知识技能的了解程度是教学成败的关键。因此，搞好体育教学设计，还必须分析学生在进入学习前的准备状况。这个准备状况包括：学生的身心特点、某项技能的基础等。

4. 体育教学目标的设计

在对学生的需要、学习内容和学生自身情况进行分析的基础上，要对体育教学目标进行设计和编写。制定体育教学目标的方法和要求详见第二章。明确而具体的教学目标是进行体育教学策略制定和体育教学媒体选择的指导思想，同时也为体育教学评价提供了依据。

5. 体育教学策略的设计

体育教学策略设计是体育教学设计的核心和重点。体育教学设计就是对体育教学实践方案进行设计。体育教学实践方案则是用于指导具体教学活动的文件，是在对学生需要、学习内容和学生自身情况进行分析的基础上，设计和编写体育教学目标。学校体育教学要紧跟时代步伐，不断进行体育教学内容的选择与优化，建立能够充分体现“和谐、扬长、发展”个性特点的体育教学新模式，这样才能真正做到以生为本。

6. 体育教学设计不能太理想化

进行体育教学设计时，把目前学生做不到或不会做的活动也设计进去只会适得其反。体育教学设计方案不是一蹴而就的，要在体育教学中经受检验，并随着教学实践经验的不断增多，进行不断的修改和充实。李金钟在《新课程理念下体育教学设计的策略研究》中说到，只有在新的教学理念下科学、合理的教学设计，才能保证教学效果。通过对新课程理念影响教学活动的各种因素进行综合分析，建立科学、合理的体育教学设计策略，建立积极有效的教学过程，为学生提供更好的学习条件。

7. 体育教学设计要具有可操作性

在体育教学设计过程中，不能生搬硬套教科书上的案例和模式，要在进行体育教学背景分析的基础上，制定切合自己学校、班级特点的教学目标，安排适量的、实用的、与现有教学条件相匹配的、可操作的教学内容。在教学内容难度的确定上也要考虑学生的现有基础，尽可能让学生在学习中体验成功的乐趣，感受成功的喜悦。体育教学设计的可操作性还包括操作的难度。有些体育教学设计方案虽然可以执行，并且可以获得很好的教学效果，但如果必须花费很大的精力，占用很多的教学资源，不能适用于常规教学，可操作性也不强，就应该加以修正。体育教学设计的可操作性是为了提高体育教学效果，不是为了标新立异。体育教学设计无论其形式多么新奇多样，都务必讲求实效，因为追求高新优质的教学境界是我们进行教学创新的根本目的。因此，体育教学设计必须与学生现有水平及教学环境相适应，否则，无论教学者的教学理论多么先进，教学水平多么高，都不可能达到预期的效果。

（五）灵活性原则

灵活性原则是指体育教学设计要针对不同的课型、不同的学生、不同的教学条件进行不同的设计，即努力使特定情况下的体育教学各环节达到最合理的匹配。体育教学目标的多元化、体育教材的特殊性和各地区、各学校体育器材、设施条件的差异性决定了体育课类型、模式结构的多样性和体育教学设计的灵活性，很难有适合所有学校情况的体育教学设计方案。如，尹军在《注重体育教学的灵活性》中也提到“体育教学的方法要丰富多彩，兴趣是第一的，让学生爱体育，做到回归游戏，真正做到寓教于乐，成为体育学习的受益者”。

体育教学设计的对象是体育教学系统，这是一个开放的动态系统。体育教学系统的开放性表现在体育教学过程在开放的空间中进行。一方面，体育教学活动受外界环境的影响较大（如场地、季节、气候都会随时影响其正常进行）；另一方面，体育教学过程中师生、生生之间人际交往复杂，角色不断发生变化。体育教学系统的动态性表现为体育系统处于不断的运动和发展之中。学生在体育学习时，其身体、心理都在不停地变化。体育教学设计方案应充分体现教学系统的开放性、动态性的特点和可变因素，具有较大的可调控空间，以适应体育教学过程中的变化。

第四节　体育教学设计背景分析

一、体育学习需要分析

体育教学设计是一个解决问题的过程。程大力在《关于体育教学设计研究的特征分析》中提到了体育学习需要的分析是问题解决过程的起点，即解决教师“为何教”和学生“为何学”的问题。因此，只有深入教学实际进行调查研究，收集大量的资料和可靠的数据，了解教学中存在的问题和需要，确定教学问题的性质，才能为体育教学设计方案的评价奠定坚实的基础。同时，体育学习需要的分析能够使体育教学设计有效地利用教学资源和现有的教学环境，使体育教学设计具有较强的针对性和实效性。

（一）体育学习需要分析概念

体育学习需要是体育教学设计中一个特定的概念，是指学习者体育学习的目前状况与所期望达到的状况之间的差距，亦指学习者体育学习成绩现状与体育教学目标（或标准）之间的差距。① 期望达到的学习状况是指学习者应当具备的体育能力和素质。体育能力和素质是指学习者具有的应付现实社会职业、社会生产生活所需要的体育知识、技能以及相应的体育态度、情感和价值观等。通常对学习者的期望由以下几个因素来决定：社会发展对学习者提出的要求；学习者未来从事的职业对人才的要求；学校和班级对学习者提出的要求以及学习者自身对知识、技能、态度的培养和发展的个人要求。对于体育与健康课程而言，《体育与健康课程标准》目标体系中各个水平目标展现了期望学习者达到的学习状况。② 目前的状况是指学习者在能力和素质方面已达到的水平。体育与健康课程中学生的目前状况是指学生目前在体育知识、技能和体育情感、态度以及价值观等方面的状态。③ 差距则指出了学习者在体育能力和素质方面与既定目标要求上存在的差距和体育教学中实际存在或要解决的问题。可以说没有差距就没有需要，也就无从谈论解决什么。

（二）体育学习需要分析目的

在新课程的理念下，体育教学帮助学生更好地掌握体育知识，突出学生的主体地位，选择灵活多样的教学方法服务学生的体育训练，围绕学生的基础和未来发展，使学生养成良好的体育锻炼习惯，树立终身体育意识，掌握运动技能，形成健康行为和体育品德，促进学生综合能力全面发展。体育学习需要的分析是一个系统的调查研究的过程，其主要目的是：① 发现学习者在体育学习中存在的问题；② 分析产生问题的主要原因，以确定体育教学设计时解决该问题的方法和途径；③ 分析现有体育教学资源及约束条件，以论证解决问题的可能性；④ 分析问题的重要性，以确定需要优先解决的体育教学设计问题。

体育学习需要的分析过程实际上是形成体育教学目标的过程。学习需要的分析属于前端分析，分析体育教学中存在的问题，可使后续的工作有的放矢，避免人力、物力、财力的浪费，提高解决体育教学问题时的针对性，增强体育教学设计的效果，保证体育教学设计实施方案的可靠性，从而达到提高体育教学质量的目的。体育学习需要分析的结果是提供关于“学习者目前的学习状态和期望的学习状态之间的差距即学习需要”的有效资料和数据，实际上就是分析体育教学设计的必要性和可能性。

（三）体育学习需要分析意义

1. 有利于处理好手段和目的的关系

“教育改革，思想先行。”在进行体育教学设计之前，应该先深入体育教学实践了解教学中存在的问题，然后通过学习需要分析的逻辑程序，即“用问题找方法”来设计体育教学。开展体育教学设计本身不是目的，它们仅是实现体育教学目标的手段。所以，体育学习需要分析要求我们重视体育教学目标的确定。如果体育教学目标的确定脱离教学实际需要，那么为实现体育教学目标而运作的各种手段将不能发挥应有的作用，甚至会发挥相反的作用。在实际的体育教学中，人们所关心和研究的往往是如何改进方法、形式、媒体等，而较少考虑所确定的体育教学目标是否符合客观的实际需要，这是我们应着重解决的一个问题。只有客观地、实事求是地分析学习需要，确定体育教学目标，并为此采取有效的教学策略，才能取得良好的教学效果。

2. 有利于解决体育教学中的主要问题

考夫曼认为“能否发现教学过程中存在的实际问题、弄清楚产生问题的原因并选择最佳的解决方法是保证教学工作成败的关键所在”。体育学习需要分析正是搞好这项工作的有效工具。在体育学习需要的分析中，只要深入体育教学实际，发现体育教学中的问题，寻找问题的原因，找到解决问题的方法，就可以了解到存在的教学问题。例如，在体育教学中，有些学生的体质健康状况低于体质健康标准的要求，有的教师希望改进教学方法，有些学生对体育课不感兴趣，学生人数多、场地器材少等问题的存在，就说明体育教学设计是必要的。

（四）体育学习需要分析方法和步骤

1. 体育学习需要分析方法

体育学习需要的分析方法有内部参照分析法和外部参照分析法。内部参照分析法是将制定的体育课堂教学目标与学习者体育学习的现状做比较，找出两者之间的差距，从而鉴别体育学习需要的一种分析方法。外部参照分析法是以社会对体育学习者的期望值为标准来衡量体育学习者的学习现状，找出差距，从而确定体育学习需要的一种方法。

2. 体育学习需要分析步骤

① 体育课堂教学期望状况的确定。体育教学期望状况主要是指在体育课堂教学中期望体育学习者达到的状况，即体育教学目标。体育教学目标的制定要根据《体育与健康课程标准》的目标体系和体育课的类型来确定。体育教学期望状况要用可以观察、可以测量、可以评价的具体的行为术语来陈述。② 学习者体育学习现状的确定。体育学习现状主要是指体育学习者当前掌握的体育与健康知识、技能，表现出的对体育学习的态度、情感以及价值观等方面的状态。③ 选择学习现状的调查工具和方法。体育学习涵盖五个领域，涉及体育知识与健康知识、锻炼方法、运动技能、态度和情感、社会适应能力。不同领域内容的学习现状调查需要不同的调查测量方法。因此，要根据不同的调查范围选择适合的调查方法。一般来说，体育知识的掌握和运用可以通过相关问题的测验来调查，体能（形态、机能、素质）、运动技能可采用相关测量指标来测量、评定，体育态度、行为、兴趣、社会适应能力等可采用访谈或调查量表来调查，设计访谈提纲、调查量表和测试指标。我们可以根据体育学习现状调查范围形成具体

的调查、测量指标体系，并编制成相应的访谈提纲、调查量表、测量指标。进行学习现状的实际调查，可通过对学生进行访谈、召开座谈会、组织测试、进行问卷调查等方式收集调查资料。此外，还要善于捕捉测试、调查量表以外的有用信息。进行学习现状调查结果分析，可对现状调查结果进行各类整理、统计处理、综合分析，以确定学习现状。将学习现状与期望状态进行对照，可得出学生体育学习现状和期望状况之间的差距，进而对“差距”和问题产生的原因进行分析，论证解决问题的必要性。利用学习需要评价表，我们可以清楚地把体育学习需要分析结果表现出来。从学习需求中找出体育教学中的主要问题以及问题形成的主要原因，分析问题的产生是否与体育教学资源和体育教学的约束条件有关，然后确定该问题是否可以通过体育教学设计来解决，分析学习差距以及差距产生的原因为制定体育教学目标提供依据。

3. 体育学习需要分析应注意的问题

① 体育学习需要是指体育学习者的差距和需要，而不是教师的差距与需要，更不是体育教学过程、方法和手段的具体需要。② 获得的数据必须真实、可靠地反映体育学习者的情况，它包括现在和将来应该达到的状况，要避免从“感觉”需要入手。③ 要以体育学习行为来描述差距，而不是用过程或手段来描述，要避免在确定体育教学中的问题之前就去寻找解决问题的方案。④ 因为体育学习需要分析是一个永无止境的过程，所以在实践中要经常检验体育学习需要分析的有效性。

二、体育教学内容分析

体育教学内容是指为实现体育教学目标，要求学习者系统学习体育与健康的知识、技能和体育能力的总和。它是教师为了实现体育教学目标而专门为学习者精选的，是学习者从现实状态过渡到目标状态的载体。这一步要解决的实际上是教师“教什么”以及学生“学什么”的问题。因此，在教学设计中要构建科学的教学内容，不能单一按项目割裂教材内容，可以按项群、按主题、按互补性来构建“教材群”。比如在对学习内容进行全面分析的基础上，根据对技能本身的价值判断，设计出更具生活意义和生命价值的体育学习主题：可以把跳高、跳远、跳山羊等技能结合在一起进行课堂教学设计，定名为“越过障碍”这一学习主题。

体育学习需要的分析，揭示了体育教学中存在的问题及其主要原因，据此提出了体育教学设计的方向并制定了体育教学目标。为了保证体育教学目标的实现，体育教学必须有恰当的、适宜的体育教材内容作为载体。体育教材内容就是指为实现体育教学目标，精选和组织的具有一定深度的体育与健康知识、技能体系。它是体育教学目标赖以实现的载体。体育教学设计需要对体育教材进行分析，旨在确定体育学习的范围和深度，揭示体育教材本身的特点、功能、所适应的教学对象以及所需的教学环境等，以保证达到体育教学最优化的内容效度。从构成的角度讲，体育与健康知识、运动技能信息及这些信息赖以存在的体育项目载体是组成体育教材的不可或缺的要素。从功能来看，体育教材是为促进学生身体、心理、社会适应能力、道德健康目标服务的师生之间的中介。从表现形式上讲，除了有和别的学科相似的，包括以教科书为主体的图书教材、各种视听教材、电子教材以及来源于生活的现实教材外，体育教材最主要的内容是各种身体练习项目。

体育教材功能分析与人们所持的教材观有着密切的联系，同时，这种认识又随时代的发展不断发生着变化。长期以来，我们一直把教师、学生、教材作为教学活动的三要素，教材在教学中发挥着举足轻重的作用。传统体育教学把运动技能作为体育教材，并且把竞技技能看成学生必须完全接受的内容。随着体育与健康新课程的不断推广，教材的实质功能呈现出新的转向，这种转向的根本特征是凸显其“范例性”，即把教材看作引导学生认知发展、生活学习、身体发展和人格建构的一种范例，是引导学生认识、分析、理解人的健康发展规律，发展健身与健康能力和社会适应能力的中介，是手段或范例。因此，它强调体育教材是学生发展的“身体练习中介”，是师生进行交互活动的内容。师生进行体育教学活动的目的不是传授或学会运动技术本身，而是通过运动技术的传授或学习这一中介进行交流，获得发展。体育教材的功能归纳起来有如下几点：① 传递与创造人类丰富的体育与健康文化；② 促进学生身心全面发展；③ 促使学生养成健康生活方式；④ 从教学系统内部看，教材在教学目标、课程、教师、学生、教学环境、教学评价、教学观和教学模式上也都具有一定的功能。

三、体育学习者分析

对学生的分析是建立在以学生为主体的体育课堂教学前提之下的。首先，要分析学生的需求状况，解决教师“为何教”、学生“为何学”的问题；其次，要分析学生的技能学习基础和学习能力，为“如何教”寻求共性的实践依据；最后，要分析学生的差异状况，为可能采用的个性化教学指导提供设计依据。主要针对要学习的内容，阐明学生已有的知识基础、思维结构、能力层次，对要掌握的学习内容有哪些不利因素，需要采取哪些对策。在进入新的学习单元时，学生原有的学习习惯、学习方法、相关的知识和技能对新的学习任务的成败起着决定性的作用，它们是新的学习任务的内部条件。所以教师在确定终点教学目标后，必须分析并确定学生的起点状态即起点能力。在一般情况下，教师可通过安排小测试、课堂提问、问卷调查等方法来了解学生原有基础。体育教学设计方案是否与学习者的特点相匹配，是体育教学设计成功与否的关键之一，因为一切教学过程只有从学生的实际出发才能取得成功并不断优化。

学习者分析的目的是了解学生的学习准备情况和学习风格，为后续的体育教学设计步骤提供依据。虽然教学设计者不可能对每个学习者的心理因素、生理因素、社会经济因素等都进行分析，但是必须了解那些对决策起重要作用的因素。体育学习者分析的目的是了解学习者的一般特征、学习风格和学习准备情况，为体育教材内容的选取和组织、体育教学目标的制定、体育教学方法和媒体的选择、体育教学过程的设计等教学外因条件以及适合学习者的内因条件提供依据，从而使体育教学真正起到提高学习者的健康水平，促进学习者的运动知识、技能和能力发展的作用。体育学习者分析主要从两方面进行。① 分析学生的一般特点和学习风格，为在体育教学中因材施教、使学生向个性化方向发展、培养学生的创新意识和能力提供条件，让每一个学生明确自己的目标，在重视个人特征和自我价值观的基础上，学会怎么“做”，为给不同的学生提供科学、合理的体育教学提供依据，使体育教学真正能为每一个学生的发展服务。② 分析学生的起点能力，为“如何教”寻求共性的实践依据。只有以学生原来具有的技能学习基础、生活经验以及对体育学习的兴趣、态度等为基础，精心设计体育教学活动，指导学生不断完善自己的体育知识、技能和能力，才能使体育教学获得成功。

思考题

1. 体育教学设计的概念与意义是什么?
2. 体育教学设计的理论包括哪些?
3. 体育教学设计的原则有哪些?
4. 如何进行体育教学设计的背景分析?

第二章　体育教学目标设计

【教学目的和要求】

了解体育教学目标的概念和分类；掌握体育教学目标的表述方式；理解中学体育与健康课程教学目标的设计。

【教学重点和难点】

体育教学目标的表述方式；中学体育与健康课程教学目标设计。

【教学方法和手段】

讲解、讨论、案例分析、教学实践。

【教学主要内容】

体育教学目标概念和分类；体育教学目标设计基本要求；体育教学目标设计依据；体育教学目标设计原则；中学体育与健康课程教学情感目标设计。

第一节　体育教学目标概述

一、教学目标概述

（一）教学目标概念

教学目标是教师在教学过程中进行教学设计的主要依据，明确教学目标才能使教学设计做到有的放矢。因此，确定教学目标是目标设计的关键，同时它也是教学设计的核心问题。教学目标的含义具有多重性，从它的内涵来说，教学目标是指教学活动预期达到的效果，也就是说教师想要学生在身体、心理等诸多方面发生的变化。

最早提出教学目标概念的是美国心理学家布鲁姆，他说“目标是预期的教学效果，是教师所预期的学生发生的变化”。另外，也有学者对教学目标概念进行阐述，如程秋珍提出："目标是教和学双方都应共同遵循的，对教师来说，这是教授的目标，对学生来说则是学习的目标。"同意这一说法的还有金钦昌、赖天德等人，他们都认为"它是教学的出发点和归宿，决定着教学的方向"。而舒盛芳的提法则不同，她认为"教学目标即课程目标，它的制定依据应该是根据本学科的特点，受教育者身心特征和需要、社会的需要即价值取向，是社会对该课程提出的总的要求"。以上观点表明：大部分学者认为教学目标是教师预期学生发生的变化，而理想的教学目标应该是教授目标与学习目标的统一体，二者是合二为一、密不可分的整体。因此，教学目标指在一定时间和范围内，师生经过努力后所要达到的教学结果的标准、规格或状态。

（二）教学目标分类

教学目标分类是把各门学科的教育（教学）目标分类，使之规范化、系列化的理论。它旨在为目标和评价的科学设计提供更好的技术性指导，为了更全面地观察教育教学过程，从而可以多角度地去分析教育教学活动过程中出现的状况和进行教育教学评价提供参考的框架结构。在众多理论中，以美国心理学家布鲁姆为代表的教育目标分类理论，是目前为止影响最大的。1956 年，美国芝加哥大学教授布鲁姆首次将分类学理论运用于教学领域，他和他的同事们认为，教学目标可以分为认知、情感、动作技能三大领域：认知目标——知识、理解、运用、分析、综合、评价；情感目标——接受、反应，形成价值观念，组织价值体系，形成价值情绪（意即渗透到个性心理之中）；技能目标——观察、模仿、练习、适应。

加涅认为一般的教学活动很少有单个的教学目标。事实上，一堂体育课应尽可能使五个领域目标得到全面的不同层次的体现。这就提醒教师，在教学规划时头脑中要有多重目标。奥苏伯尔认为教学目标应是培养学习者良好的认知结构，并提出了对学习产生重要影响的三个认知结构：第一，学习者的认知结构中是否有吸收并固有新观念的上位观念；第二，在学习者的认知结构中，起固定作用的观念是否清晰分辨；第三，在认知者的结构中，起固定作用的观念是否巩固。在教学目标的分类中，加涅和奥苏伯尔有许多共同之处，他们能用相同的术语表达不同的意思，也可以用不同的术语表达相同的意思，如概念、命题这些术语在奥苏伯尔的学习分类中认为这些可以代表知识，而在加涅的学习分类中则认为那代表着智慧技能。加涅认为学习的结果或教学活动所追求的目标，就是形成学生的五种能力：智力技能、认知策略、言语信息、运动技能和态度。其中，智力技能——鉴别作用，获得具体概念，为概念下定义，掌握规则和高级规则；认知策略——编码的策略、记忆探求的策略、检索的策略和思考的策略等；态度——情感因素、认知因素和行为后果等。

奥苏伯尔以研究有意义的言语学习著称。他在划分学习类型时提出了两个十分重要的标准，即把学习按照"有意义学习—机械学习"和"发现学习—接受学习"这样两个维度来区分，并指出发现学习也可能是“机械的”，而接受学习也完全可以是“有意义的”。他认为传授知识，特别是引导学生有意义地获得知识对学生智力的发展是极为重要的，因而是学校教育最重要的目标之一。

在国内，对于教学目标的分类也有很多不同的说法。1984 年开始对教学目标分类有了小规模的研究，通过人们多次的实验研究，形成了中学四级分类，将认知目标分类为记忆、理解、运用、综合四级。进而，我国有学者提出，为了使教学目标能更好地指导教学策略的选择，应将认知目标分成三类：陈述性知识、智慧技能、认知策略和反省认知技能。国内这种分类的方法也借鉴了奥苏伯尔和加涅的学习分类理论，主要是依据学习内容的类别和学习内容的难易程度对教学目标进行系统的分析。我国目前对教学一般目标进行分类时，主要从三个维度展开：第一是教育目标的组成部分——德、智、体、美、劳；第二是通过教育教学所要形成的学生个性心理要素——知识、智能（智力、能力、创造力）、价值（理智、道德、审美）、情意（情感、动机、态度、意志）、行为（动作技能、行为规范、行为习惯）；第三是各部分和各要素的发展水平（水平 1、2、3、4、5）。这三个维度形成一个全面完整的三维立体结构。其中，情感领域的教学目标最为隐蔽，它以潜移默化的形式渗透在所有的教学活动中；动作技能领域的教学目标以发展学生的肌肉力量和协调性为基本目标，对动作技能领域的重视程度与教育的阶段和学校的培养目标有关；认知领域是学校教育最为重视的领域，也是教学目标最为普遍的形式，它主要涉及知识和技能的传递，这是学校教育的主要任务之一。

综上所述，可以看出，每一位专家的分类方式都具有自己的特点。为了使教学目标能发挥其最大的优势，我们应该综合各位专家的观点，借鉴多人的经验，吸收他们的成果，对教学目标进行更科学、更系统的分类。只有将教学目标分得更透彻、更具体，才能让更多的教师、学生享受教学目标带来的好处。

二、体育教学目标概述

（一）体育教学目标演变

1956 年我国第一套体育教学大纲明确规定中学体育教学的目标是“培养学生成为全面发展的社会主义的建设者和保卫者”,大纲第一次提出了全面发展的体育教学指导思想，克服了体育课以单纯传授运动技术的教学思想，有力地促进了体育教学改革的发展。并通过体育增进学生的健康，与卫生相结合。

1961 年中学体育教材规定中学体育教学的目标是“增强学生体质，并通过体育向学生进行共产主义教育，使学生能更好地学习，参加生产劳动和准备保卫祖国”。第一次明确了体质的概念及内涵。

1978 年教育部重新修订并颁布的《全日制十年制学校小学体育教学大纲（试行草案）》和《全日制十年制学校中学体育教学大纲（试行草案）》规定的体育教学目标是“有效地增强学生体质，使他们适应学校教育的要求，并在未来的革命斗争中，能够很好地担负起建设祖国和保卫祖国的光荣任务。”这次大纲突出强调了“增强学生体质”的指导思想，与学生体质下降有直接关系。

1988 年国家教育委员会颁布的《中学体育教学大纲》是九年义务教育大纲编定颁发前的“过渡性”大纲。这个大纲引进了国外的一些教育思想和体育思想，在教学目标的提法上有了很大发展。其体育教学的目标是“增强学生体质，促进身心发展，使学生能够在德、智、体、美几方面得到全面发展，成为社会主义的建设者和保卫者”。

1992 年颁布的《九年义务教育中学体育教学大纲》中提出的体育教学目标是“通过体育教学向学生进行体育卫生保健教育，增强学生体质，促进身心发展，培养德智体全面发展的社会主义建设者”。它强调了体育与保健相结合。

1996 年《中学体育教学大纲》规定体育教学的目标是“全面锻炼学生身体，增进学生身心健康；掌握体育的基础知识、基本技能，提高学生的体育意识和能力，为终身体育奠定基础；培养学生良好的思想品德，陶冶学生情操”。这次教学大纲把“为终身体育奠定基础”作为体育教学的目标，使体育跳出了学校这一圈子，与终身体育相结合，扩大了学校体育的视野。

2000 年《体育与健康教学大纲》规定体育教学的目标是“体育与健康教学以育人为宗旨，与德育、智育和美育相配合，促进青少年身心的全面发展，为培养社会主义的建设者和接班人做好准备”。它突出体现了育人的宗旨。

2001 年《体育（1-6 年级）体育与健康（7-12 年级）课程标准》（实验稿）将体育课程目标定为“增强体能，掌握和应用基本的体育与健康知识和运动技能；培养运动的兴趣和爱好，形成坚持锻炼的习惯；具有良好的心理品质，表现出人际交往的能力与合作精神；提高对个人健康和群众健康的责任感，形成健康的生活方式；发扬体育精神，形成积极进取、乐观开朗的生活态度”。

2011 年《义务教育体育与健康课程标准》（2011 年版）提出“体育与健康课程以‘健康第一’为指导思想，努力构建体育与健康的知识与技能、过程与方法、情感态度与价值观有机统一的课程目标和课程结构”。

纵观我国体育教学目标的发展历史，呈现出如下显著特征：① 重视学生个性的张扬；② 关注学生全面发展转变；③ “终身体育”已成为我国体育教学的第一目标；④ “健康第一”成为我国体育教学目标的指导思想，注重各个目标的有机结合，突出健康思想。

（二）体育教学目标概念

体育教学目标是指教师与学生在体育教学中预期达到的学习结果和标准，可以细分为学段（水平）体育教学目标、学年体育教学目标、学期体育教学目标、单元体育教学目标、学时体育教学目标。学时体育教学目标主要包括认知目标、运动技能目标、情感与价值目标。体育教学目标具有导向性、层次性、系统性、操作性、可测性、灵活性特征。总之，体育教学目标是预期的学生学习结果或学习活动预期应达到的标准和在体育教学的实际情境中产生的结果。

（三）体育教学目标分类

由于教学目标是具体的，对应于某一具体内容也可能提出各不相同的教学目标，这使得实际的教学目标形形色色，十分繁杂。为了揭示其规律，以更好地指导教学实践，有必要对各种各样的教学目标进行分类。国内不少人借鉴布鲁姆的教育目标分类学说，对体育教育目标分类进行研究。研究的中心问题有两个：一是领域的划分，二是各领域中的层次划分。

关于领域的划分，考虑到知识学习跟心智技能的紧密联系，布鲁姆把它们合并为认知领域，把动作技能单独作为一个领域。由于目前对动作技能领域教育目标尚没有比较一致的、被普遍认可的分类方法，而在高层次体育学习（例如综合运用和创新）中，认知活动往往跟实践操作融合在一起，因此可以把认知领域和动作技能领域合并称为知识与技能领域，并且统一进行分类。这样做可以避免动作技能分类的困难，给实际的分类操作带来方便，还可以使领域数目不至于过多。另一个意见是，根据社会需要和体育教学系统的功能，体育教学目标应该既要有体育知识能力方面的，又要有情感、思想品德和适应社会生活需要方面的。在进行体育教学设计时，除了规定体育知识能力目标外，还应提出情感意志和态度行为目标、思想品德和美育目标以及职业定向、人际交往和其他方面的社会生活目标。只有这样，才有利于全面提高学生素质，实现由应试教育向素质教育的转变。

《义务教育体育与健康课程标准》（2011 年版）的领域目标包括四个方面：运动参与目标、运动技能目标、身体健康目标、心理健康与社会适应目标。

1. 运动参与目标

① 参与体育学习与锻炼；② 体验运动乐趣与成功。

2. 运动技能目标

① 学习体育运动知识；② 掌握运动技能和方法；③ 增强安全意识和防范能力。

3. 身体健康目标

① 掌握基本保健知识和方法；② 塑造良好体形和身体姿态；③ 全面发展体能与健身能力；④ 提高适应自然环境的能力。

4. 心理健康与社会适应目标

① 培养坚强的意志品质；② 学会调控情绪的方法；③ 形成合作意识与能力；④ 具有良好的体育道德。

第二节 体育教学目标结构

一、教学目标系统结构

教学目标的系统是由大小不等但存在递进关系的一系列教学目标组合成的，它包括教学总目标、课程目标、单元目标、课时目标几个层次。每个下属目标都是它的上层位目标的具体化。教学活动中最根本的目标就是教学总目标，它是期望学生达到的最终目标；课程目标是教学总目标在学校教学中的具体化，主要是指课程计划中所具体化规定的，根据各门课程特点制定的目标；单元目标是指各门课程中相对独立、相对完整的组成部分；课时目标是单元目标的进一步具体化，它是跟每节课的教学活动相联系的目标。

1. 教学目标三大领域

由于学生的发展大体上可以分为认知、情感和动作技能三方面，因此，教学目标也应该涉及认知领域、情感领域和动作技能领域。从教学目标的表现形式上来看，在这三个领域中，情感领域的教学目标是最为隐蔽的，它以潜移默化的形式渗透在所有的教学活动中，发挥着不可或缺的作用，主要为了发展学生的态度和价值观；动作技能领域的目标一般是以发展学生的肌肉力量和协调性为基本目标；认知领域是学校教育中最为重视的领域，也是教学目标最为普通的形式。

2. 教学目标确立

（1）教学目标决策的理论思考。教学目标的决策过程在宏观上是教师对教育理论、教学理论中不同观点的选择过程，对教学具有一定的指向作用，例如教师确定什么样的教学目标，可以反映教师对于教育观念的不同取舍，以及他们对教育价值与教学意义的思考。教师对教育价值的认识，影响着他们的教学目标决策。

（2）教师对教学意义的理解影响教师的教学目标决策。教师对教学意义的认识，影响其对教学目标的选择。随着社会的进步，人们的观念也在不断地变化，在当今社会，已经没有人认为教育应在个人与社会之间做单项选择。但是在教学情景中需要做出具体的选择时，不同的教师会表现出不同的倾向性。有的教师认为，教育主要是为了培养人而存在，所以他们认为教育应以满足个体发展的需要为目的，应根据学生的不同水平和学生的特点来确定教学目标。但也有老师倾向于认为，教育的主要使命是为了满足社会发展的需要，因此教师在教学目标决策的过程中，应该更多地考虑到教学对学生今后适应社会的意义，更多地依据社会的需要确定教学目标。20 世纪 80 年代中期，我国提出基础教育以“提高全民族素质”为目标，这意味着学校教育的价值取向日益倾向于注重个体发展的需要。因此，教师在确定教学目标时，应对学生的发展需要给以更多的关注。

（3）教师对教学意义的理解影响教师对教学目标的选择。在教学实践活动中，不同的教师对学生掌握知识和发展能力给予的重视程度有所不同，对学生的影响和作用也不同。在确定教学目标时，有的教师会强调学生的发展认知能力，另一些老师则认为应该强调学生对所学知识的掌握程度，这些都是教师对教学意义不同认识的反映。那么我们要考虑一下，在选择教学目标时，应该以向学生传授知识、技能为主，还是以发展学生的能力为主。随着信息量的不断增加，以及社会知识传媒的发展，人们在重视信息本身价值的同时，愈来愈重视发展人自身获取信息、选择信息和处理信息的能力，而且更加突出强调要将能力内化为素质，这种变化趋势反映了社会对现代人更高的要求。

综上所述，为了满足当今社会发展的要求，让学生们在社会上有立足之地，使学生可以更好地适应社会发展，教师在教学过程中应该更加重视对学习者能力的培养。

3. 现代知识观与教学目标的确立

教师对“知识”的不同理解，也会影响教师对教学目标的选择。随着社会信息量的不断增加，人们接触的各种信息越来越多，他们对“知识”也有了更为广义的理解。其中最具有代表性的是当代著名的认知心理学家安德森，他根据人们提取知识的方式，将知识划分为陈述性知识和程序性知识两大类。梅耶在安德森划分理论的基础上，将知识分为三大类，即语义知识、程序性知识和策略性知识。

4. 教学评价理论对教学目标选择的影响

评价是依据一定的价值观对评价对象进行价值判断的过程。一般认为教学评价的对象主要是学生的学习业绩，评价的依据是教学目标。以教学目标为中心建立的教学模式，称为行为目标模式。在美国被应用最广泛的评价观念是由克隆巴赫提出的，他认为：评价是为决策提供信息的过程。在他的教学评价中，他认为评价的中心不应仅是教学目标，更应是决策思想。教学目标和教学评价是相互影响的：确定的教学目标会影响到教学评价，教学评价理论也会影响教学目标的决策。教师对某种评价理论和评价模式的认同，将在教学目标的决策中有所反映。

丰富的教学评价模式为教师确定教学目标提供了多种选择方案。但是教师必须明确，教育教学活动的根本目的是促进学生的身心健康发展。不能把教学目标和教学评价混为一体，两者虽然相互影响，但是也要知道它们是有区别的。教学评价的标准不同于教学目标，教学评价更不是教学目标，评价仅仅是一种手段，是促进目标实现的手段，学生的变化和发展才是教学活动的目的。

5. 影响教学目标确定的其他因素

通过许多专家的研究，我们不难看出，影响教师确定教学目标的因素主要有学生、社会、文化三大类。教师在教学过程中要研究学生个体发展的需求、社会发展的需要，以及文化或学科自身的特点和价值。想要更好地确定教学目标，这就要求教师要系统全面地研究这三个因素之间的关系，要在三者中做出权衡。

二、体育教学目标结构

我们通常运用 ABCD 法来表现行为性教学目标：A（学生），B（行为），C（条件），D（标准）。西登拓朴的“条件、标准、课题”三点论模式与 ABCD 模式是一致的，只是省略了 A（学生）。按 ABCD 法，水平四篮球教学的目标可表述为：“初中二年级的学生（教学对象），能在 2 分钟内（条件），完成篮球运球上篮来回 2 次（行为），投篮准确率达 100 %（标准）。”但在具体的体育教学过程中，若以班级授课制为基准，我们认为需在 ABCD 法基础上增加一个 C（Collective）。为什么要增加一个 Collective？因为 ABCD 法中所述的 A（学生）虽然表明了教学对象，但没有具体说明班级教学中学生的状况。而我国人口众多，班级授课制在我国更为普遍。其次，就班级群体教学视角来看，全体学生（100%）都能达到预期的教学目标既是一个理想中的目标，也是一个贯彻教学理念的要求。但实际上，由于学生个体的差异性，学习的基础与层次不同，达到使 100%的学生掌握是不现实的，因此，需要一个现实的目标，而这个现实目标的标准要根据具体的情况与要求来定。如定位为使 80%的学生熟练掌握技能，20%的学生较为熟练地掌握技能，那么这个单元教学的现实目标是递进的。如单元教学共 3 次课，第一次课使 40%的学生熟练、40%的学生较为熟练、20%的学生基本掌握；第二次课使 60%的学生熟练、30%的学生较为熟练、10%的学生基本掌握；第三次课就达成了 80%的学生熟练、20%的学生较为熟练地掌握。因此，在阐述教学目标时，不能仅仅说明教学对象，而应更明确地表明班级教学中学生达成教学目标不同程度的数量等状态。

第三节 体育教学目标设计

一、教学目标设计

（一）教学目标设计基本要求

教学目标是教学活动的出发点和归宿，是课堂教学的灵魂。因此，教学设计中最先要考虑的问题就是教学目标。教师在设计教学目标时应该要做到以下几点：整体系统、细目分解、表述明确和难度适中。

（二）教学目标设计步骤

教师在设计教学目标时首先要分析教学对象，其次要分析教学内容。教学内容的分析步骤包括以下几点：单元学习任务的选择与组织、单元教学目标的确定、任务的分析、内容的评价，论证所选出的学习任务的效度、任务的分析、内容的进一步评价。在整个过程中，这些环节都是不可缺少的，教师只有准确地分析教学对象和教学内容，才能设计出更合理、更有效的教学目标。

（三）教学目标设计要素

教学目标包括多个层次，现在主要说的是学习目标。美国学者马杰指出：必须以具体明确的表达方式说明学生完成学习任务后应该达到的行为指标。他认为一份学习目标应包括“行为”“条件”“标准”三个基本要素。也就是说，学习目标的陈述，必须是具体的、明确的，能使教师与学生都清楚地知道通过教学，学生要达到行为上什么程度的变化，必须说明产生行为的条件，并且指出评定行为的标准。

（四）教学目标陈述

教学目标的陈述是将教师头脑中确定的教学目标用书面文字表述出来，并通过语言传递给学生。教学目标陈述得是否清晰，影响到教学目标的导向作用和教学效果。

1. 教学目标陈述要求

陈述教学目标是为了让教师能更好地把握教学目标，使学生更好地理解教学目标，从而使教学目标在教学过程中起到指导性作用。教学目标的陈述方式是多样化的、可以选择的，但不论选择哪种方式，教学目标都必须是可观察、可检查的。为了使教学目标能在整个教学过程中发挥它的指导性作用，在进行教学目标的陈述时应做到以下几点：第一，教学目标尽可能用清晰明确的语言表述；第二，教学目标要陈述为学生提供教学活动之后的变化；第三，教学目标应尽可能反映不同层次学生的需要，不要因目标的陈述而限制了教师教学的灵活性和学生的发展。

2. 教学目标陈述方法

教学目标陈述方法归纳起来主要有两种。① 认知观的描述方法。它强调用内部心理过程来描述教学目标。② 行为观的描述方法。它强调用可观察、可测量的外显行为描述教学目标。两者一个是从本质上去描述教学日标，一个是从表象、从可参考的标准尺度上去描述教学目标。认知观的描述方法是教师在教学过程中常常使用的方法。

二、体育教学目标设计

（一）体育教学目标设计常见问题

体育教学目标的重要性是毋庸置疑的，但这仅仅为理性层面，在现实的体育教学中，教师所呈现的教学目标却远不如理论阐述的那么理想，人们经常会看到体育教师所制定的教学目标表现出形式主义、自由主义倾向；很多教学目标相互雷同、大同小异，去掉运动项目之后则可相互替代；有的教学目标说些大道理，根本看不出体育教学所想要达成的结果，等等。造成体育教学目标混乱的主要原因是：首先，课程标准中有关四大目标的具体含义、要求等不够明确，导致体育教师无从着手；其次，从课程目标、水平目标到单元目标再到体育课堂教学目标，需要几个层次的演变，比较烦琐；最后，体育教师的惯性所致。传统的做法比较简单，如填充有关“身体健康”“掌握技能”“合作意识”“心理健康”等词语即可。因此，有的体育教师为了省时省力，就学会了套用课程标准中的一些用词或沿袭原先的做法，对于能不能实现这些目标却很少考虑，从而出现了形式主义倾向。

（二）体育教学目标设计依据

依据体育与健康课程目标新修订的体育课程标准内含四个目标：运动参与、体能、运动知识与技能、心理健康与社会适应。因此，在制定各个层面的体育教学目标时应与体育课程目标相一致，这样才能保持学校体育、体育课程、体育教学、单元教学、课堂教学的衔接性与一致性，否则会破坏体育教学目标的连贯性与整体性。依据性质的不同，体育教学目标可划分为行为性与非行为性目标。行为性目标表述法是指需要精确陈述学习者学习结束后的结果，如学生在学过篮球投篮这个单元后，需要进行投篮准确性的测试，学生必须在规定的时间内 10 次投篮投中 5 次以上。而非行为性的一般具体目标则是指态度或情感等一些无法运用量化表述的内容，如学生在学完篮球这个单元后，将理解篮球的含义、篮球技术的种类、篮球明星、篮球比赛规则；表现打篮球的能力，喜欢篮球运动等。因此，体育教学目标可分解为行为性目标和非行为性目标，行为性目标必须表述具体、准确、可测；非行为性目标则不需量化。依据行为性体育教学目标表述规则，表述恰当的行为性目标应具有两个基本特征：① 要求达到的具体内容明确规格；② 能用规范的术语描述所要达到的教学结果明确规格。

1. 依据“健康第一”的指导思想

《中共中央国务院关于深化教育改革全面推进素质教育的决定》明确指出：“健康体魄是青少年为祖国和人民服务的基本前提，是中华民族旺盛生命力的体现。学校教育要树立健康第一的指导思想，切实加强学校体育工作……。”这是体育与健康课程和教学改革的重要指导思想。培养学生的健康体魄是体育与健康课程的主要目标，因此，体育教学目标的设计要充分考虑健康的目标，把关注学生的身体健康、心理健康和社会适应的三维健康观化为体育课堂教学目标，在体育课堂上来实现，从而促进学生整体健康水平的提高。

2. 依据体育与健康课程目标

体育与健康课程目标共包括五个方面：① 增强体能，掌握和应用基本的体育与健康知识技能；② 培养运动兴趣和爱好，形成坚持锻炼的习惯；③ 具有良好的心理品质，表现出人际交往的能力与合作精神；④ 提高个人健康和群体健康的责任感，形成健康的生活方式；⑤ 发扬体育精神，形成积极进取、乐观开朗的生活态度。这五个目标构成了体育与健康课程的整体目标，在这一整体目标的指导下，形成了学习领域、水平领域、体育教学和体育课堂教学的目标体系。因此，必须依据体育与健康课程目标来设计体育教学目标和体育课堂教学目标，从而实现体育教学目标的科学化、系统化。

3. 依据青少年学生身心发展特征和不同需要

学生是体育教学的主体，只有以学生的身心发展特点和规律为依据，同时结合学校的具体情况和学生学习、生活、锻炼的具体条件，才能制定出科学的、可行的体育教学目标。学生的身心特征具有一定的阶段性和个体差异性，这就决定了学生在各个阶段的不同需要。因此，应根据学生在各个年龄阶段的身心特征和不同需要来确定不同阶段的教学目标。

4. 依据体育教学资源

体育教学资源包括很多内容，但主要还是教师、学生及场地、器材。教师和学生是体育教学人的要素，而场地、器材则是物质要素，两者缺一不可。人的要素在一段时间内是相对稳定的，但是物质要素是随时可以改变的，只要有投入或研制、开发器材就可以达到目的。俗话说“巧妇难为无米之炊”，如果没有足够的体育设施做保障，任何目标都很难完成。因此，在制定教学目标时，必须结合教师和学生及学校现有的体育场地、器材资源或自己开发的器材资源的具体情况，才能确保所制定的教学目标得以实现。

（三）体育教学目标设计原则

1. 科学性原则

体育教学目标的科学性是指教学目标要符合不同阶段学生身心发展的特点，有效地促进学生的生长发育。体育教学目标的科学体系有五个方面：第一，要体现体育学科的特点；第二，要全面，即包括认知、情感、动作技能、身体素质和健康素质诸多领域的目标；第三，要根据教材的特点，突出重点和难点；第四，要具体、可操作；第五，难度适中，所设计的目标应该是大多数学生通过一定的努力能够达到的。

2. 灵活性原则

体育教学目标的设计尽管是面向大多数学生的，但是由于不同学生体育基础和能力等方面存在一定的差异，因而目标又必须有一定的灵活性。这就要求教师尽可能将教材按难度设立不同等级，确保每个学生都能根据实际水平达到相应的等级。

3. 整体性原则

体育课堂教学目标指的是单元目标和课时目标。在编制体育课堂教学目标时，首先要把握学校教育目标和体育课程目标，从整体出发，充分反映学校教育目标和体育课程目标的总体要求，并注意处理好一般和具体的关系。

4. 可测评性原则

体育教学目标的设计是用比较科学、准确的逻辑语言来描述的，这种描述一般比较抽象，比较难确定评价标准。这就要求在实际操作中，所制定的体育教学目标不能用笼统、模糊的语言来描述，必须有一定的量化指标，并可以通过一定的内容和方式比较客观地进行评价和检测。

5. 长期目标与短期目标相结合原则

应将长期目标与短期目标相结合，所设定的目标不应该直接指向终极目标，相反，长期目标应该分解成短期的子目标，当子目标一一被实现后，就自然加大了实现长期目标的可能性。因此，长期目标与短期目标结合具有其合理性，因为短期目标能够给学生以期望，调动学习的积极性，长期目标给学生以遥远感，如果长期使用长期目标会降低学生的学习兴趣。

（四）体育教学目标设计方法

1. 运动知识与技能目标的编制方法

运动知识主要包含运动技术的原理、线路、环节、次序与要求和有关身体知识。没有这些内容的引导，学生的学习就会受到影响，因此，运动知识目标虽不是体育教学的重点，但也是必要的内容。这部分内容不需单独理论授课来达成，可放置在运动技能目标中阐述，测量时则可集中统一进行理论考核与测试。在编制运动技能目标时，我们在考虑 ABCCD 的同时，还要关注其他两个层面的标准：一是定量化标准，如投篮“几投几中”，100 米几秒、跳远跳几米等。但仅仅靠这是不够的，因为这只是运动成绩的评价标准，如果仅用运动成绩评定方法来评价学生学习，那是不合适的，因为跳远远度与跳远技术之间没有因果的关联。相反，现实情况是：学生所取得的跳远成绩往往不是跳远技术学习的成果，只有少数人是运用良好的跳远技术来获得成绩的，但他们是少数运动尖子。因此，我们必须考虑到运动技能另外一个评定标准，那就是运动技术掌握程度：很熟练、熟练、比较熟练与不熟练。总之，在单元教学结束时，描述运动技能目标既要有运动成绩定量标准，又要有运动技术定性标准。

2. 运动参与目标编制方法

编制运动参与目标是一个比较复杂的问题，它基本属于非行为性目标。严格地说，“参与”要体现以下几个指标：① 参与的行为状态（分为自主参与、动员式参与和消极参与三种）；② 参与数量（个体参与与集体参与）；③ 参与的持续性（间断参与和持续参与）。

3. 心理健康与社会适应目标的编制方法

心理健康与社会适应目标属于情感方面的非行为性目标，因此，该方面的目标以定性描述为主。编写心理健康与社会适应目标的基本策略有以下几方面。① 应与具体的体育教学内容相对应，要深入了解运动项目的特征（是个人项目还是集体项目？项目有无危险性？有无挑战性？有无趣味性？有无对抗性？有无合作性？等等）；② 找出具体的体育教学内容和学生心理健康与社会适应的结合点；③ 心理健康与社会适应目标还应与单元教学中的某一次课相对应，与具体运动技术要求相对应；④ 心理健康目标与社会适应目标应在教学设计中体现具体的实施途径与方法。以教学内容“排球双手上手传球技术”（共 3 次课中的第 3 次课）为例，结合上述要求，心理健康目标编写如下：使 80%的学生集中注意力，积极思考传球方向、力度，体验传球带来的快感与良好的情绪。该次课的社会适应目标为：使 80%以上的学生乐于与不同水平学生进行传接球练习，明确位置与责任，发展学生之间的相互配合与合作精神。

4. 体能目标的编制方法

体能目标是一个生理学方面的内容，难以测量与评价，因此，它既不是非行为目标，也难归属行为目标。编写体能目标的基本策略是：明确教学内容的基本特性；根据具体教学内容与四肢或躯体活动的关系来确定体能目标，做到具体、明确并具有针对性；在发展大多数学生体能的基础上关注学生的身体差异性，并照顾好体弱学生。

（五）体育教学情感目标设计

从传统体育教学设计来看，我们似乎可以发现，教学目标的制定围绕着“认知目标”“技能目标”和“情感目标”这三方面展开，参照的是美国教育家布鲁姆于 1956 年出版的著作《教育目标分类学》。布鲁姆认为，情感目标包括接受、反应、形成价值观念、组织价值体系、形成价值情绪（意即渗透到个性心理中），情感因素（特别是价值观、态度、鉴赏能力等）主要是通过“隐蔽课程”潜移默化而获得。它无法像技能目标那样，可以通过具体的操作手段以及器材的辅助来获得，因而情感目标是教学中难以控制的因素。在现阶段的体育教学中仍有许多不尽人意的地方，如过度重视学生技能领域的学习，对学生学习成果的测评也只是在看得见、摸得着的领域，而忽略了情感等领域的发展变化。对体育教学中情感目标的制定与实施的科学化，既能拓展体育教学和体育教学测评的领域宽度，又能增强学生对体育课堂的兴趣和个体情感的积极变化，在新课标的背景下，更有利于素质教育在体育教学中的全面实施。

1. 体育教学情感目标设计原则

教学原则是在一定的教学理念指导下，通过教学模式策略和方法等形式来规范体育教师教学行为的一种准则，它是连接教学理论和实践的纽带，对体育教师的教学实践具有强烈的导向作用。在体育教学中，根据以情优教的教学理念，结合大量的教学实践，围绕学生学习的心理，提出以情优教的三层次教学原则体系，包括体育教学目标制定的乐情原则、冶情原则、融情原则。

（1）乐情原则。乐情原则是在体育教学中，从学生技能学习的心理背景问题出发，确立快乐学习的情感性教学原则。其含义是：在体育教学活动中，体育教师要积极创设有利的教学条件，从而让学生怀着兴趣，以快乐的情绪进行体育技能的学习。如何让学生怀着快乐的心境进行体育课的学习？这要求我们掌握不同年龄层次的学生心理特征，根据学生的心理需要，合理安排体育课的教学。对体育课充满兴趣，是学生接受技能学习的重要前提。

（2）冶情原则。冶情原则是在体育教学中，从学生技能学习的素质目标问题出发，确立一条情感性教学原则。其含义是：在体育教学活动中，体育教师要积极创设条件使学生的情感在学习的过程中得到陶冶。在以往的体育教学中，我们把大部分的精力都放在如何让学生更好地习得运动技能，而忽视了在技能教学的过程中去注重学生的情感问题,从而导致一些学生在面临自己不感兴趣或难度稍大的运动技能时选择逃避。在体育教学基本环节上，我们从冶情原则出发，在技能教学的同时兼顾学生的情感变化，提高他们对运动技能学习的兴趣。

（3）融情原则。融情原则是在体育教学中，从学生学习的人际环境问题出发，确立一条情感性教学原则。其含义是：在教学活动中，体育教师要积极创设条件使师生情感在教学过程中积极交融。促使学生与教师以及周围的学生情感融合在一起，打成一片，是这一原则的主要任务。根据这一原则，不仅要求学生学好体育基本技能，还要求他们发展能力、形成高尚的情感，并逐渐推进师生、生生的人际情感。这一原则为学生日后发展广泛的人际社会情感创造了必要条件。情感原则从表面上看是在体育教学环节中师生情感的融合问题，从另一面看，它更是学生对现实中各种高尚情感形成过程的表现，也即情感的内化过程。围绕“以情优教”教学理念设计出的乐情原则、冶情原则、融情原则是情感目标制定的出发点，在此基础上我们必须结合实际和具体情况进行合理的教学情感目标设计，把握不同水平和阶段学生身心的特点、学校的客观环境、具体的教学内容以及学校体育的主要功能等特点，充分考虑学生的主体性，把握教学中情感目标设计的科学性。

2. 体育教学情感目标实施策略

在实际的体育教学中，关于技能目标的实现方法比较成熟，它的实效性也在实际操作过程中得到了很好的肯定；而关于情感目标，在体育教学实施环节中，似乎找不到很好的理论作为支撑，只能从其他的一些学科中引进参考。为了使体育教师能在体育教学活动中注重情感目标的教学，更为有效地运用以情优教的教学理念来促进课堂学习气氛，同时克服该类目标只适合文科类教学的偏见，需要从体育教学中情感目标的实施环节来探讨其具体的实施策略。根据教学原则的三个层次，确定了实施过程的三个环节（诱发环节、调控环节、陶冶环节），下面我们就每个环节做具体分析。

（1）诱发环节。在体育课堂中，如果学生对于老师的教学提不起兴趣，那么体育课的育情效果将无从谈起，教学中情感目标的实施也将无从下手。法国大教育学家让·雅克·卢梭说过“教育的艺术是让学生喜欢你所教授的东西。”人的情感发生、发展的过程是一种由表及里、由浅入深的过程，它依循着“情绪—情感—情操”这样一个不断内化、加深的过程。在体育教学活动中，情感目标的恰当实施将有利于诱发学生积极的情感。为了有效地诱发出这种情感，为教学活动的开始阶段创造良好的学习氛围，从情感的诱发环节出发，设计出如下6种诱发策略（情景模拟策略、形式匹配策略、设置悬念策略、目标吸引策略、认知匹配策略、超出预期策略）。详见表2-1。

表2-1　体育教学情感目标诱发环节的实施策略

诱发策略	具体含义
情景模拟策略	指体育教师根据教学内容，创设符合学生年龄特征的生活情境，使学生“身临其中”富有情趣地进行学习
形式匹配策略	指体育教师在教学活动中，通过改变教学内容的呈现方式，使教学内容满足学生的主观感受，从而实现教学内容与学生的需求统一，并有效地规范学生的学习，提高学生学习的积极性
设置悬念策略	指体育教师在教学活动中，通过巧设悬念，导入内容，激活学生的探究需要，激发学习兴趣
目标吸引策略	指体育教师通过直接提出对学生富有吸引力的教学目标，使教学与学生的需要和兴趣相联系，诱发学生的学习积极性
认知匹配策略	指体育教师在教学活动中，通过调整教学内容与学生的认知评价之间的关系，使呈现的教学内容满足学生的主观需要，从而实现教学内容与学生需求的统一，有效地规范学生的学习，提高学生学习的积极性
超出预期策略	指体育教师在教学过程中，应适当处理教学内容和呈现教学内容的方式，超出学生的期望，引起学生的兴趣情绪，有效地调节学生的学习，提高学生学习的积极性和主动性

（2）调控环节。情感的不可触摸性，导致其在教学中长期处于一个被淹没的状态，关于体育教学中情感目标的研究也长期处于主观经验性描述的水平，很少有实证性的研究出现，这也是体育教学中情感目标难以实施的原因。但是，体育教学中情感目标的实现绝不是一个空洞的口号，而是具有可操作性、可实现的，它像认知目标一样是可调控的。通过对有关教学目标资料的总结和归类，结合体育教学本身的情况，总结出在体育教学中情感目标调控环节的实施策略有如下7种（创设氛围策略、表情调控策略、归因诱导策略、良性积累策略、质疑解疑策略、期待激励策略、正向批评策略）。详见表2-2。

表 2-2　体育教学情感目标调控环节的实施策略

调控策略	具体含义
创设氛围策略	指体育教师在教学活动中，通过运用各种教学设备，创设符合学生活动需要的情感氛围，使学生在良好的心境中学习
表情调控策略	指体育教师在教学活动中，注重运用积极的言语表情和非语言表情，营造快乐、和谐的心理氛围，使学生在良好的心境中学习
归因诱导策略	指体育教师引导学生对学习的成败正确归因，以克服不良情绪，明确努力方向，增强学习的自信和动力
良性积累策略	指体育教师在教学活动中，通过与学生的肢体、情感等方面的互动，促进师生友好情感的良性发展，使学生在师生关系融洽的情感氛围中学习
质疑解疑策略	指体育教师在教学活动中，启发学生思考问题、主动发现问题，提出疑问，并通过自主的摸索、老师的协助来加以解决，强化探究欲望，增强学生的学习动力
期待激励策略	指体育教师在教学活动中，设法让学生感受到教师对其发展潜能的信心和期望，以此来鼓励学生学习，增强学生的学习动力
正向批评策略	指体育教师在对学生进行教学评价时，运用积极、正向的语言，多从激励的角度出发，充分给予学生富有促进性、正向的评价，使学生对自己的学习成果产生积极的情感体验，增强其后续体育学习的动力

表 2-3　体育教学情感目标陶冶环节的实施策略

陶冶策略	具体含义
诱发情感策略	指体育教师通过对教学内容的加工和提炼，让学生尽可能地感悟到教学内容中所蕴含的悟性情感因素，从而使学生获得相应的情感体验
情感迁移策略	指体育教师引导学生将对某对象的良好情感迁移到有关教学活动中，使学生对这一教学活动也产生相应的情感体验
展示情感策略	指体育教师通过对体育教学内容的加工和提炼，尽可能展示教学内容中所包含的情感因素，使学生获得适当的情感体验
赋予情感策略	指体育教师通过对体育教学内容的处理，给予教学内容一定的情感色彩，使学生获得适当的情感体验
发觉情感策略	指体育教师通过对体育教学内容的处理，尽可能探究隐藏在教学内容中的情感因素，使学生获得适当的情感体验

（3）陶冶环节。在体育教学中，学生积极性情感的内化程度标志着情感目标最终是否达成。这个过程是情感化的过程，是个体的某种积极的情感积累到一定的程度，把内心深处的感受上升到理性的层面，是个体感性到理性变化的过程。情感理性的层面成为某种积极的新情感形成的一个出发点和新生点。陶冶环节是情感目标的最高层次。让学生怀着快乐、喜悦的心情上体育课，这并不是情感目标的最终结果，情感目标的最终结果是让学生把这种积极向上的情感内化成有助于个人成长的内在情操。为了做好最后一个环节，陶冶学生积极的情感，内化成个人内在的品质，通过对文献的查阅与整理，总结出如下 5 个策略（诱发情感策略、情感迁移策略、展示情感策略、赋予情感策略、发觉情感策略）。详见表 2-3。

思考题

1. 体育教学目标概念是什么？
2. 体育教学目标设计的基本要求有哪些？
3. 体育教学目标设计的依据是什么？
4. 体育教学目标设计的步骤有哪些？
5. 体育教学目标设计原则有哪些？
6. 如何进行中学体育与健康课程教学情感目标设计？

第三章　体育教学策略设计

【教学目的和要求】

了解体育教学策略的概念和分类；掌握体育学法指导的策略；理解中学体育与健康课程教学策略的设计。

【教学重点和难点】

体育学法指导策略；中学体育与健康课程教学策略设计。

【教学方法和手段】

讲解、提问、讨论、案例分析、教学实践。

【教学主要内容】

体育教学策略概念；体育教学策略设计要求；体育学法指导策略；中学体育与健康课程教学策略设计。

第一节　体育教学策略概述

一、教学策略概述

（一）教学策略概念

“策略”的原义是指大规模军事行动的计划和指挥，一般又指为达到某种目的使用的手段和方法。对于教学策略，初步定义为：教师对有效完成特定的教学目标而采用的教学程序、方法、形式和媒体等因素的总体思路、谋略和智慧。

喻平在《论教学策略》一文中列举了中外学者对教学策略的几种界定：美国教育

家史密斯把教学策略描述为教学内容的总部署，是教师控制学生行为总方向的方法；加涅在研究教学设计的过程时指出“所谓教学策略，就是帮助学生以自己的学习努力达到每一个作业的计划”，并指出教学策略可以“课时计划”或者“媒介材料的编写说明”的形式出现；范印哲认为“所谓教学策略，就是对完成特定的教学目标而采用的教学活动的程序、方法、形式和媒体的选择等问题的总体考虑。最好的教学策略就是在一定的情况下达到特定的最有效的方法论体系”；皮连生认为“教学策略是教师采取的有效达到教学目标的一切活动，包括教学事件先后顺序的安排，传递信息媒体的选择和师生相互作用的设计”，等等。

综合上述的观点，所谓教学策略，就是为达到特定的教学目的、增大教学效益，教师依据教学规律、教学原则以及学生学习心理规律而制定的教学行为计划。

（二）教学策略基本特征

教学策略主要有三个特征。① 综合性。要求在选择或制定教学策略时，必须对教学的内容、媒体、组织形式、方法、步骤和技术等要素加以综合考虑。② 可操作性。是指在教学过程中，可供教师和学生参照执行的方案，是具体实施教学过程的依据。③ 灵活性。是指根据不同的教学目标和任务，并参照学生的初始状态，选择最适宜的教学内容、教学媒体、教学组织形式、教学方法并将其组合起来，保证教学过程的有效进行。

（三）教学策略分类

对于教学策略，主要有两种分类方法：一是根据信息加工控制点，把教学策略分为生成性策略、替代性策略和指导性策略；二是根据教学要素，把教学策略分为内容型策略、形式型策略、方法型策略和综合型策略。

二、体育教学策略设计

（一）体育教学策略设计概念

体育教学策略设计就是解决教师如何教的问题，其目的是更好地完成体育教学目标。体育教学策略设计是指在一定教学思想指导下，在特定情境中，对教学的内容、顺序、方法、组织形式、媒体等要素如何进行选择、安排进行整体规划，以保证在有限的时间内高质量地实现预定的教学目标。在新课程理念下，体育教学策略设计应注重学生的个体发展，提高学生的自主学习能力，培养学生的竞争与合作意识。

（二）体育教学策略设计要求

1. 为每个学生进行设计，注重学生的个体发展

加德纳指出“虽然教育应该考虑到智能多元化的状况，但是在教室里和实习场所的实践中，智能的差别几乎都被忽略或遗忘了”。学生之间存在着个体的差异性，每个学生在技能、体能、兴趣等方面都存在差异。因此，在教学策略中不要给学生规定统一的要求，应让学生有自主选择学习内容和方法的空间。另外，在体育教学策略设计时可以将学生的智能强项作为教学的起点，引起学生的兴趣；在教学过程中，以智能强项的符号系统充当学生和学习内容之间的桥梁，从而促进教学中与智能弱项进行沟通和转换，促进智能弱项的发展。

2. 自主学习设计，提高学生的自学能力

自主学习策略的核心是要发挥学生学习的积极性、主动性，充分体现学生的主体认知作用，其着眼点是如何帮助学生“学”。通常也把这类教学策略称为“发现式”教学策略。此教学策略有一条主线贯穿始终：自主探索、自主发现，重视学生创造性思维的培养。学生对所学知识进行建构，教师通过组织、指导，对学生的意义建构起促进和帮助作用。例如，老师发现有的学生需要增加手臂力量，可以有效、合理地设计教学策略。对于提高力量的练习，有条件的学生可以采用健身器材，没有条件的学生可以采用引体向上、俯卧撑等方法练习。

3. 竞争与合作学习设计，培养学生的合作意识

体育运动体现的是一种竞争，通过竞争获取最后胜利的同时，内心得到运动的满足感。以合作的方式赢得竞争的胜利更能加强学生之间的情感交流，培养学生的集体意识。因此，在体育教学策略中，教师可以多采用集体游戏活动、小组竞争性的项目来培养学生的合作与竞争意识。例如，在体操课程中，老师应该给学生提供相互竞争、相互指导的机会，从而培养学生勇于争先、相互帮助与合作的精神。要培养他们的合作意识，把班上的学生分成人数均等和实力相当的几个组，分别完成共同的动作组合，要求每个同学都要参加，并把它设计为一个小比赛，对于胜队给予奖励，输队给予惩罚，这样既可以激发学生的积极性，又可以培养他们在课程中相互帮助、相互配合的意识。

第二节　体育学法指导策略

一、学法指导策略

（一）基本的学法指导策略

1. 激发学习兴趣

老师应该想方设法地培养学生对体育学习的兴趣，关注学生的状态，让更多的学生积极主动地参与到体育运动中来，使他们进入跃跃欲试的状态，达到最好效果。

2. 交代操作的方法和步骤

对于部分同学来说，他们可能从未接触过一些运动技能，老师在上课时要讲授动作技能方法、步骤和要领，结合动作示范引导学生学习，帮助他们形成基本动作技能，养成良好的学习方法和习惯。

3. 解决思路障碍

学生在构思设计时难免会遇到障碍，教师应及时帮助他们，给予点拨引导，让更多的学生学会思考和解决问题，提高完成作业的效率和质量，体会到成功的喜悦。

4. 树立信心、大胆创造

老师应该帮助学生消除顾虑、树立信心，表扬学习主动、学法运用得当的学生，尽可能地培养学生的自信心。

（二）指导学生学习的教学策略

指导学生学习的教学策略主要有以下几种：启发动机的教学策略；信息收集整理的教学策略；引出新想法的教学策略；培养批判精神的教学策略；发表结论的教学策略。“得其法者事半功倍，不得其法者事倍功半。”如果教师能在长期的教学实践之中，使学生能够逐渐掌握一些好的学习方法，养成良好的学习习惯，学会选择并使用适合自己的学习方法，那么学生就初步具有了自主学习的能力。教师引导学生积极参与、主动探究，并归纳一些方法，让学生可以举一反三去实践运用，使学生能够主动地获取需要的知识，帮助学生在自主学习中去领会、去发现，学会合作交流，成为会学、善学的人，以达到事半功倍的效果。提高学生这一学习主体的学习质量策略过程可分为四个阶段：参与对话阶段；质疑阶段；对立分化阶段；深入提问阶段。

二、教法指导策略

教法指导策略是指在教学过程中，老师为了使学生能够更有效地学习运动技能而采用的指导方法。而体育教法在教学中发挥的作用因学生或内容的不同而不同，具有较明显的不确定性，体育教法的选用，应视学生的具体情况和教学内容而定。特别是新课标的贯彻和落实，在要求充分发挥教师在教学过程中主导作用的同时，还十分重视学生在学习过程中的主体地位，注重培养学生自主学习、合作学习和探究学习的能力；要求体育教师加强对学生体育学习中学习方法的关注，指导他们掌握有效的学习方法。这就要求教师在教学实践中善于观察，根据学法来调整和选用教法。

综上所述，在教学策略设计方面，教师的责任非常重大，必须在充分了解学生的状况下，合理设计适合当代学生的教学策略，及时地给予他们帮助，使教学策略能发挥它本有的功效。

第三节　体育教学活动策略设计

一、体育教学活动策略设计概述

（一）体育教学活动策略设计意义

体育教学活动是体育教学系统运行过程中施教主体、学习主体分别作用于其他要素，以及两主体双向互动所采取的行动的总称。简单地说，体育教学活动包括教师的施教活动、学生的学习活动以及教师和学生为了搞好教学在课内构建相应的人际关系的活动。体育教学活动设计是一种结构化教学活动，具体体现和贯彻教学策略，是使抽象的理论变成具体实践的关键，也是体育教师进行教学的艺术创造和科学创造活动的重要领域，它关系着教学目标能否实现、教学任务能否实现及教学目标实现和教学任务的完成程度、质量和效率。体育教学活动设计是自觉搞好体育教学的重要环节之一，没有体育教学活动设计，体育教学目标设计、体育教学策略设计乃至整个体育教学设计都将无从谈起，也不能对体育教学发挥应有作用。

（二）体育教学活动策略设计研究

从 20 世纪 90 年代《中华人民共和国教育法》开始实施，我国逐渐从应试教育向素质教育转轨。但中国经济发展不平衡，很多地区学校的教育思想、理念比较落后，受地域、文化、经济、交通等条件的限制，很多地方无法开展素质教育。一直以来，体育教学在中学都处于比较边缘化的地位，在农村中学更是如此。新课标、体育中考、体质测试等一系列政策的实施，大大提高了体育在中学的地位，但在升学率的影响下，体育课常常容易被语文、数学等课程给取代，更不用谈对体育课程的设计。随着新课改的进行，“健康第一”指导思想的提出，中学体育与健康课程教学得到了一定的重视，也取得了一定成果，但目前对体育教学设计的研究还是不够深入，大多数研究都是从整体上对体育教学设计进行的研究，针对单个体育教学设计中的目标设计、策略设计、情景设计、情感过程设计等的研究比较少见，而这些都是进行体育教学设计的重要环节，是整个体育教学能够取得预期效果的保障。

卢锦珍（2011）从教师能力的角度对中学体育教学设计进行了探讨，她指出在新课改的背景下，教师要能准确把握领域目标和水平目标及制定具体学习目标的能力，要有教学过程安排与教学模式选择的能力。明确的教学目标和教师的能力是进行体育教学设计的前提。邵伟德（2012）对体育教学目标进行了探讨，对体育教学目标的特征、内涵、划分与具体编写结合实例进行了研究。体育教学活动设计是依据体育教学目标、学生的学习准备状态、体育教学的特殊规律以及相应的教学策略进行的，体育教学活动解决的是体育教学问题，体育教学设计是以目标为导向的，那么在教学过程中，对于目标的达成是在教学过程中通过不断的反馈调控来实现的。在进行体育教学活动设计的过程中，教师是整个活动设计的主导者，只有掌握了正确的教学目标，不断地提高自身的能力，不断地学习、总结，才能设计好体育教学活动。

（三）中学体育教学活动策略设计存在的问题

1. 师生活动协调缺乏

在中学体育教学过程中，教学设计一般都是由教师完成，学生一般不参与教学活动的设计，繁重的学业压力也使得学生无法顾及。而学生才是学习的主体，因此在教学过程中便出现了学生不想学、不配合老师等现象，使得学习活动设计和学生的主体地位被忽略，而教学活动的设计也成了简单、片面的施教活动设计。在目前学校教育体制下，中小学生大都是被动接受学习，他们缺乏对教学活动设计的概念，自我创新能力较弱。然而，被动式地参与体育教学活动将会极大地影响教学效果。在一些偏远贫穷地区，教学条件、师资、资源等比较差，更需要学生参与到体育教学活动的设计中来，只有这样他们才能体会到体育带来的乐趣。体育教学活动是一项身心参与式的学习形式，让学生参与体育教学活动设计不仅能提高教学效果，实现教学目标，更有利于培养一批有主见、有创新能力的新一代人才。

2. 教师对体育教学活动设计规范性不足

在进行体育教学活动设计的过程中，要对各项活动的内容、形式和时空结构做出明确的规定，要确定各项活动之间的逻辑关系以及它们之间的空间关系和时间关系，这就要求教师要有这方面的能力。然而在中学，多数体育教师一般是被动接受教学任务，完成教学目标，对体育教学活动设计缺乏主体的设计意识，在体育教学活动设计的过程中缺乏主动性，这样也导致了课堂形式的单一性和创新性缺乏。在新课标放宽教学限制的情况下，很多教师更是无从下手，他们慢慢地又转向传统的教学模式，使得教学的效果和质量下降。

3. 体育教学活动设计形式单一

随着近代体育的不断发展，体育活动的形式更加多元化，健美操、体育舞蹈等现代体育项目也逐渐涌入校园，中学的体育活动更加丰富。但目前我国对体育教学活动的设计形式却并没有像体育项目那样呈现多元化发展。体育教学需要多种活动相互配合，为了达到某一教学目标，可能需要几种不同的活动形式，在接受新的项目和学习动作的过程中，更需要多种活动形式的配合使用。而体育教师的教学活动设计基本立足于教学内容，教学活动设计的形式也比较单一，使得学生在教学活动中对项目带来的娱乐体验减少，从而减少了他们对体育的兴趣，降低了教学的效果。中学生正处于比较叛逆的时期，但对所有事物又充满好奇，喜欢冒险、特立独行，单一的体育教学活动设计根本无法满足他们的要求，也无法达到促进学生身体、心理和社会适应能力整体健康水平提高的教学目标。

4. 体育教学活动设计缺乏实际效果

在进行体育教学活动设计时，要对教学实践中具体的活动进行预先构想，它必须结合学校的实际情况，结合学生的现实情况。有些教师进行了体育教学活动的设计，但是在上课的时候，并没有根据他们所设计的来实施教学。他们在设计的过程中没有考虑到学校和学生的实际情况，在实际操作过程中才发现设计的活动无法在课堂上开展，无法达到实际的效果。有些教师根本没有进行体育教学活动的设计，他们凭借自己的教学经验，跟随自己的主观意识对课堂进行把握，使得体育教学活动设计与实践脱轨。

5. 体育教学活动设计缺乏学科性

新课标的实施使得中学体育实践教学得到了一定的重视，然而对于中学体育的学科研究却远远落后于其实践教学的发展，教师的学历水平和对待科研的态度以及中学对学科的重视程度都是导致中学体育教学学科性不强的原因。身处中学的教师是最能体验中学体育教学中的一些问题，也最能客观现实地反应教学问题，体育教学活动的设计要依据体育教学的规律，这些规律需要进行反复的研究，只有通过不断的研究才能发现问题，进行创新可持续发展。

二、中学体育教学活动设计优化策略

（一）以学生为主体，鼓励学生参与设计活动

在中学体育教学过程中，学生大多是被动地学习教师所教授的内容，有的时候所学的内容并不符合所有学生的兴趣爱好，导致学生学习的积极性降低，教学效果也就相应变差。学生的学习时间紧凑，学业压力大，课余时间较少，要让学生参与到体育教学活动的设计中来，就需要体育教师对这个过程进行整体把握和协调。有条件的学校可以尝试在教学大纲的基础上让学生自己来选择自己想要学习的内容，再鼓励学生参与到自己选择的学习内容设计活动。鼓励学生进行创新，学生可以提供教学活动的设计方案，教师可以在学生提出的方案上加以专业性的修改，也可以根据学生的意见对教学活动的设计做出适当的调整，充分调动学生学习的积极性和主动性，发挥学生在学习中的主体地位，使教学活动真正成为一种双边活动。

（二）优化体育教学活动设计，加强规范性

在初步设计好体育教学活动后，教师要与同伴、学生进行沟通，通过不断的探讨和修改，最终确定设计方案。让学生提前了解教学活动设计的方案，对整个教学活动设计有一定的了解，明确教学活动设计的意义，激发学生的兴趣和好奇心，让学生能全身心地投入到学习中，更快地理解所学的教学内容。在优化体育教学活动设计的过程中要加强设计的规范性，教师要以科学的教学规律为引导，促使学生掌握正确的学习方法，激发学生的学习兴趣。

（三）优化设计结构，进行多样化设计

中学体育教学活动的设计大都是千篇一律，中学生对单调乏味的课堂提不起兴趣，他们更倾向于不同形式、组织多样的课堂教学。在进行体育教学活动设计的过程中，教师要立足于教材，对整个教学活动过程进行优化，增加一些融知识性、健身性、娱乐性于一体的教学活动，变换不同的组织形式、更改常规的练习方式，运用微信、微

博、多媒体、图片和影像等手段来激发学生的学习兴趣，搭建学习交流平台，巧用音乐、游戏等手段，营造学习氛围，提高学生学习的激情。

（四）体育教学活动设计优化与实效性相结合

在中学体育教学活动设计的过程中，除了要优化教学活动的设计，更要注意教学活动的实际效果。优化不能只有形式，必须与学生的身心发展水平相结合，考虑到教学活动的各个要素，将各个因素纳入设计范围内，进行优化组合，并对优化的教学活动设计方案进行实践检验，通过教师评价、学生评价、师生互评、教师小结等手段检验方案的实效性，不断提高教学效果。

（五）体育教学活动设计优化注重学科性

在中学体育教学活动中强调了体育教师专业技能的学习和培训，体育教师要注重教学实践，但体育教师对理论的学习和研究比较匮乏。而好的体育教学活动设计不仅仅要求体育教师掌握好的技术，而且还要在设计体育教学活动时有发现问题、解决问题的能力。体育教学是一门理论与实践相结合的课程，在对体育教学活动设计进行优化的同时也必须注重学科研究，提高理论层次，为其后续发展提供理论依据。

三、立定跳远体育教学活动策略设计

立定跳远一直以来都是现代中学体育教学中的重点内容之一，也是中考体育测试中的一个重要项目,立定跳远的成绩可以有效反映学生的下肢爆发力和全身协调能力。立定跳远的难度较小，一般学生都能对其中的技术要点进行掌握和应用。立定跳远作为中学体育基础的素质项目，能够很好地带动各类体育项目的提高，对学生的身体协调性和爆发力有着较大的促进作用。为有效提高学生立定跳远的能力和成绩，在体育教学中必须重视立定跳远的教学与实践，同时通过合理、科学的训练手段来提高学生的身体素质和运动能力。立定跳远的教学活动设计应该做好四个组成部分的教与学，即预摆、起跳、腾空、落地。

（一）立定跳远正确的技术分析

立定跳远有一套较为完善的动作体系，只有通过正确的动作和运动方式，才能有效提高立定跳远的成绩，同时也能帮助学生尽快掌握立定跳远的技术要领，防止在运动的过程中产生运动伤害和安全事故。立定跳远的整个过程是由预摆、起跳、腾空、落地这四个环节构成的。预摆环节的主要目的是找好运动的重心，从而在起跳的过程中能够保持人体的平衡。起跳动作是整个跳远过程中的最主要环节，是人体从水平位置向上方或前方瞬时起跳的过程。人体在空中腾起的过程会作抛物线运动。抛物线的弧度、高度等将直接影响立定跳远的成绩。落地是立定跳远的最后过程，主要起到一个缓冲的作用。

1. 预　摆

首先，是起跳前，上下肢预摆技术的学习，促进上下肢的协调发展和加强下肢力量。要求是肩关节作为双臂的轴点，放松地前后摆动，协调配合下肢。分别介绍四种预摆方法:直腿摆臂、腿屈伸摆臂、屈腿摆臂、前后展屈体摆臂。学生可以根据自身情况选一种适合的练习，可以采用的教学方法有重复预摆、负重预摆、小幅度立定跳远、诱导性练习等几种。通常，预摆的次数为 2 ~ 5 次左右。在预摆的过程中，学生也可以同时进行一定的深呼吸以放松心情。当手臂向前摆动时，应在摆到最高点时稍抬脚跟，通过脚前掌撑地，随后迅速地下蹲，同时手臂迅速向下同摆。为防止在摆动过程中失去重心，人体应始终保持向前倾斜。

2. 起　跳

通过学习起跳时的蹬地技术，可以有效提升学生的下肢爆发力度。起跳蹬地是整个立定跳远过程中最核心的技术步骤。在蹬地这一部分的教学中，教师首先需要让学生们都清楚地知道起跳的技术要领，起跳要做到：重心前移放在前脚掌上，上体前倾，两脚快速用力蹬地，与此同时，手臂迅速从身体后方向前上方抬起，从而使身体向前上方腾起。在起跳的瞬间，人体要尽量伸展，使人体积蓄的势能最大程度地转化为动能。示范时，教师应强调离地前的前脚掌瞬间蹬地动作，有必要的话，还应多次反复地示范。在组织练习时，应要求学生做到“三快三直”。所谓“三快”，就是臂前摆动要快、制动要快、两脚蹬地要快；所谓“三直”，即髋、膝、踝这三个关节要充分伸直。教学中，可采用重复向上跳、向前跳、听信号肌肉急剧收缩再迅速放松、跳深、立定跳等。由于膝关节与踝关节的力量是立定跳远起跳技术的前提，所以教师要建议学生平时要多练习膝关节和踝关节的力量，传授他们可通过蛙跳、单脚跳、跳台阶、连续摸高、负重跳等练习方式，来增强膝关节和踝关节的力量。此外，起跳的角度、用力的方向、摆臂的路线、上体的动作是否运用正确，也会直接影响到起跳的效果。因此，在教学设计过程中，教师也应考虑到如何帮助出现此类问题的学生纠正错误动作。

3. 腾　空

学习腾空技术，主要是为了发展学生的腹肌、髂腰肌，以及下肢的爆发力量。腾空技术的教学，首先也是要让学生明确腾空技术的要领，因此，教师在讲解与示范过程中，必须做到讲解清楚到位，示范准确规范，使学生能直观地看到，腾空时身体要充分伸展，同样要做到“三直”，即髋、膝、踝三关节伸直，同时两臂要前举。组织教学过程中，应要求学生跳起要有高度，做到挺胸展体，大腿上抬紧贴身体，起跳后，大腿上抬找身体，两臂由前向后摆，团身紧。教学时可以采用屈腿跳、跳起手触脚、原地双脚跳上 80 ~ 100 cm 高的跳箱、连续跳栏架、连续跳小屋（用小垫子折叠支起代替）等。在平时的身体素质练习教学中，还可以适当地组织仰卧起坐、仰卧举腿、仰卧两头起或单杠的悬垂举腿等练习来发展学生的腹肌和髂腰肌的力量。然而，因为学生的身体条件不尽相同，跳起的高度也参差不齐，因此，教师在教学过程中还应该做好分人分组，在不断提高完善学生的技术动作的同时，还应该注意因地制宜，因人而异。比如对于腹部肌肉较为缺乏的女生而言，要在短时间内收腹可能较为困难，为此可以采用在腾起最高点快速举腿的方式来达到同样的效果。在抬腿的同时，手臂应尽量向后摆动，并且小腿部应向前方伸展，这样也能有效增加落地的水平距离。

4. 落　地

学习落地技术，旨在提高完整技术的动作质量，同时发展学生的下肢爆发力。在学习落地技术时，要求重心低，小腿前伸，落地技术应在落地前就做好准备。为防止脚踝关节受到损伤，在落地的瞬间应先使脚跟着地，然后再迅速地使整个脚掌接触地面。在落地时，必须保持屈膝的状态，从而给身体提供一个缓冲的过程。为保持身体平衡，在落地时应尽量保持身体向前倾斜，但也不可过度，否则容易导致重心不稳而摔倒。

（二）立定跳远教学活动设计要求

虽然上述立定跳远的各技术重点及练习方法有很多种，但在教学实施过程中应遵循循序渐进、力量为主的原则。不仅要合理安排各技术环节的针对性练习，处理好这些练习之间的合理过渡，而且在教学周期中，要始终把力量练习贯穿其中，科学安排每节课的运动量，发展学生的下肢爆发力量和腰腹力量。在初期的教学中应该让学生理解并建立立定跳远的技术概念，理解动作要领的精髓，着重提高学生协调用力的能力。中期应该加强力量练习，提高学生的下肢、腰腹力量以及爆发力。后期要加强核心技术与力量练习，提高各个步骤的动作衔接的流畅性。通过多种组合练习，照顾到各个层次的学生，提高不同水平阶段学生的成绩。

总而言之，在立定跳远技术教学中，教师首先需要让学生认识、理解并逐步在脑海中建立起立定跳远的技术概念，通过讲解示范，让学生理解立定跳远各环节的技术构成。教师在学生练习过程中，不仅要善于归纳总结出立定跳远各技术环节易犯错误的问题，更重要的是，要告诉学生各项辅助纠正练习的目的及意义，从而让学生理解教师的教法思想，以获得更好的教学效果。只有在让学生掌握技术知识的基础上，才能引导学生在合作学习的过程中相互观察，进行互评，发现各自技术的优缺点；让学生在反复练习的过程中进一步理解立定跳远完整的技术构成及重点，发挥自身的主观能动性，在学习中获取信心、获得进步，从而提高课堂教学效果。同时也要引导学生在课余项目练习中，能够根据自身技术缺陷进行针对性练习，提高立定跳远的成绩，并促进其他专项的进步。

思考题

1. 体育教学策略概念是什么？
2. 体育教学策略设计要求是什么？
3. 体育学法指导策略有哪些？
4. 如何进行中学体育教学活动策略的设计？

第四章　体育教学方法设计

【教学目的和要求】

了解体育教学方法的概念、分类、选择与运用；掌握中学常用体育教学方法的设计；理解中学体育教学方法的应用及基本要求。

【教学重点和难点】

常用中学体育教学方法的设计；中学体育教学方法的应用及基本要求。

【教学方法和手段】

讨论、案例分析、教学视频、教学实践。

【教学主要内容】

体育教学方法的概念与分类；体育教学方法的选择与运用；中学合作法体育教学设计；中学领会法体育教学设计；中学发现法体育教学设计；中学游戏法体育教学设计；中学欣赏法体育教学设计。

第一节　教学方法概述

一、教学方法概念

古今中外积累的教学方法是十分丰富的。随着教学改革的不断深入，又会有许多新的有效的方法产生。因而，在实际教学时，教师能否正确选择教学方法，就成为影响教学质量的关键问题之一。综合考虑教学的各有关因素，选取适当的教学方法，并能合理地加以组合，才可使教学效果达到最优化的境地。好的教学方法会促进学生各种能力的发展，调动学生各种感官的参与，激发学生自主学习，促进学生不断地自我发现、自我反思，从而不断地创新。当教师与教学方法、学生与教学方法、教材与教学方法都达到和谐状态时，才能实现课堂教学的优化，才能提高课堂教学的效率。教学的成败在很大程度上取决于教师是否能妥善地选择教学方法。知识的明确性、具体性、根据性、有效性、可信性，有赖于对教学方法的有效利用。所以，每个教师都必须学会科学地、恰当地选择教学方法，这对正确地运用教学方法、提高教学质量具有重要作用。教师既要根据学生在知识基础、兴趣爱好、学习动机、认知风格等方面的差异，选择适合他们的教学方法，真正做到教学有法，因材施教；又要根据教学情境、教学进程和教学变化，适时调整创新教学方法，灵活选择与教学情境、教学进程、教学变化相适应的富有特色的教学方法。

教学方法是课程、教学的实施方式，是实现教学目标、开展教学活动的途径和手段，它直接关系着教学工作的成败、教学效率的高低和把学生培养成什么样的人。教学方法问题解决的好坏，就成为能否实现教学目标、完成教学任务的关键。正确理解、选择和运用教学方法，对于更多更好地培养人才具有重要意义。“教学有法，法无定法，贵在得法。”因此，教学方法是在教学过程中，教师和学生为实现教学目标、完成教学任务而采取的教与学相互作用的活动方式的总称。

二、教学方法分类

（一）以语言传递信息为主的方法

以语言传递信息为主的教学方法，是指以教师运用口头语言向学生传授知识、技能以及学生独立阅读书面语言为主的教学方法。语言是交际的工具，它在教学过程中是一种非常重要的认识媒体。教师和学生之间的信息传递大量的是靠书面语言和口头语言来实现的。而且对学生来说，语言的锻炼与发展也是培养思维品质的一个重要方面。所以，以语言传递信息为主的方法是教学中被广泛应用的方法。在教学过程中，以语言传递信息为主的方法主要有讲授法、谈话法、讨论法和读书指导法。

1. 讲授法

讲授法是教师通过简明、生动的口头语言向学生系统地传授知识、发展学生智力的方法。从教师教的角度看，它是一种传授的方法；从学生学的角度讲，它是一种接受性的学习方法。运用讲授法，教师可以通过合乎逻辑的分析、论证，生动形象的描绘、陈述，以及启发诱导性的设疑、解疑，使学生在较短的时间内获得较为全面系统的知识，并把知识教学、思想教育和发展智力三者有效地结合起来，使之融为一体，相互促进。讲授法一直是教学史上最主要的教学方法。虽然后来许多现代化的教学手段被引入教学领域，出现了演示法、实验法等，但这些方法手段都是与讲授法相结合，并由讲授法起主导作用。因此，无论过去还是当前，讲授法都应是学校教学中既经济又可靠，而且最为常用的一种有效方法。然而，由于许多教师在课堂教学中不能恰当地运用讲授法，形成了满堂灌的僵死局面；也有些人从理论上错误地认为学生接受教师的讲授必然是机械被动的学习，所以在目前教学方法改革中，有些人把教学效果不佳、教学质量不高归罪于讲授法，认为它是注入式教学的代表而对它倍加攻击、否定和排斥。这种不加分析地全盘否定讲授法的错误倾向与观点，必然会给教学实践带来很大危害。1978 年 3 月，叶圣陶在北京地区语言学科规划座谈会上的发言中反复强调："教师教任何功课（不限于语文），'讲'都是为了达到用不着'讲'，换个说法，'教'都是为了达到用不着'教'。怎么叫用不着'讲'、用不着'教'？学生入门了，上了路了，他们能在繁复的事物之间自己探索，独立实践，解决问题，岂不是就用不着给'讲'给'教'了？"叶老先生的深刻认识来源于他的亲身实践。叶先生在教学实践中认识到，教师在教学中要实现"教"是为了用不着"教"的教学目标，就不能不问教材内容的特点和学生的具体情况一讲到底，进行一味地灌输，必须让学生积极主动地参与探究学习的过程。他说让学生参与教学过程并非不要教师的课堂讲解，而是要求教师废除逐字逐句的讲解，讲关键、讲线索，对学生进行必要的启发与指点。可见，叶老先生的本意并不是不要教师的讲，而是要教师做到"精讲""少讲"。在实际的教学过程中，讲授法又可以表现为讲述、讲解、讲读、讲演等不同的形式。这些形式又各有自己的特点。讲述，是以叙述或描述的方式向学生传授知识的方法。讲解，是教师向学生说明、解释和论证科学概念、原理、公式、定理的方法。讲读的主要特点是讲与读交叉进行，有时还加入练习活动，既有教师的讲与读，也有学生的讲、读和练，是讲、读、练相结合的活动。讲演，是教师对一个完整的课题进行系统的分析、论证并做出科学结论的一种方法，它要求有分析、有概括，有理论、有实际，有据有理，这种方法多用于中学高年级的教学活动。这几种形式都是教学中经常使用的。教师采用这些方式，要充分考虑到学生听讲的方式，使教师的主导作用与学生的自觉性、积极性紧密结合起来。否则，就容易导致注入式的讲授。

2. 谈话法

谈话法又称问答法，是教师和学生以口头语言的方式进行教学的一种方法。谈话法也是一种历史悠久、行之有效的方法，我国古代教育家孔子就经常用谈话法启发学生思维，传授有关知识。古希腊哲学家苏格拉底也曾用这种方法进行教学，称之为"产婆术"。在现代学校中，谈话法也在各科教学中被广泛地采用。其优点是便于激发学生的思维活动，培养学生的独立思考能力和语言表达能力，唤起和保持学生的注意力和兴趣。教师通过谈话可直接了解学生对知识、技能的掌握情况，获得教学的反馈信息，改进教学。谈话法的形式，从实现教学任务来说，有引导性的谈话、传授新知识的谈话、复习巩固知识的谈话和总结性谈话。无论哪种形式的谈话，都要设计不同类型的问题，开展不同形式的谈话活动，调动学生的积极性。这是发挥谈话法作用的关键所在。

3. 讨论法

讨论法是在教师指导下，学生以全班或小组为单位，围绕教材的中心问题各抒己见，通过讨论或辩论活动，获得知识或巩固知识的一种教学方法。讨论法的优点在于，由于全体学生都参加活动，可以培养合作精神，集思广益、互相启发、互相学习、取长补短，加深学生对学习内容的理解，还可以激发学生的学习兴趣，提高学习情绪，培养学生钻研问题的能力，提高学生学习的独立性。讨论法既是学习新知识、复习巩固旧知识的方法，也是提高学生思想认识的方法，它既可以单独运用，亦可和其他方法结合运用。在学习新知识时采用讨论法，需要学生具备一定的基础知识和一定的理解能力、独立思考能力。因此，一般在高年级学生或成人教学中采用。

4. 读书指导法

读书指导法是教师指导学生通过阅读教科书和课外读物（包括参考书）获得知识、养成良好读书习惯的教学方法。读书指导法的特点是既强调学生的“读”，又强调教师的指导。在实际教学中，教师指导学生阅读，必须从指导阅读教科书开始，因为教科书是学生在学校中获得知识的主要来源。虽然各门学科的性质不同，对学生阅读指导的具体方式不同，但都应该注意加强对学生的预习和复习活动的指导，也应注意在各科内容的讲授过程中加强对学生阅读的指导。与此同时，教师还要指导学生阅读课外读物。学生阅读课外读物，不仅能加深理解和巩固课内学习的知识，而且能开拓知识领域，满足多方面兴趣，丰富精神生活，进而发展智力和能力。因此，一些教育家称课外读物是“智力生活的策源地”，教师必须认真指导学生制订阅读计划，选好读物，同时要教给他们阅读的顺序和方法，指导他们做好阅读笔记。读书指导法不仅是学生通过阅读获得知识的方法，也是培养学生自学能力的重要方法。但采用这一方法，必须把学生的“读”作为主要方面。不管哪种形式的阅读，都应教育学生要专心致志，学思结合，质疑问难，勤读勤记，理论联系实际。

运用以语言传递信息为主的方法的基本要求有以下几点。① 科学地组织教学内容。学生的知识结构是从教材的知识结构转化而来的，教师要运用以语言传递信息为主的方法使学生掌握知识，并发展他们的智力和能力，最为重要的是要对教学内容进行一番必要的加工，实行科学的组合，并按一定的程序，组成合理的教材结构，使教学内容具有逻辑意义。只有这样，才能把教材上处于静止状态的知识信息变为输出状态的知识信息，使学生获得良好的知识结构。因此，教师要在课前认真钻研教材，合理组织教学内容，力求做到系统性强、概念明确、条理清楚、重点突出、难易适度，符合思想性的要求。在这个基础上，对哪些内容采取讲授法，哪些内容采取谈话法或讨论法，都要做出恰当的安排。② 教师的语言要清晰、简练、准确、生动，并富有感染力。师生的活动是以语言为中介的。运用以语言传递信息为主的方法时，教师语言素养的高低，直接影响着教学效果的好坏。因此，教师要用语言进行讲授，用语言组织和引导学生学习，就必须有较强的语言表达能力。在教学中，教师要善于把教材上的书面语言转化为适于教学的口头语言，并能清晰、简练、准确、生动地表达给学生，还要通过富有启发性和感染力的语言,组织和引导学生不断深入领会和掌握教材内容。同时，教师还必须注意语言表达过程中的举止与神态，这是无声的语言。它能支持、修饰教师的言语行为,更能帮助教师表达难以用言语行为表达的感情和态度。③ 善于设问解疑，激发学生积极的思维活动。无论是讲授、谈话，还是讨论和指导学生独立阅读，都需要教师精心设计一系列问题，组织和引导学生解决疑难，使学生思维活动始终处于积极状态。因此，教师要根据教学的需要和教材内容的特点，精心设计富有启发性和思考价值的问题，并要依据学生的知识与能力情况，使这些问题明确具体、难易适度，以便充分调动学生学习的积极性。在解决问题过程中，教师要善于鼓励和引导各类学生充分发表自己的见解，并抓住学生认识中模糊不清的地方或错误之处，有针对性地加以纠正，以促使学生认识活动的深化。④ 恰当地配合和运用板书。在运用语言进行讲授、讨论、谈话的教学过程中，恰当地配合和运用板书，是提高教学效果的一个重要方面。因此，在实际教学当中，教师要注意两点：一是合理规划板书的布局，板书要工整美观、字迹规范；二是安排好板书内容，力求做到重点突出、简明扼要。为此可适当利用一些线条、箭头、图表等，对文字做补充说明，使学生加强对教材的印象。

（二）以直接感知为主的方法

以直接感知为主的方法是指教师通过对实物或直观教具的演示和组织教学性参观等，使学生利用各种感官直接感知客观事物或现象而获得知识的方法。这类方法的特点是具有形象性、直观性、具体性和真实性。但是，以直接感知为主的方法只有与以语言传递信息为主的方法相结合，才能保证教学效果的提高。以直接感知为主的方法包括演示法和参观法。

1. 演示法

演示法是教师在课堂上通过展示各种实物、直观教具，或进行示范性实验，让学生通过观察获得感性认识的教学方法。这种方法在中小学各科教学中被广泛采用。但它是一种辅助性教学方法，要与讲授法、谈话法等教学方法结合使用。在我国中小学教学中，演示的手段大体有三类。一是实物或模型、标本、图片、图画的演示，目的在于使学生获得对某一事物或现象的外在感性认识。二是用连续成套的模型、标本、图片或幻灯、电影等，进行序列性演示，使学生了解客观事物和现象发生发展的过程。特别是现代化的教学手段，如幻灯、录像、电影等演示能突破时间、空间的限制，使事物由静态变为动态，使抽象的理论具体化。如实地考察“花”的成长过程，需要几个月甚至一年，如采用幻灯或录像机，只需几分钟时间就可以看到花的成长全过程。对历史事件和人物，或者祖国大地秀丽的景色，通过录像、电影等展示于学生的面前，给学生一种身临其境的感觉。三是音乐、体育、劳动等课上教师的示范性动作或操作等。实践证明，演示法不仅能理论联系实际，为学生学习新知识提供丰富的感性材料，而且能激发学生学习的兴趣，提高学习的效果。

2. 参观法

参观法是教师根据教学任务的要求，组织学生到工厂、农村、展览馆、自然界和其他社会场所，通过对实际事物和现象的观察和研究而获得知识的方法。如地理学科、历史学科参观名胜古迹、博物馆，理化学科参观科学宫，艺术学科参观美术展览、戏剧表演等。参观是以大自然、大社会为活教材，能打破课堂和教科书的束缚，使教学与实际生活、生产密切地联系起来，扩大学生的视野，能使学生在接触社会中受到教育。

运用以直接感知为主方法的基本要求有以下几点。① 事先做好准备工作。教师在教学中运用演示法和参观法时，应根据教学大纲的要求和教学任务的需要，做好准备工作。如采用演示法时，要事先选择，检查演示教具，进行课前试作等；采用参观法时，要订出参观计划和步骤，明确参观的目的和要求等。② 引导学生有目的、有重点地进行观察。无论是演示还是参观，都要提出问题，让学生有目的、有重点地去观察、去思考。在这个过程中，教师要适当结合讲解、谈话等方法，引导学生把注意力集中到观察的对象上，把感知与理解结合起来，从多方面认识所学的对象，以便更好地理解所要掌握的内容。为了更好地达到这个目的，教师还要教给学生观察的顺序与方法，尽量发挥学生多种感官的作用。③ 引导学生做好总结工作。演示和参观结束后，教师要组织和引导学生通过问答、练习、讨论等方式，把观察的现象与书本知识联系起来，真正起到获得感性知识、验证和理解知识的作用。

（三）以实际训练为主的方法

以实际训练为主的教学方法，是通过练习、实验、实习等实践活动，使学生巩固和完善知识、技能、技巧的方法。以实际训练为主的方法是以学生的实践活动为特征的，通过实践活动使学生的认识向高一层次发展，把技能转变为技巧。教育心理学研究成果表明，技能包括外部的动作技能和内部的心智技能两方面技能技巧的形成与完善，始终是动作技能与心智技能相互联系、相互依存的，特别是动作技能的形成，始终受心智技能的支配和调节。如写字、运算、实际操作等技能不仅仅依靠语言传递，还必须依靠实际训练。在教学过程中，以实际训练为主的方法，包括练习法、实验法和实习作业法。

1. 练习法

练习法是指在教师指导下进行巩固知识、运用知识、形成技能技巧的方法。练习法的特点是，技能技巧的形成以一定的知识为基础，练习具有重复性。在教学中练习法被各科教学广泛地采用。由于学科性质、任务不同，练习种类也有所不同。一般可分为三类。① 语言的练习，包括口头语言和书面语言的练习，旨在培养学生的表达能力。在书面语言练习中，作文创作性的练习更为重要。② 解答问题的练习，包括口头和书面解答问题的练习，旨在培养学生运用知识解决问题的能力。这种练习在各科教学中被广泛地采用，尤其在数学、物理、化学教学中占有重要地位。③ 实际操作的练习，旨在形成操作技能，这种练习在技术性学科中占重要地位。

2. 实验法

实验法是在教师指导下，利用一定仪器设备，在一定条件下引起某些事物或现象的发生和变化，使学生在观察或研究和独立操作中获取知识，形成技能技巧的方法。实验是中小学理科教学的特点，实验法也就成为中小学理科教学的重要方法。应用实验法，不仅可以使学生加深对概念、规律、原理、现象等知识的理解，而且有利于培养他们的探索研究和创造精神以及严谨的科学态度，更有利于学生主体地位的发挥。中小学理科教学中的实验通常是在专门的实验室或生物实验园地进行的，有时也可通过演示性的实验进行。但目前，我国中小学，尤其是农村中小学实验条件很差，有的学校连起码的演示实验都无法进行，这使中小学理科教学质量受到一定影响。针对这种状况，应切实采取多种形式和办法，加速创造开展实验教学的条件。目前提倡建立“实验中心”，这是解决理科教学中实验问题的有效途径，即集中邻近三至五个学校的实验仪器，设立实验中心，安排专人负责管理和指导。这种办法投资少、收效大，不仅能提高实验仪器设备的利用率，而且能提高实验教学的质量。此外，用土办法自制一些仪器设备，也可以部分解决实验问题。

3. 实习作业法

实习作业法是教师根据教学大纲的要求，组织学生在校内外一定的场所运用已有知识进行实际操作或其他实践活动，以获得一定的知识和技能技巧的方法。这个方法在自然学科和技术学科中占有重要地位。如数学中的测量实习作业，物理、化学学科中的生产实习作业，生物学科中的植物栽培、动物饲养实习作业，地理学科中的地形测绘作业，劳动技术课的生产技术实习，以及师范学校的教育实习等。实习作业法对贯彻教学中理论联系实际原则、培养学生独立工作能力起着重要作用。与实验法、练习法等相比较，其实践性、综合性、独立性、创造性更强。这对于促进教学与生产劳动相结合，培养学生的劳动观点和劳动技能，都有重要意义。

在教学中，运用以实际训练为主的方法的基本要求有以下几点。① 对学生实际训练的活动要进行精心设计和指导。通过实际训练活动，主要能够加强学生对书本知识的验证、巩固和运用。它是在教学大纲的要求和教师指导下进行的。因此，教师必须事先对练习实验、实习活动的目的、内容、要求和程序做出周密选择和设计，确定活动方向，避免盲目性，提高学生实践的自觉性和积极性。在实际的练习和操作过程中，教师要巡视、了解学生情况，及时进行指导；对学生实验中出现的困难与问题，要耐心地启发引导；在实验过程中，要教育学生以严肃态度对待实验过程、步骤和结果，遵守纪律、爱护实验设备。实验结束后，要进行讲评与总结。② 调动学生实践的积极性，培养学生动脑、动口、动手的实际操作能力。能力是在活动中培养的，实际操作能力，就是手脑并用去解决实际问题的能力。以实际训练为主方法的特点，就是为学生创造实际活动的条件，使他们手脑并用，运用知识实践，培养他们完成操作活动的本领。在学生进行练习、实习的过程中，教师要尽可能地调动学生的积极性，使他们学会独立完成实践任务，逐步提高动脑、动口、动手的能力。③ 重视实训结果的总结和反馈，培养学生自我监督、自我检查和自我评定的良好习惯。在实际训练活动中，教师要注意对学生实际训练活动结果的检查、总结和分析。让学生知道每次实践活动的效果，及时获得反馈信息。这样既有利于及时纠正错误，形成正确的技能技巧，又能通过良好的实践效果增强学习的兴趣和信心。为了保证使学生及时有效地获得实际训练效果的反馈信息，教师还要在练习、实验、实习中注意培养学生自我监督、自我检查、自我评定和自我反馈的习惯和能力。

（四）以引导探究为主的教学方法

以引导探究为主的教学方法，是指教师组织和引导学生通过独立的探究和研究活动而获得知识的方法。这类方法的特点在于，在探索解决认识任务过程中，使学生的独立性得到高度发挥，进而培养和发展学生的探索能力、各种活动能力和创新能力。

在这类方法中，教师的地位与前几类方法中的情况有较大不同。在这里，教师有意识地让学生有较大的活动自由，并且使自己作为成员参与到学生的探究活动中去。但这并不意味着可以离开教师的指导，反而由于学生探究活动的复杂化，要求教师的指导更加细致和全面。由于学生的探究活动是在学校教学条件下进行的，所以教师在向学生提出探究性质的任务时，一定要考虑教学大纲的要求、学生在知识和能力方面的准备情况以及学生完成作业的时空条件等，否则，会影响教学的进程和效率。

以引导探究为主的教学方法主要包括发现法。发现法，又称探索法、研究法，是指学生学习概念和原理时，教师只是给他们一些事例和问题，让学生自己通过阅读、观察、实验、思考、讨论、听讲等途径去独立探究，自行发现并掌握相应的原理和结论的一种方法。它的指导思想是在教师指导下，以学生为主体，让学生自觉地、主动地探索，掌握认识和解决问题的方法与步骤，研究客观事物的属性，发现事物发展的起因和事物内部的联系，从中找出规律，形成自己的概念。

发现法的基本过程是：① 创设问题情境，向学生提出要解决或研究的课题；② 学生利用有关材料，对提出的问题做出各种可能的假设和答案；③ 从理论上或实践上检验假设，学生中如有不同观点，可以展开争辩；④ 对结论做出补充、修改和总结。发现法对于激发学生学习兴趣、培养学生解决问题的能力、发展学生创造性思维品质和积极进取的精神有较大的优越性。这一方法多用于那些可以引出多种假设、原理的数理学科，尤其是在让学生形成概念、理论，找出现象间的因果关系和其他联系时更为有效。但是，运用这种方法，花费时间多、不经济，而且需要学生具有相当的知识经验和一定的思维发展水平，还需要逻辑较严密的教材和素质较高的教师。对于太简单或太复杂的内容以及资料性的内容，不宜采用发现法。

运用以引导探究为主方法的要求有以下几点。① 依据教材特点和学生实际，确定探究发现的课题和过程。教师要组织学生进行探究发现活动，首先要依据教学要求、教学内容的特点和学生知识、能力水平的实际，把教材中的某一知识或问题确定为学生进行探究的课题。当课题确定后，是把一个单元作为一个发现过程，还是把一个单元分解为几个问题，构成相应的几个发现过程？每个过程的知识容量是多少？这都需要教师依据教材结构的特点和学生的实际认真进行安排。如果教材难度大，学生基础较差，自学能力较弱，就应该把课题分解得细一些，知识容量少一些，发现过程的时间短一些，让学生在力所能及的范围内开展探究活动。随着学生发现能力的提高，发现过程的跨度应逐步增大，知识量也相应增多，让他们在更高水平上锻炼独立思考的能力和创造能力。② 严密组织教学，积极引导学生的发现活动。学生的探究、发现绝不是一种自发的、随心所欲的活动，它是在教师的严密组织和积极引导下进行的。学生在发现的过程中可能会遇到各种障碍，这就需要教师随时帮助学生，启发和引导他们进行联想、对比、分析，使学生的思维活动不断变化。这样可以减少发现过程中的曲折，让学生用尽可能少的时间获取最好的学习效果。③ 努力创设一个有利于学生进行探究发现的良好情境。学生在教师指导下进行探究活动，这是一种十分紧张、艰苦、具有很大情意倾向的劳动，需要各种条件的配合。学校和教师要从各个方面为学生创造一个良好的情境，使学生在发现学习的过程中，始终保持注意力高度集中、思维极其活跃、探索精神十分旺盛的最佳状态。为此，除了在活动场所、教学设备、教学时间等方面给学生创造良好条件外，更重要的是要通过师生的努力，创设一种互尊互爱、好学深思、奋发向上的良好心理环境。在这种环境下，学生乐于开展深入的讨论，交流心得体会，也敢于发表不同见解。这对学生的探究和发现是非常有利的。

（五）以欣赏活动为主的教学方法

1. 以欣赏活动为主的教学方法概念

以欣赏活动为主的方法，是指教师在教学中创设一定的情境，或利用一定教材内容和艺术形式，使学生通过体验客观事物的真善美，陶冶他们的性情，培养他们正确的态度、兴趣、理想和审美能力的方法。在教学中，不少教师往往只注重知识技能的传授和训练，而忽视理想、态度、兴趣和欣赏能力的培养。而这些方面在人的成长中又具有很重要的作用。学生只有树立崇高的理想，形成正确的态度和兴趣，具备了对美的欣赏能力，才能保证他们所学得的知识和技能为社会发挥积极作用。因此，现代教学理论和实践很强调教学中对以欣赏活动为主教学方法的运用。以欣赏活动为主的方法主要包括欣赏法。

2. 欣赏法概念

欣赏，《现代汉语词典》中解释为“享受美好的事物，领略其中的情趣”，也指“认为好”和“喜欢”。一般而言，人们将它解释为某个人对于周围的人或物给予一种评价，继而产生了好恶。这是一种心理的、情绪的反应，多属于感情方面，与知识思想属于理智者不同。现今的教育，多注重于知识的灌注和习惯技能的养成，而忽略了品格的陶冶。其实，高尚的品格，有指导人生和陶冶性情的最高教育价值。只有引导学生树立一个崇高的理想，养成一种正当的态度和兴趣，才能确保他们所学的知识技能用于正当的途径，为人民谋福利。欣赏法是指在教师指导下，学生通过以情感为主的体验，培养审美感、道德感等高级情感的教学方法。这一方法最主要的特点是，通过教学中的各种欣赏活动，使学生在认识了所学事物的价值之后产生出积极的情感反应。

3. 欣赏法分类

欣赏教学的性质，依学科不同而异。有些学科偏重于情感的陶冶，有些学科偏重于态度和理想的培育，有些学科偏重于真理的探求。因此，在中小学教学中，各科教学对学生的兴趣、态度、理想等都会发生影响，但由于学科性质的不同，欣赏法也表现出三种类型。

（1）艺术美和自然美的欣赏。如对音乐、美术、文学作品和大自然的欣赏，有助于培养学生审美能力，丰富学生精神生活。

（2）道德行为的欣赏。如对政治、历史、语文等教材中有关某个人物或某件事所表现出的道德品质或社会品德的欣赏，有助于培养学生高尚的理想和情操。

（3）理智的欣赏。如对科学研究中追求真理、严密论证、发明创造、探索精神的欣赏，有助于培养学生浓厚的求知兴趣、科学态度和缜密的思考能力。

由于各学科性质和内容的不同，欣赏活动的途径也不同，通常有观察、聆听、模仿、联想、比较等。教师可利用多种机会，通过这些欣赏活动，培养学生的鉴赏能力。一般来说，在教学过程中，欣赏法应作为与其他方法配合的辅助性教学方法。这种方法与其他方法有机结合，则能大大激发学生自觉、愉快的学习动机，形成有益的兴趣和强烈的求知欲。而在音乐、美术和文学作品教学中，欣赏的方法应作为一种常用的、主要的教学方法。

中学常用的教学方法都有其优点和局限性，各种方法只有互相联系、互相配合，才能在教学中发挥出积极有效的作用。教师在实际教学中必须结合具体的客观条件和自己的主观情况周密计划，选用并组织好具体教学方法的实施程序，方可取得优良的教学效果。

第二节　体育教学方法概述

一、体育教学方法概念

表 4-1　学者对体育教学方法概念的界定

学者	教学方法概念
潘绍伟	是指在体育教学过程中，教师为实现教学目标，组织学生进行学习活动所采取的教与学相互作用的活动方式的总称
张学忠	是指在体育教学过程中，在一定的教学原则下，师生相互作用，共同为实现体育教学目标，合理组合和运用场地、器材、手段的活动方式
毛振明	是在体育教学过程中，教师与学生为实现体育教学目标和完成体育教学任务而有计划地采用的、可以产生教与学相互作用的、具有技术性的教学活动的总称

续表

学者	教学方法概念
樊临虎	是指在体育教学过程中，教师指导学生为达到一定的教学目标所进行的一系列活动的方式、途径和手段的总称
周登嵩	是在体育教学过程中，教师和学生为实现教学目标、完成教学任务而采取的不同层次、教与学相互作用的活动方式的总称
周林清	是在体育教学过程中，为达到教学目标、完成任务，运用一系列教学手段组织的由一整套方式组成的师生相互作用的活动
刘海元	是在体育教学过程中，教师和学生为实现体育教学目标、完成体育教学任务而采取有效活动的行为方式的总称。

如表 4-1 所示，不同学者对体育教学方法的概念有不同的界定，但大体可以总结出几点相同点：第一，教学方法是师生共同的活动；第二，教学方法不仅指教师的教法；第三，教学方法最终要通过具体的技术和手段来实现。因此，体育教学方法是指在体育教学过程中，教师和学生为实现体育教学目标和完成体育教学任务而有计划地采用的、可以产生教与学相互作用的、具有技术性的教学活动的总称。

二、体育教学方法的分类、选择与运用

（一）体育教学方法分类

表 4-2　学者对体育教学方法的分类

学者	分类标准	具体类别
马特维耶夫	方法的来源	①体育教育的专门方法，如严格规定的练习法、游戏法、比赛法；②一般的教育学方法、手段，如语言法、心理调节法、直观法等
王广虎	教学原则	①技术教学法，如部分分解法、分段分解法、分化分解法；②组织教学法，如分流法、循环法、游戏竞赛法；③教学组织法，如循序分期法、均衡对称法、综合恒定法等
樊临虎	师生角色活动	①教师的指导法，如讲解法、示范法、纠错法；②学生的练习法，如观察法、听讲法、练习法等
张学忠	教学功能	①传授知识、技能类方法，如直观教学法、练习法、矫正法；②激发情感类方法，如游戏法、鼓励表扬法；③培养审美的方法，如形体练习法、鉴赏和创造法；④人文教育的方法，如鼓励法、批评法、思想引导教育法等
曲红军	要素本质属性	① 原理性教学方法，含知识型教学方法和能力型教学方法；②操作性教学方法，含以语言为主的方法和以语言为辅的方法等

续表

学者	分类标准	具体类别
彭小伟	整体教学	①以传授知识技能为主的方法，如讲解法、演示法；②以发展学习能力为主的方法，如示范法、探究性教学法；③以形成心理品质为主的方法，如念动练习法、暗示教学法；④以培养团队协作精神为主的方法，如合作性学习法等
毛振明	信息感知途径	①语言感知类，如讲解法、提示法、问答法；②以直接感知为主的方法，如示范法、演示法、保护与帮助法；③以身体练习为主的方法，如分解法、完整法、循环练习法；④以比赛活动为主的方法，如游戏法、比赛法、情景法；⑤以探究性活动为主的方法，如发现法、问题探究法、小群体法等
刘海元	信息感知途径	①语言感知类，如讲解法、提示法、问答法；②视觉感知类，如示范法、演示法、观察法；③本体感知类，如分解法、完整法、巡回法；④综合感知类，如游戏法、比赛法、榜样法等

如表 4-2 所示，由于不同学者教学观念以及分类依据的不同，对体育教学方法的分类也不同。在教学实践中，根据体育教学实际和教学原则进行分类比较适合学校体育教学。

（二）体育教学方法体系

- 体育教学方法体系
  - 以教师为主的教法
    - 第一阶段：讲解法、示范法、图示法、情景法、启发法、比较法、教具演示法、模型演示法等
    - 第二阶段：分解法、完整法、保护帮助法、反馈法、指导法、纠错法等
    - 第三阶段：提示法、指点法、分析法等
  - 以学生为主的练习方法
    - 教师指导下的学练法
      - 第一阶段：观察法、聆听法、形象思维法、探究法、归纳思维法、有意记忆法、理解记忆法、联想记忆等
      - 第二阶段：模仿练习法、分解练习、完整练习、表象练习、重复练习、变换练习、间歇练习、游戏练习、循环练习等
      - 第三阶段：强化练习、提高难度练习、比赛练习等
    - 无教师指导下的学练法：自学法、自练法、自主法、自评法等

图 4-1　体育教学方法体系

（三）体育教学方法选择依据

1. 依据体育教学的具体目标与任务

不同的教学目标与教学任务，需要不同的教学方法去实现和完成，比如说形成和完善技能、技巧的任务就需要选择以实际训练为主的方法。例如，体育教学目标的主线是“知识与技能”，其中有关体育知识目标可以穿插在运动技能的学习之中，教师应对新授的运动技术进行示范与讲解，使学生对新学运动技术有一个直观的认识，之后教师便开始分解教学与完整教学，并对学生在学习过程中出现的错误动作进行反馈指导、纠正，直至学生掌握运动技能。

2. 依据教材内容的特点

一般说来，不同性质的教材内容需要采取不同的教学方法，而某一学科中具体内容的教学，又要求采取与之相适应的教学方法。比如器械体操基本上使用分解教学法，武术等内容先使用分解教学法；一些跑步、跳跃、投掷的教学一般使用完整教学法；而很多球类项目可以使用“领会教学法”。总之，体育教师应在仔细分析教材的基础上，根据教材性质和具体内容特点，灵活而有创造性地选择适当的体育教学方法。

3. 依据学生的实际情况

教师的教是为了学生的学，教学方法要适应学生的基础条件和个性特征，所以选择教学方法时，还要考虑学生的能力、学习态度、学习方法、班级的学习纪律及风气等因素。在孩子们心中，体育课是锻炼身体、愉悦心理的课堂，教学方法的单调使得体育课变得与他们心目中的体育课相差甚远，致使他们对体育课失去了兴趣，甚至反感，教学效果自然不好。应当注意从学生实际出发，选择能促进学生学习的方法。如对中学生不适宜使用“情景教学法”，对体能较差的学生不适宜使用“循环练习法”等。

4. 依据教师本身的素养条件

任何一种教学方法的选用，只有适应教师的素养条件，能为教师所理解和掌握，才能发挥作用。在选择教学方法时，教师应根据自己的实际优势，扬长避短，采取与自己条件相适应的教学方法。目前各学校教师的素质状况是：一些任课老师的年龄偏大，教学方法单一；另外一些任课老师年龄较小，课程教学经验不足，不利于提高课堂教学质量。但作为体育教师，应努力学习，克服缺点，不断提高选用教学方法的能力。

5. 依据各种体育教学方法的功能、使用范围和使用条件

每种教学方法都有各自的使用范围和使用条件，同时又有各自的优点和局限性。

某种方法对于某种学科或某一课题是有效的，但对另外的课题或教学可能是无效的。因此，在选择教学方法时，必须认真分析各种方法的职能、应用范围和条件。

6. 依据教学时间和效率的要求

教学最优化要求以最少的时间取得最佳的效果。教学方法所需要的时间和工作效率是不一样的，如发现法要比讲解法花费更多时间，分解法要比完整法花费更多时间等。好的教学方法应该是高效低耗的，至少能在规定的时间内完成教学任务，实现具体的教学目标，并能使教师教得轻松，学生学得愉快。

除了以上的一些依据外，还应考虑教学环境、教学设备等因素。

（四）体育教学方法运用

1. 树立整体观点

每种或每类教学方法，都有各自的功能、特点及应用范围和具体条件，又有各自的局限性。因此，为了更好地完成教学任务，教师必须树立整体观点，注意各种教学方法之间的有机配合，充分发挥教学方法体系的整体性功能。一些任课老师的教学方法陈旧，习惯于先讲解动作要领，然后进行示范，再由学生开展训练。这种教学方式比较单一、陈旧，容易导致体育课堂教学枯燥、乏味、单调。为此，应该运用多种教学方法，灵活应用多种教学策略，激发课堂活力并提升教学效果。

2. 坚持以启发式思想为指导

启发式是指教师从学生实际出发,采用各种有效的形式去调动学生学习的积极性、主动性和独立性，引导学生通过自己积极的智力活动去掌握知识，发展认识能力。启发式教学思想与尊重学生学习主体地位、指导学生学习方法、培养学生思维能力特别是创造能力等紧密联系。启发性因素的作用能否得到发挥取决于运用教学的指导思想。若以注入式思想为指导，只能导致学生成为一个被动的接收器和记忆器。因此，运用体育教学方法，要始终坚持以启发式教学思想为指导，充分发挥学生作为学习主体的能动作用。

3. 善于灵活地运用教学方法

为了更好地完成教学任务，实现教学目标，需多种教学方法的合理结合。首先，是由教学内容、教学对象、教学环境条件以及教师素质不同所决定的，复杂多变的教学活动，要求教学方法多样化。其次，是由学生积极参与教学活动的需要所决定的。再次，是由各种教学方法的性质和作用所决定的。如示范法有利于敏锐的观察能力的培养和形象思维能力的形成，讨论法有利于分析能力和解决问题能力的培养。

第三节 体育教学方法设计

一、现代体育教学方法设计

（一）自主学习法

自主学习法是为了实现体育教学目标，在体育教师指导下，学生根据自身条件和需要制定目标、选择内容、完成体育学习目标的体育学习模式。教学设计步骤：① 自定目标；② 自主选择学习活动与学习方法；③ 自主评价；④ 自我控制。

（二）发现式教学法

发现式教学法是从青少年好奇、好问、好动的心理特点出发，以发展学生创造性思维为目标，以解决问题为中心，以结构化的教学内容，使学生通过再发现的步骤进行学习的一种教学方法。在体育教学中，发现式教学法是指由教师提供一定的线索，引导学生运用自己已有的知识和经验，发挥主观能动性去进行探索，从而较好地完成教学目标。教学设计步骤：① 提出问题或创设问题的情境；② 学生通过反复练习，掌握动作技术的基本原理方法；③ 组织学生提出假设并通过实践进行验证。注意的问题：① 教师善于提出问题，激发学生的学习热情；② 因势利导，运用已知，探求未知；③ 要善于设问激疑；④ 由简→繁，个别→一般，具体→抽象；⑤ 要集中力量，突出重点，突破难点；⑥ 鼓励学生标新求异。

（三）合作学习法

合作学习法是指学生在小组或团队中为了完成共同的任务，有明确责任分工的互助性学习的形式。它能使学生在轻松愉快、人际关系和谐的气氛中学习，并在形成合作意识和行为的过程中完成教学目标。教学设计步骤：① 进行组内异质、组间同质的分组；② 制定合作学习小组的学习目标；③ 选择学习的具体课题，并进行组内分工；④ 合作学习的具体实施；⑤ 小组间的比较与评价；⑥ 学习效果的评价。

（四）领会教学法

领会教学法是在球类学习过程中，以学生的认知活动为主线，将指导学生领会球类运动的特性与战术作为教学重点，以便发展学生的认知经验，领会球类运动规律的教学方法。教学设计步骤：① 项目介绍；② 比赛概述；③ 战术意识培养；④ 瞬间决断能力的培养；⑤ 技巧演示；⑥ 动作完成。

二、体育教学方法设计基本要求

体育教学方法的研究虽然在国外已经进行多年，但在我国起步较晚，可是体育教学方法的研究在探索体育教学领域从来没有间断。以往的体育教学方法的研究只是注重理论方面，却忽略了实践的验证，而部分体育工作者在实践方面积累了丰富的经验却缺少理论的支撑，进而升华成教学经验。体育教学法的研究是一个体系，它可以将教学经验（教学理论）真正地应用到实践中，又可以在实践中积累教学经验并将此理论进行丰富，可以说，体育教学法是连接体育教学理论和实践的桥梁和纽带。因此，体育教学法是按照一定的教育理论和体育教学思想，在实践中不断丰富经验和创造各种不同教学手段和策略，进而形成一种框架或体系。体育教学方法在发展的长河中衍生出了各种不同的教学形式，各种不同的教学方法有其不同的特点，但是都是为了促进教学质量的提高，最终达到全面提高学生健康发展的目的。

在体育教学实践当中，对于不同的项目，教师会采取不一样的教学方法，在多年的教学经验中，会发现比较适合某些运动项目的特定的教学法。例如小集团教学法：把一个班级分成若干小组（异质分组，即按照学习能力和成绩不同分组），教师根据学生不同的特点和存在的不同问题进行区别教学。有时老师为了让学生在相同的起跑线上学到更多的东西，共同进步，往往会把学生按照不同的运动水平、不同的性别、不同的体质和性格分成相对均衡的几个小集团来进行教学，从而达到更好的效果。为了让每个同学都能看到自己的长处和不足，从而更加努力地学习，更能达到预期的教学目标。因此，体育教学方法设计的基本要求有：① 依据体育课的目标与任务；② 根据教材内容的特点；③ 根据学生的实际情况；④ 根据教师本身的条件和特点；⑤ 根据各种体育教学方法的功能、适用范围和使用条件；⑥ 根据教学时间和效率的要求等。

三、体育教学方法设计案例

（一）软式排球趣味性教学方法设计

1. 传球趣味性教学练习方法设计

软式排球传球是用双手（或单手）在额前上方，利用蹬腿伸臂协同一致的动作及手指、手腕的弹击力完成的技术动作，这是软式排球最基本、最重要的技术之一。由于软式排球球体柔软，无伤害，所以其传球技术对初学者来说难度不大。现设计几种练习方法，仅供参考。

（1）接高球。目的：体会传球动作、空间感和判断球的落点。方法：两人相距约6～8 m，移动中一人用传球动作将球托向空中，同伴要用传球的手型接住，循环反复。注意托球要有高度。

（2）接反弹球比赛。目的：使学生在移动中保持正确的传球手型。方法：每人持一球，将球向上掷2～3 m，待球落地反弹后，接球人以正确的移动步伐钻到球下，用正确的准备姿势和手型在额前将球接住。在规定的时间内完成接球次数多、手型正确、接球稳者为胜。规则：只允许球第一次落地反弹时钻到球下。

（3）接空中球。目的：提高移动、判断能力和传球技术。方法：学生6人一组围成圆圈，分若干组进行传球比赛，教师鸣哨后，各组开始传球，尽量使球不落地，哪一组球落地就自动退出比赛，球最后落地组为胜。规则：比赛中只能用双手上手传球击球，用其他击球方式视为犯规。

2. 扣球趣味性教学练习方法设计

扣球是软式排球攻击性最强的基本技术，是队员跳起在本方空中将球从网上击入对方场区的一种击球动作。扣球技术在软式排球比赛中占有重要的地位，扣球技术的好坏、水平的高低是决定比赛胜负的关键，它是最积极、最有效的进攻武器，也是得分的主要手段。但由于软式排球球体软，扣球的技术动作与硬式排球存在较大的差别。现举几种练习方法。

（1）三步助跑起跳抓球。目的：体会跳起时人、球空中位置。方法：学生排成一路纵队，教师在3号位将球抛起，学生从4号位处三步助跑跳起至最高点将球抓住落地，而后将球交给老师跑到排尾。规则：学生必须双手将球抓住，如果未能抓住，应受小小的处罚。

（2）掷球打靶。目的：提高学生的挥臂速度和本体感觉以及熟练扣球挥臂击球的动作。方法：在墙上画一个离地面为1 m的圆靶，内圆直径分别为50 cm、100 cm、150 cm 3个圆靶，在离墙6 m处挂一副排球网（或用绳子代替）。学生站成一路纵队，手持软式排球，用助跑起跳扣球的方式，将球掷过球网，投中圆靶，并记下所得的分数。内圆至外圆的得分分别为3分、2分、1分，投在圆外为零分。投球10次后评分，以累计得分高者为胜。规则：必须是助跑起跳，且不能触网，触网失败得零分。

（3）追踪扣球。目的：巩固扣球技术，提高手控球的能力。方法：学生8～10人一组，每人持一个软式排球，在4号位站成一路纵队，扣从3号位抛来的球。第一名学生扣球时可以任意选择扣球方向，其余学生必须按照第一名学生的扣球方向“追踪”扣球。当扣出的球与第一名学生扣球的方向一致时，为“追踪”扣球成功，得1分。每一个学生轮换扣完5次后，累计个人所得的分数，以得分高者为胜。规则：不符合扣球要求的击球过网以及未过网、出界、人触网、过中线等算失败。

3. 比赛趣味性教学练习方法设计

软式排球的比赛是教学训练的继续，是推动软式排球运动的开展，促进软式排球运动技术水平提高的重要方法。通过比赛，可以宣传新兴的软式排球运动，鼓舞更多的人参加软式排球活动。同时，还可以检查教学效果，以便肯定成绩，发现问题，明确努力方向，从而提高教学水平。现介绍几种比赛的形式。

（1）二对二。目的：运用软式排球的基本技术。方法：把一个排球场分成两个半场（4.5 m × 18 m），学生 2 人为一个单位，自己组队进行比赛，赛制根据队数来确定，网高可以根据具体情况规定。比赛时采取传、垫、扣等技术，不用发球。规则：采用软式排球规则，但持球尺度可以放宽。

（2）三对三。目的：巩固软式排球的基本技术动作，提高控球能力。方法：学生 6 人为一组，分两队进行配合练习，即每方应用传、垫、扣等技术，但最后一次过网必须是用扣球，且不要破坏对方的配合练习，这样成功一次积一分，积分多为胜队。规则：最后一次过网如果是触网、推攻，不能得分，但还可以继续下去，掉地或不能三次过网就停止。

（3）六对六。目的：综合运用基本技术，学会在赛中运用技术，增加对软式排球的兴趣。方法：与室内排球相同。规则：与软式排球规则相同，但在第一次击球前球可落地一次。

中学生活泼好动，教师在选取教学方法时应根据学生这一特点，围绕软式排球运动的空间感和节奏感等专项特性，结合中学体育教学特点，采用具有趣味性的教学方法，使学生玩得起来，觉得好玩，活跃课堂气氛，激发学生学习软式排球的兴趣。以上所创编的练习方法示例，可举一反三。体育运动项目要有其趣味性，有趣味性才有吸引力，才有最广泛的参与者。在设计软式排球教学时应遵循趣味性原则，结合软式排球的特点，提高软式排球的趣味性，使软式排球的参与者玩得起来，觉得好玩，学得也快，发挥软式排球特有的魅力，吸引更多学生加入软式排球运动中来，使软式排球能得到推广与普及。

（二）发现法体育教学设计

发现法的基本过程可以概括为四个阶段。第一阶段：创设问题的情境，使学生在这种情境中产生矛盾，提出要求解决或必须解决的问题。第二阶段：促使学生利用教师所提供的某些材料、所提出的问题，提出解答的假设。第三阶段：从理论上或实践上检验自己的假设。第四阶段：根据实验获得的一定材料或结果，在仔细评价的基础上得出结论。教师在应用发现法进行教学时，首先要把教材划分为一个个发现过程，制定出具体要求。关键在于恰当地确定学生独立探究、力所能及的“最近发展区”。教师给学生创设的问题情境只有符合学生实际水平，在学生跳一跳能达到的“最近发展区”内，学生的探索和智力才能才会得到发展。

发现法对于激发学生学习兴趣、培养学生解决问题的能力、发展学生创造性思维品质和积极进取的精神有较大的优越性。这一方法多用于那些可以引出多种假设、原理的数理学科，尤其是在让学生形成概念、理论，找出现象间的因果关系和其他联系时更为有效。但是，运用这种方法，花费时间多，不经济，而且需要学生具有相当的知识经验和一定的思维发展水平，还需要逻辑较严密的教材和素质较高的教师。对于太简单或太复杂的内容以及资料性的内容，不宜采用发现法。

1. 发现法的实施类型及组织形式

发现法教学的实施类型根据内容的不同，可以分为课题研究（以认识和解决某一问题为目的）或项目（活动）设计类（以完成某一任务为主要目的）。其组织形式可分为三类。

（1）小组合作研究。一般由 3 ~ 5 名学生组成课题组，在研究过程中，各有独立的任务，既有分工，又有合作，各展所长，协作互补。

（2）个人独立研究。即可以采用“开放式作业”的形式，由教师提出综合性的研究专题，学生自定小标题，各自独立地开展研究活动，时间为一周、几周或更长时间。

（3）个人探究与全班集体讨论相结合。全班学生围绕一个课题各自搜集资料，开展探究活动，得到结论或形成观点后，通过全班集体讨论或辩论，综合研究结果，从而对自己和他人的观点进行反思或批判，建构起新的更深层次的理解。

2. 发现法对教师的挑战

（1）教师要更新教材观念，树立课程意识新理念。以前，教师头脑中更多的是教材意识、教参意识，以纲为纲，以本为本，眼睛盯着知识点，强调的是标准答案，应对的是统一考试。而发现法教学强调“一切为了学生的发展，从学生的经验出发，以学生生活的世界为归宿”，故它推崇“课程意识”，即教师、学生、教参、环境等四个因素的整合。教师是用“教科书教”，而不是“教教科书”，更不是对教材的亦步亦趋。每个学生都带着自己的经验背景、独特感受来到课堂进行交流。从这个意义上说，教学不只是忠实地实施计划、教案的过程，更是课程创新和开发的过程。

（2）教师要培养学生的问题意识。发现法教学是以“问题为中心”的学习，教师要利用相关的图文信息资料，如图像、数据、模型、幻灯，或从学生的生活经验、经历出发创设一定的问题情境，从教学有关的热点问题切入，引导学生参与探究、思考，让学生提出富有针对性、实用性或可能性等的一系列问题。教师要乐于听取学生的不同意见，特别是不要对学生那些奇异、独特的想法进行批评和挑剔。因此，教师要开动脑筋，创造性地运用教材，把更多的精力花在设计问题、设计活动上，使学生的发问从自发到自觉，让学生会问、善问、巧问。

（3）教师要给学生一定程度的“自由”，还思考于学生。当代著名教育心理学家布鲁纳认为：“认知是一个过程，而不是一个结果。”他强调，教一个人某门学科，不是要使他把一些结果记录下来，而是要使他参与把知识建构起来的过程。发现法教学是注重这种去操作、观察、猜想、探索、归纳、类比、质疑的过程。这就要求教师要给学生一定的自由支配时间，要认知到“空白时间”不是放任自流，而是在教师的精心策划下，学生充分发挥主体性。教师不要指望过多地控制学生，而要鼓励学生尝试错误，鼓励学生多向思维，要让学生由追求思维成果（知识）转到追求思维过程（方法）上来，使学生不仅获取方法，同时获得情感、意志等心理体验。

（4）教师转变角色，成为学习的促进者。发现法教学要求教师由讲授者转变为学习过程的策划者，其工作重心由“授”转变为“导”，包括引导、诱导、辅导、教导等。教师应是课程开发与学生智能开发相结合的设计师，是学生学习过程真挚的合作伙伴，是学生学习的促进者。教师的教与学生的学之间统一的实质是“交往”。一句话，是沟通，是合作，是教促进学。故教师与学生之间应是和谐、平等、民主的师生关系，从而为创新教育创造良好的课堂氛围。

（5）教师要成为“学者型”教师。教师要想实现从知识传授者到学生学习的促进者的角色转换，其途径是什么呢？教师必须让自己最终成为一名教育教学的研究者。发现法教学的内容有一定的开放性，它来源于学生生活和社会生活，立足于研究、解决学生所关注的一些社会或其他问题，涉及范围很广。教师应当重视渗透与科学、技术和社会相关的教育。教师不仅要丰富自己的学科知识，而且要多层次、多领域地涉猎知识，迅速提高自己的专业知识和技能，如此才能做到驾轻就熟。故在探究性教学模式下，教师首先应当“育己”，即向“学者型”（研究型）发展。教师只有不断吸收、扩充、更新知识，不断对教材进行拓展、补充和创新，才能使教材显示出它的生机和活力，达到育人的效果。

（三）游戏法体育教学设计

众所周知，现在我国学生体质健康呈下降趋势，由于中学学习时间比较紧张，大部分学生没有课外锻炼身体的习惯。国家出台了一系列政策，如开展阳光体育活动、增加每周体育课课时、中考体育总分增至 50～100 分等来表明体育的重要性。所以，作为一名体育教师，我们肩上的责任艰巨。怎样在有限的课堂时间里既完成教学任务，又提高学生运动的积极性，是每一名体育教师应解决的问题。在课堂中合理地运用体育游戏，就能起到良好的效果。

1. 设计体育游戏时要考虑的因素

（1）根据参与对象的特点设计体育游戏。“以人为本”“健康第一”是体育与健康课程教学的指导思想。学生是教育的主体，教师在进行体育教学时首先要了解学生，要根据学生的年龄、性别、运动能力设计适合他们的体育游戏。例如，中学生正处于身体发育阶段，所以尽量避免负重类游戏；男生喜欢竞争性、对抗性激烈的游戏，而女孩则喜欢智力性、技巧性的游戏，教师要综合考虑这些特点，让同学们都能融入游戏中。

（2）根据教学任务设计体育游戏。游戏是为体育教学服务的，设计体育游戏时要根据一定的教学目标、内容与任务，使学生在轻松愉快的学习氛围里进行体育锻炼，这样不仅对学生掌握所学知识技能具有促进作用，而且还可提高学生练习的积极性与主动性。例如，教师在进行篮球教学的时候，可以先设计一个关于篮球的小游戏，让学生对篮球有一定的了解，增强对篮球的学习兴趣。如“叫数接球”“传垫接龙”“保护与抢断”“计时投篮”“Z 字运球”“带球绕杆”等。

（3）根据学生数量设计体育游戏。体育游戏的规则中有对参与者人数的限制，在进行体育游戏时必须先了解学生数量，以选择游戏进而为分组做基础，考虑分组的公平性，尽量做到性别、高矮、素质等要素的均等性。充分调动学生学习的积极性，保证照顾到每个学生的情绪，游戏时既不能使学生产生疲劳和厌倦，又不能使学生产生等待和懈怠的现象与情绪。

（4）根据场地与器材设计体育游戏。虽然体育游戏的易行性决定体育游戏对场地与器材等教学条件要求不高，但是一些农村中学由于教学环境不好，场地与器材都相当紧缺，所以教师在选择体育游戏时不得不考虑场地与器材的因素，只能“因地制宜”地利用现有教学环境去设计合适的体育游戏进行授课。

2. 体育教学中的游戏设计

（1）课的准备部分游戏设计。准备部分的目的就是让同学们可以快速地进入到上课的节奏上来。体育课属于实践课，外部环境因素影响较大。体育教师可以设计一些集中注意力的游戏来激发学生的学习兴趣，集中学生注意力游戏的特点是内容与规则简单、易操作。如“反口令”“说字接龙”“传话筒”“大西瓜、小西瓜”“喊数抱团”“丢手绢”“贴膏药”等游戏。中学生对于“喊数抱团”游戏的兴趣度很高，这个游戏主要是团队性游戏，每个学生都能参与其中。这个游戏考验学生的反应能力以及速度，需要在多名同学的配合下才能完成，能够培养学生团结协作的精神。“丢手绢”游戏主要是一名学生追逐另外一名学生，有点像接力形式，这个游戏较第一个游戏要简单，缺少趣味性，学生的参与度不高。“贴膏药”游戏变化多样，要求每个学生的注意力要集中，反应速度要快，但是在追逐过程中容易摔倒及撞到其他的同学，且不能保证每个同学都能够参与到其中，有时候一个游戏进行下来，有部分学生都没有跑过，另外，女生在追逐过程中很难完成任务，极大影响了学生参与的积极性。因此，在课堂教学中，准备部分进行的游戏应为集体性游戏及学生参与度高的游戏，充分调动学生上课的积极性；另外，还需一定的运动强度，充分热身，为课的基本部分做铺垫。准备部分游戏能在短时间内提高中枢神经的兴奋度，集中学生的注意力。

（2）课的基本部分游戏设计。基本部分是课的中心，是对所学知识技能的掌握与巩固阶段，应根据所学内容设计相关体育游戏，采用激烈的竞争性的可充分调动学生机能的大运动量的游戏，以保证学生学习任务的完成。例如，中长跑往往是学生最不喜欢的体育运动，但是这一项目又是检验学生体质的重要参考指标。所以，在教学中，可以用“变速跑”“追逐跑”等方式代替，学生就不容易有厌烦的情绪，这样既达到了练习的效果，又完成了教学任务。在进行篮球课基本部分教学时，大部分学生容易产生焦躁心理，对篮球课表现出倦怠及抵抗的态度。对此，教师可根据教学内容加入一些游戏的元素，如“运球接力”“掏球比赛”“篮板球接力”等游戏，不仅可以改变单一的教学形式，提高学生的学习兴趣，而且可以提高教学的质量。另外，在此阶段的体育游戏应让学生既能充分享受到上体育课的乐趣，又能学到相关的运动技能。

（3）课的结束部分游戏设计。在课的结束部分，一般是对课堂学习效果进行总结以及让学生身心放松，在这部分一般采用放松类游戏。此时学生已经是身心疲惫，教师采用幽默、轻松的体育游戏，使学生在欢笑声中结束本节课，有利于消除学生的疲劳，同时可使学生放松肌肉紧张，使机体恢复到相对安静的状态。如“比画与猜测”“指鼻子、嘴、眼睛的口令游戏”“简单舞蹈”“放松操”等。结束部分为一节课的最后阶段，主要是通过放松操、慢跑以及深呼吸等活动使学生身体得到积极的放松，从而减轻或消除在运动中产生的疲劳。因此，加入的游戏部分应充分考虑放松的效果，不能有较大的运动负荷，一般在放松活动中经常用到的游戏主要有“围圆圈捶背接龙”“互相按摩”“音乐放松”等。

（四）欣赏法体育教学设计

1. 欣赏法体育教学设计要求

（1）具有健全的欣赏感官。健全的欣赏感官是体育欣赏的必要条件，因为任何体育欣赏活动都是由欣赏客体作用于欣赏主体的感官开始的，如果没有视觉经验参与，就难以形成一个感性的、如实的、完整的形象。如在45届体操世锦赛上荣获平衡木冠军的美国选手拜尔斯，她的动作完美无瑕、惊险、稳健、协调、优美、潇洒、飘逸，犹如春燕展翅。欣赏者正是用视觉从直接的感性因素出发去把握间接的理性内容，即智慧、勇敢、意志和创造才能。因此，健全的感官就显得特别重要。在体育教学中，要充分运用动作示范、教学手段来培养和提高学生的感官能力。

（2）具有必要的欣赏修养。欣赏修养包括一定的体育基本知识，以及运动体验、生活经历和文化修养。同是欣赏一场比赛，人们感受的广度和深度不一样。俗话说：外行看热闹，内行看门道。例如，欣赏奥运会田径比赛上美国运动员刘易斯的短跑，外行只看出他比别人跑得快而发出感叹，而内行人却从他的起跑的反应速度，加速跑的充分后蹬腿和有力的摆臂，放松大步跑的冲刺和上下肢的协调配合以及节奏变化的全过程来欣赏。实践证明，生活经验越丰富，欣赏感受越强烈、越深刻，越能理解对象所蕴含的社会文化和精神，也越能引起联想和想象活动。在体育教学中教授技术动作时，多介绍其相关的基础知识，以便学生能更好地学习和掌握该技术的内涵，提高其文化修养。

（3）要有一定的体育欣赏心境。心境情绪决定欣赏效应，心境在一定程度上影响主体对客体的选择，制约着欣赏情感的产生。如情绪不好，再精彩的比赛也会感到索然无味，从而失去欣赏的兴趣。而心境好，心情愉快，思想集中，反应敏锐，才会产生欣赏的兴趣。马克思在他的手稿中曾指出："忧心忡忡的穷人，甚至对最美丽的景色都无动于衷。"这说明，欣赏需要一定的心境，而心境又是受生活环境和物质条件制约的。只有当人们满足了基本的物质需要时，才能产生欣赏需要，也才能有欣赏的心境。

（4）要树立正确的体育观。欣赏要以正确的体育观为指导，才能分清体育中的美与丑。体育比赛中，有一定的法规和比赛规则。如辱骂裁判、恶意伤人、使用兴奋剂、买通裁判打假球等违背体育道德的现象，都要受到欣赏者的批评。在体育教学中，注意引导学生的欣赏方向，树立正确的体育观。

2. 欣赏法体育教学设计原则

（1）教材合适。所谓教材合适，一方面是教材要适宜于欣赏，才能指导学生欣赏；一方面是要合乎学生的水平、能力和经验，以及适合欣赏的情境。教材过于深或浅，不易学生欣赏，距离经验太远，亦无从欣赏；教材合于时令和环境，则可增加学生欣赏的兴趣和增强欣赏的效果。

（2）提供知识。知识愈丰富，了解越多，就会愈有兴趣，亦愈会欣赏。兴趣是培养而成的，知识可逐渐增加，所以指导欣赏时，要尽量提供必要的知识和经验，以激发学生欣赏的兴趣。

（3）避免分析。虽然欣赏之前，需要提供知识和经验，但在欣赏的过程中，则宜避免理智的分析，因为理智的分析或批评，足以妨害感情的作用，使欣赏的情绪反应破坏无遗。

（4）补充想象。联想是欣赏的一种方法，学生想象力越丰富，必然越会欣赏，而且许多欣赏的题材，均非学生所能亲身经历，更需要教师补充和增进其想象力。

（5）利用教具。使用教具可以加强教学效果，应用色彩和音响，更可以加强欣赏的效果。在体育学科以及历史、地理、音乐、美术、语文学科等科目中，都可以利用幻灯、图片、电影、录音、广播、电视等教具教学，加深学生学习和欣赏的印象，使他们情绪激动，而且久久不忘。

（6）配合活动。欣赏教学要应用各种教学方法，配合其他活动，突出欣赏实效。教师可以使用讲解说明、问答讨论、观摩摹临、发表创作等方法，指导学生欣赏；让学生进行现场展示、技能比武或者进行比赛等实践活动，使学生有表现、实践的机会。

（7）引起共鸣。欣赏多系情绪反应，所以指导学生欣赏，要激发学生强烈的情绪反应，以引起心灵的共鸣。"身在画中""物我同化"是心灵上起了共鸣；善善恶恶、同仇敌忾是情绪激昂所致。欣赏最忌平铺直叙、平淡无奇，而要用言辞、动作、声调、表情等激起学生的情感，使之忘却自己，才能收到理想的效果。

（8）指导实践。欣赏教学旨在践行，使学生的情感、意志和理智透过各种行为表现之。例如，有感于竞技运动的形态美、身体美，就可以用图画、摄影、诗歌或者文字等不同的方式表达出自己的情感。

（9）以身作则。如果教师"错把月亮当烧饼"，则一切月色、月夜的景色，都将无从欣赏。所以我们不能要求别人欣赏自己所不能欣赏的东西。

（10）发展兴趣。欣赏教学虽然着重在实践创作，但学生因为能力和技术的限制，不一定能取得良好的成果，所以不能苛求其效果。事实上，激发学生欣赏的兴趣，对学生欣赏的学习尤为重要。有了欣赏的兴趣，再配合之前的发展，自能水到渠成，由于欣赏而研究、而创作，使生活格外滋润而有意义，生命充实而有光辉。

3. 欣赏法体育教学设计过程

（1）筛选教材。体育欣赏教学绝不能单凭教师个人的兴趣爱好去选择教材，要注意其思想性、艺术性和可接受性，还要考虑当地传统（如北方是冰上运动，南方是水上运动）、学生实际（如上届学生多数喜爱篮球，这届学生多数喜爱足球）、时间关系（如奥运会期间、世界杯赛期间等）、教学目标等，这样，欣赏的内容就要有所选择、因时因地因人制宜、从简到繁、由浅入深、循序渐进。

（2）认真备课。凡事预则立，不预则废。体育欣赏教学也不例外。欣赏教材选好后，教师还需明确其意义、任务、特点、内容、要求，以及与其他体育教学内容的系统性和相关性。体育欣赏教学有别于一般的体育欣赏，前者是为教学而欣赏，也为欣赏而教学，故要有一定的阶段性和引导性。如学完篮球技术，我们在欣赏 NBA 赛事时，则偏重于运球、传接球、投篮、防守对手等技术的运用，同时要引导学生留意个人战术行动及配合战术行动。为此，备课时我们必须考虑比赛技术、战术情况等，以及在教学过程中，什么时候应解说、什么内容应重播、什么地方应暂停让学生思考鉴赏等，才能有备无患。另外，应准备好相应的器材，如录像机、录像带、幻灯片、投影仪、照片等。由于目前体育欣赏没有专门的教材，这就要求教师事先应有目的地收集、寻找，留意体育比赛，并积极地录制、复制和编制。

（3）解说引导，启发思维。欣赏时必须让学生了解体育术语，领会比赛项目的内容，这是体育欣赏最基本的任务。解说是对体育项目做简单介绍和说明，可根据学生的接受能力进行分析。教师备课时应深入钻研、反复欣赏，只有教师深刻地理解了，才能帮助学生理解，并提高他们的欣赏能力，从而使欣赏教学生动而富有成效。欣赏时要以“看”为主，讲述的目的是帮助“看”，讲述必须配合形象资料，深入浅出，把握好时机，语言精练，切忌枯燥啰唆，以免扰乱学生的“看”。绝不能以教师的介绍代替学生自己的欣赏，束缚学生的丰富想象力。

（4）育“体”育“人”结合。如果把学生比喻成学校生产的产品，那么智育、体育不合格会出次品、废品，德育不合格则可能出危险品。所以，学校体育不仅要育体，而且要育心。体育明星对青少年具有强大的吸引力和感染、熏陶作用，通过体育欣赏教学进行思想、意志品德教育往往切合实际，使学生感到亲切，能产生显著的功效。如在组织学生欣赏第 43 届世乒赛团体赛过程中，中国健儿团结拼搏、互相合作、认真负责、勤勤恳恳、维护集体荣誉的精神让学生叹服；单项赛中运动员顽强、果断、机智，胜不骄、败不馁，勇于进取的优秀品质让学生赞赏；当五星红旗在雄壮的《义勇军进行曲》中冉冉升起，更使学生为作为一个中国人而感到骄傲，为自己伟大的民族而感到自豪。这样进行思想教育不仅具体生动，而且激发学生积极地模仿、效法，当然远胜于空洞教条的说教。总之，学校体育不仅要“育体”，而且要“育心”，培养学生遵纪守法、团结友爱、朝气蓬勃、勇敢进取、顽强拼搏等优良品质，使学生形成良好的兴趣与爱好，体验运动的乐趣，培养学生的自信心、独立性、创造性和爱美、鉴赏美、表现美的情感与能力，丰富精神生活。

思考题

1. 体育教学方法的概念与分类？
2. 体育教学方法的选择与运用？
3. 如何进行中学合作法体育教学设计？
4. 如何进行中学领会法体育教学设计？
5. 如何进行中学发现法体育教学设计？
6. 如何进行中学欣赏法体育教学设计？
7. 如何进行中学游戏法体育教学设计？

第五章 体育教学组织设计

【教学目的和要求】

了解体育教学组织的概念与分类；掌握中学体育教学组织的设计；理解中学体育实践课教学组织的选择及运用。

【教学重点和难点】

中学体育教学组织的设计；中学体育实践课教学组织的选择及运用。

【教学方法和手段】

讲解、提问、讨论、案例分析、教学视频。

【教学主要内容】

体育教学组织形式概念；体育教学组织形式的分类；中学体育教学组织设计；中学体育实践课教学组织的选择及运用。

第一节 教学组织概述

一、教学组织形式概念

在组织形式一词里，“组织”作动词，指将众多的人有目的、系统地组织起来，按照一定的程序或过程协调其行为，以实现某个共同目标；“形式”是指事物的样子和构造，也就是事物的外形。教学组织形式则是指教学活动中师生相互作用的结构形式。教学组织形式所要解决的问题，就是教师以什么样的形式将学生组织起来，通过什么样的形式与学生发生联系，教学活动按照什么样的程序展开，教学时间如何分配和安排等问题。

在教育领域，中外学者对教学组织形式的概念各持己见、莫衷一是。美国社会学家索罗金指出教学组织形式是教师和学生按规定的秩序和一定制度而实现的协调活动的外部表现，规定教师和学生的共同活动，确定个别教学和集体教学的相互关系，决定学生在认识活动中的积极程度和教师给予指导的程度；俄罗斯教育学家休金娜认为教学组织形式体现出对学生的学习活动进行严密的、按时间的组织，它与教师的活动相互联系；苏联斯卡特金在其主编的《中学教学论》里认为教学组织形式是由既定的作息制度和规章制度规定的师生之间的相互作用；日本教育学者朴圣雨认为教学组织是把教学过程中学生和教师搭配在一定程度上定型化了的持续模式。我国学者顾明远认为教学组织形式是教学活动的一定结构方式，受教育普及程度、学科性质、教学任务制约，其发展变化反映社会生产方式的要求；李秉德指出教学组织形式是教学活动中师生相互作用的结构形式，或者说，是师生共同活动在人员、程序、时空关系上的组合形式；裴梯娜将其概括为为完成特定的教学任务，教师和学生按照一定制度和程序相互作用的结构形式，或者说是师生的共同活动在人员、程序、时空关系上的组合形式等。

从教学组织形式的研究中可以发现，许多西方国家把“形式”理解为具体的方法和策略，教学方法和教学组织形式没有严格的区分。而在苏联、日本和我国的教学论中，教学组织形式是一个专门、独立的研究范畴。国内外教育学者对教学组织形式的理解不同，但是学者们的说法都对教学组织形式的某些基本特征进行了阐明，如完成特定教学任务、需要一定的制度、规范的程序、教师与学生的相互作用、持续的模式、组织教学活动的形式等。因此，教学组织形式是能够反映某种教学理念，由教学人员根据课程性质和教学需要设计的教学活动过程中师生相互作用，在人员、程序、时空关系上的持续组织形式。

二、教学组织形式研究现状

（一）按研究阶段划分

1. 起步阶段（20 世纪 80 年代初、中期）

这个阶段属于对西方近现代各种教学组织形式的介绍与引进阶段，如有对美国中学校长协会提出的小队教学的介绍，有对美国中学课程的组织形式、日本学年结构等方面的改革介绍分析，有对苏联学校班级规模的限额及小学教育的“补齐班”实验的介绍等。这些对教学组织形式的引进开阔了我国的教育视野，让我国教育组织设计的研究开始萌芽。

2. 改革实验阶段（20 世纪 80 年代末、90 年代初）

这个阶段我国学者开始对国外教学组织形式的改革进行评价与思考分析，并在江浙等经济较发达区域进行试点实验。比如对第二次世界大战后美国教学组织形式改革，尤其对分组教学改革的分析性评价。80 年代末，杜殿坤等人的“师生合作教学”研究倡导加强课堂教学中的教师与学生以及学生与学生间的合作；90 年代初胡兴宏等人进行“分层递进教学”实验，构建了分层递进的课堂教学机制。

3. 应用研究的阶段（20 世纪 90 年代中期至今）

随着科学技术的进步和教育基础的发展，开始出现对教学组织形式细化研究和应用型研究的倾向，主要结合具体科目、现代教育技术手段等方面做了系统研究。如分析大班班级授课对课堂教学的影响，以发展学生个性，培育体育文化修养，发掘学生潜在的创造力，促进终身体育思想完善为主线的灵活、多样、个别和选择式的教学组织形式等。

（二）按研究内容划分

1. 教学组织形式历史回顾与发展趋势研究

对教学组织形式的历史回顾，多从西方和我国的古代、近代、现代整体发展历程进行纵向梳理，概括分析了历史上有影响的各种教学组织形式，并基于作者所处的时代背景概括了教学组织形式的发展趋势。如曾天山认为教学组织形式的发展呈现多样化、综合化、个别化等特征，班级教学制仍为教学活动的基本形式、辅助形式进一步发展；肖自明认为由单一课堂到多种教学组织形式并存、各种教学组织形式由相互排斥到相互渗透、课堂教学由统一要求到个别化渗透、由集中在学校到分散到各地；马晓强认为网络教学是兼顾学生个性发展与大规模集体教学的适应历史发展趋势的教学组织形式；吕星宇结合 20 世纪 50 年代的特朗普制与 2000 年华东师大熊川武的“自然分材教学”，提出面对差异、满足差异、发展差异的弹性教学组织形式是改革的应然之路；司成勇论述“个别教学、班级教学、个别化教学”的历史回归历程，并从学生个别差异性、现代教育技术的发展、现代教育教学理念三个方面指出个别化教学是教学组织形式发展的历史与逻辑的统一等。

2. 教学组织形式分类、制约因素及争鸣问题分析

杨启亮从潜意识和潜形态的文化传统影响的角度分析了教学组织形式的制约因素；叶泽滨认为已有研究缺乏对教学组织形式的归纳、分类，只是对历史上出现过的各类教学组织形式的一一述评，主张把教学组织与教学形式区分开来，按照垂直组织和水平组织对教学组织进行分类，并按照师生联系程度、教学活动的同异步、教学活

动时间限定、教学场所对教学形式做了分类，之后，再次对制约教学组织形式的因素进行了系统分析；陈玉祥也认为教学组织形式在分类上存在着不规范、不详尽、不系统的问题，指出教学组织形式的核心概念应是组织形式，并从内涵上，按教学组织形式的组织结构、空间结构、教学场所、学生特质、教师配备情况等五个方面进行了分类;陈志科则对 1949 年以来我国众多学者对班级授课制的争鸣做了回顾性的描述与评析；沈小碚从个别教学—班级教学—多样化发展的发展主线，对关于教学组织形式已有研究的基本问题做了详尽分析，并指出教学组织形式的研究应加强理论建设，注重教学目标、方法、内容的综合体制改革，吸收先进科技思想、提高教育技术手段，注重理论实验总结、修正推广研究方向等基本方略；赵延瑞结合普通高中课程的设置分析了不同课程类别下应有的教学组织形式，得出教学组织形式的选择受课程设置、高考评价、学校教学资源、学生发展等因素的制约等。

3. 教学组织形式探索与反思

此研究一部分是对某一种教学组织形式进行个案实验，如韩艳梅针对“走班制”的实践探索经验、实施条件与管理机制，指出走班制是适应学生学习的一种组织方式，实施“走班制”在课程资源、师资保障、资源建设等方面具备有利条件，并建立相应的管理机制；吕明分析了班级授课制、特朗普制的局限，探究分层教学与小队教学各自的优缺点之后，指出分层教学与小队教学的整合是教学组织形式的最佳选择。另一部分对传统教学组织形式或者新课改后教学组织形式出现的某些问题进行深刻反思，如齐军指出应给予古代长期发展起来的教学组织形式足够重视，理性看待近代以来对西方教学组织形式的借鉴和发展，反思当前教学组织形式发展中理论研究滞后延长“瓶颈期”、改革过程模糊化阻碍扩大影响力、文件式推广助长简单化移植等问题；徐维德对初中教育目标反思下的教学组织形式做了探索等。

4. 教学组织形式理论探讨

廖辉以德国理论物理学家 H·哈肯的协同论为理论基础，认为教学组织形式的发展应拓展其内涵和外延，不仅是教师组织形式的改变，而应是教学系统诸要素的分工协同，发挥整体协同效应的新型教学组织形式；李宇辉在吸收当代关怀伦理学倡导人诺丁斯教授的道德教育与心理论基础上，分析了教学组织形式构建的必要性、要素、运行机制及容易出现的问题与应对措施；王凤玉主张借鉴德国高等教育教学组织形式“习明纳”来培养我国学生的创新精神，推动我国高校的教学改革和发展等。

5. 某种具体教学组织形式探讨

这类研究主要针对某一种特定的教学组织形式做细致的分析。以班级授课制为例，徐莉从班级授课制的产生、优点与局限、在教育史上的贡献等几个角度从历史纵深的层面上进行审视；高翔对我国 20 世纪 20 年代东南大学附中的道尔顿教育进行回顾，并反思存在的问题，为现今课改提供借鉴经验；凌春光总结综述了改革开放三十年来我国成人教学组织形式研究情况等。

综上所述，对于教学组织的研究，我国出现百花齐放的繁荣景象。但学无止境，仍然要积极探索前进，在探索中前进，在前进中反思。研究发现，目前国内研究还存在许多不足，比如文献中许多学者将“教学方法”“教学模式”“教学方式”等概念与“教学组织形式”混淆，说明我们还要进一步探讨其定义的内涵及特征。其次，学者们多从纵向上研究教学组织形式的历史发展演变进程，把各种教学组织形式放在同一层面做横向研究的较少。再次，时代在进步，研究也需要与时俱进。有些文章虽然探讨处于新课改背景下教学组织形式发生的变化，但没有对新课改前后的教学组织形式变化做比较分析，也较少对新课改后教学组织形式的特征及其案例进行深入剖析，对新的教学组织形式出现的问题进行反思也很少能够结合学段、学科特点提出可行性策略。因此，对教学组织形式的研究还可进一步对概念、分类、特征进行界定；其次，对某一时期、同类别的教学组织进行横向比较研究；再次，对新课改前后教学组织形式变化情况进行对比分析，对变化特征及典型案例进行深入研究等。

三、教学组织形式的功能

采用合理的教学组织形式，有助于提高教学工作的效率并使有效的教学方法、手段得以在相应的组织形式中运用，并充分发挥其效用。一般来说，教学组织形式的改进总是同教学方法的改革乃至与整个教学体系的改革融为一体的。在教学实践中，人们很难将教学组织形式同教学方法截然分开，只是为了理论研究的方便才把它抽出来作为独立的范畴分别考察。教学组织形式同教学方法及整个教学活动模式的这种关系，决定了教学组织形式的合理与否，对教学活动的展开和效果具有直接的意义。长期以来，人们对教学组织形式的探索以及新形式的尝试，主要是围绕着如何使教学活动适应每个学生的需要、兴趣、能力和发展潜力，即如何“因材施教”而展开的。当代各国教学改革的目标之一，就是探索使每个学生都能获得最大发展的教学活动模式。而这些探索，主要集中在教学组织形式的改革及相应的方法改革上。合理的教学组织形式有利于活动多样化，满足不同学生的不同学习要求，从而实现教学的个别化。

四、教学组织形式研究的意义

（一）教学组织形式研究的理论意义

教学组织形式在教学论中处于真正具体落脚点的地位，带有综合的性质；教学任务的完成、教学过程的实现、教学方法的运用、课程的开设和实施等，最终都要落实到一定的组织形式中，即以何种结构方式组织起来开展活动，并表现为何种时间序列。不同的教学方法、手段只有用于相应的教学组织形式中才能发挥其效用，方法和形式总是不能截然分开的。同理，课程的实施、教学原则的贯彻、教学过程的顺利展开，直至教学任务的完成都要体现在一定的教学组织形式中。所以，教学组织形式是否科学、合理具有重要的理论意义，直接影响到教学活动的开展及其效果。采取合理的教学组织形式，还有利于教学活动的多样化，更好地因材施教，促使学生的兴趣、特长、个性得到更好的发展。

（二）教学组织形式研究的实践意义

采用合理的、科学的教学组织形式有利于提高教学工作的效率，采用什么样的教学组织形式与教学工作的质量密切相关。纵观近、现代教育史，采用班级授课制有利于学生掌握系统的文化科学知识，提高教学质量；否定班级授课制会降低教学工作的效率，造成被动的局面，难于发挥学生学习的主动性、积极性，不利于因材施教，最终也会导致教育质量的下降。所以，必须认真地研究教学组织形式问题，采用合理的、科学的教学组织形式，以促进教育质量的提高。

（三）教学组织形式对推进素质教育的意义

在全面推进和实施素质教育的过程中，如何提高班级授课制效率，向 45 分钟要效率，为学生发展留下充足的空间，成为教育理论界普遍关心的课题。在这个过程中，改变传统的教学组织形式具有特别重要的意义。长期以来，班级授课制是学校中主要的教学组织形式，它虽然能够最大限度地发挥教学的规模效益，容易操作和考评，但也存在一些它本身无法克服的弊端。例如，它难以因材施教，在短短的班级授课时间内，要求教师充分顾及每一个学生的特点是困难的；另外，它难以充分调动每一个学生学习的积极性，在教学中消极的成分多于积极的成分，等等。这些情况表明班级授课制存在着与素质教育所倡导的“两全一发展”不相适应的地方，必须进行改革。应看到，在班级授课制中，公平与效率是两个既矛盾又统一的方面，在思考教学组织形式时须充分考虑到这一点。为了使教学组织形式与实施素质教育的要求相一致，就须深入研究与改进教学组织形式，使各种教学要素（教师、学生、教学内容、方法、手段、环境等）能够在一定的时空条件下实现最佳的组合。

（四）教学组织形式对实施创新教育的意义

所有的创新都源于问题解决，而不是单向的知识授受。在教学中，注意为学生提供一定的问题情境，让学生通过自己一系列的精神活动来发展自己的创新思维和创新能力非常重要。创新与学生积极的思维活动有关。现代教学理论认为，教学过程中的师生关系会影响学生个性的发展，尤其是对创新精神及其能力的培养有至关重要的作用，理想的师生关系应当是互动式的。施瓦布曾指出把知识作为一种“结果的修辞学”来学习，过程如果是授受式的，它就肯定是填鸭式的教学。为了改变这种状况，重要的是掌握探究过程。班杜拉亦认为行为、个体和环境是相互影响地联结在一起的。这些研究都表明，不同类型的教学组织形式会产生不同的教学效果，给学生发展所带来的影响也不尽一致。为此，研究教学组织形式有助于学生更好地展现自己的能动性，培养学生的创新精神和创造能力。

五、教学组织形式的历史发展

教学组织形式具有社会制约性，这种制约性表现在：生产和社会生活对人才的培养具有制约性；反映人们认识成果的教学内容的广度和深度对其具有制约性；课程的结构及其复杂程度对其具有制约性；科学技术的发展为教学手段的变革所提供的可能性对其具有制约性。总之，教学组织形式的变革是随着社会及教育事业的发展而变化发展的。但是，由于它具有相对独立性，不同于教育目的、教育方针政策，并不随着经济基础的变化而变化，在相当的历史时期内可以保持相对稳定性。历史上曾出现过多种教学组织形式，主要有以下几种。

（一）古代学校的教学组织形式

1. 个别教学

在古代社会，学校出现后，教学从生产劳动和生活中分离出来，成为一种专门的活动。由于多方面的原因，当时所采取的是个别教学。我国商、周至隋、唐时期的各级官学和私学，古希腊、古罗马时代的各类学校以及欧洲中世纪的教会学校和宫廷教育等，均采用个别教学。个别教学难以系统化、程序化、制度化，计划性不强，因而效率不高，只适应学生人数少、教学内容比较简单的教学要求，是当时生产力和科学技术水平的反映和个体小手工业生产方式在教学中的表现。

2. 集体教学的萌芽

以往，一般将班级授课制产生前的教学组织形式都归入个别教学。近年来，国内外教育史资料研究表明,在个别教学和班级授课制之间还存在着延续多年的过渡形式。

苏联教育理论家斯卡特金称这种组织形式为“个别—小组教学制”。对欧洲中世纪教育资料的考证及我国宋、元、明、清时期的书院和各类官学的教学情况都证明了这一点。正是这种组织，构成了以后班级授课制产生的基础。其特点为：第一，教师面对的不再是一两名学生，而是一组（几十名）学生；第二，不再是一个教师给一两名学生教授所有的教学内容，而是由一个教师主讲，若干名教师辅助讲授，如我国的书院是由“教授”“直讲”“助教”共同进行的；第三，主要由教师个别地给学生讲授、指导，同时也由学生共同进行某些学习活动，如共同朗读、互相讨论等；第四，学生在年龄、程度、修业年限及学习进度上参差不齐（如年龄差异显著），但修业的顺序却有一定的计划和安排。这种教学组织形式可以被认为是由个别上课向班级授课制过渡的“中间环节”，它具有集体教学的萌芽，为班级授课制产生奠定了基础。

（二）近、现代教学组织形式

1. 班级授课制

随着资本主义工商业的发展，人们对知识产生了多方面的要求，客观上要求扩大教育对象，充实、丰富教学内容，特别是增加自然科学的内容。进而要求对教学的组织形式进行改革，以提高教育效率，培养各方面的人才。16 世纪西欧有些国家出现了按班级编制进行课堂教学的形式。17 世纪捷克教育家夸美纽斯在理论上对班授课制加以论证，后经其他教育家的努力，特别是德国教育家赫尔巴特进一步完善而基本定型。工业革命后，欧美各国逐步推行了这种教学组织形式。班级授课制的产生适应了科学知识丰富、科学门类增多、知识技能日益复杂的趋势，反映了在受教育人数增多的形势下人们对学校教育的要求，有利于提高教学效率并扩大教学的教育效果。我国最早采用班级授课形式进行教学的是京师同文馆（1862 年），清末废科举，建新式学校，“癸卯学制”（1903 年）颁布后，逐渐在全国推行。

2. 贝尔—兰喀斯特制（导生制）

18 世纪末 19 世纪初，是工场手工业向大机器工业过渡的时期。这一时期需要大批有一定文化知识的工人，要求工人接受起码的文化教育。在此背景下，英国便出现了“贝尔—兰喀斯特制”，也称“导生制”。这一制度的创始人是英国的一位牧师贝尔和一位教师兰喀斯特，其具体做法是：教师以教年龄较大的学生为主，而后由他们中的优秀者“导生”去教年幼的或学习差的学生。这种教学组织形式以班级为基础，不过教师不直接教全班学生，而是教其中一部分学生“导生”，然后由“导生”转述教师讲过的内容。这种教学组织形式，对丰富和完善班级授课制起过积极作用。它适用于“双轨制”中的贫困子弟就读的学校。但由于教学质量较低，难于满足大工业生产对学校教育质量的要求，所以存在时间不长便消失了。我国在20世纪三四十年代，曾在少数地区试行过这种教学制度。

3. 道尔顿制

道尔顿制是由美国H.H.柏克赫斯特在道尔顿市道尔顿中学实行的一种教学制度。按照这种教学形式组织教学活动，班级被打乱，教师不再系统地讲授教材，而只指定一些参考书并布置一些作业，学生独立学习教材后向教师送交作业，通过后再进入下一步学习。这种教学制度强调学生独立工作能力的培养，受到进步主义者的推崇，与“活动课程”“设计教学法”等结合在一起，成为进步主义者教学实践的重要组成部分。这种教学形式流传很广，北欧和苏联在20世纪20年代实行过，1922年介绍到我国，在一些学校进行试验，后来就销声匿迹了。

（1）道尔顿制的教学要求。一是要求用演绎法编制纲要，突出学科的“中心要点”，从“普通概念”出发，对概念加以分析，然后构成原理；二是要求指定的作业是可以为学生所理解，并能引起他们的兴趣和努力；三是要以问题为中心。

（2）道尔顿制的制定办法。① 作业制定。要将各门学科的教学内容进行通盘考虑，加以合理分配：每学年应教多少、每学期应教多少、每月应教多少。② 作业指定强调以月为单位，将教材组成“一科之一月的工作”。根据学生能力，把每月的课程计算分配好，布告学生，令学生到各科作业室中自由研究，若有不了解的，由教师随时指导。每一个月的作业指定单，开头有一个说明部分，说明该学科一个月学习的目的、任务、内容和要求。将该科一个月的教学内容按周加以分配，指定每周应学习的具体任务，这被称为“周课”，有人译为“时期”。这些具体任务指出，学生通过学习，解决哪几个问题；为了解决这些问题，读些什么材料、做些什么实验、完成哪些练习（包括必做的和选做的）、运用什么方法，等等。更进一步，还要把每周的工作按日加以分配，这是作业指定的最小单位，称为“绩点”，有人译作“单元”。③ 学生根据自己的志愿，接受一个月的学习任务，向教师签订学习契约，这被称为“工约”，柏克赫斯特在《道尔顿教育》中说：“因每月都有指定的功课，故每一年级所立的工约包含全月内的工作。”也就是一个工约包含了一年内所有要学的学科的任务。如果一月为四周，共六门学科，每门学科为二十个绩点，那么学生所接受的这一工约共包含一百二十个绩点的工作。

（3）道尔顿制的作业室。作业室一般按学科设置，如物理、化学、语文、算术等。各科有各科的作业室。每科的作业室中，都配备该科所需的参考书刊、图表、模型、标本、实验器材、桌椅、黑板。这样的作业室就兼有自习室、实验室、图书室和教室的作用。在作业室里，每个年级的学生各有指定的座位，并有大长桌，可坐6~8人，以便共同讨论。学生在作业室自学，可以相互交流、讨论，遇到不能解决的问题，才请教师指导。每个作业室有一至二位教师负责对学生进行辅导，并考核学生学习的结果。对于一些学生共同遇到的困难问题，教师把同进度的学生召集起来做一些集体讲解。

4. 设计教学法

这是一种实用主义的教学制度，由杜威的学生克伯屈所创。它主张由学生自发地决定学习的目的和内容。它废除班级授课制学科界限，摒弃教科书，强调教师的任务在于利用环境引起学生的学习动机，帮助学生选择活动所需要的教材等。由于目的不同，设计活动分创作、欣赏、问题研究、技能训练等，一般程序为：决定目的（包括引起动机）、制订计划、实行、评价。这种教学制度在克服班级授课制的不足方面有积极作用，特别有助于发挥学生的主动性、积极性，有助于学生能力的培养；缺点是不利于学生学习系统的文化知识。这种教学组织形式曾于20世纪20年代在我国南京等地试行过，对我国有一定的影响。

5. 文纳特卡制

这是美国教育家C.W.华虚朋于1919年在芝加哥市文纳特卡镇公立学校实验的一种教学制度。其指导思想和道尔顿制大致相同，做法则不完全一样。它把课程分成两部分：一部分按学科进行，由学生自学读、写、算和历史、地理方面的知识技能；另一部分是通过音乐、艺术、运动、集会以及开办商店、编辑、出版、自治会来培养和发展学生的“社会意识”。前者通过个别教学进行，后者通过团体活动并吸取了“设计教学法”的因素。这种教学制度的特点是：① 有具体的学习目标和内容，对每个单元都有详细的说明；② 应用各种诊断测验检查学生每个单元的学习情况，在这种测验之前先进行练习测验，由学生自行练习，自行改错，直至做对为止；③ 通过自学及诊断测验后可自行转入另一个单元教材的学习，不受其他同学的牵制；④ 教师经常深入到学生中间，因人、因时、因事进行个别辅导。较之于“设计教学法”和道尔顿制，这种教学制度有较多优点：既重视了书本知识的学习，也重视学生能力的培养，兼顾发挥教师、学生在教学中的作用；重视学习目标的规定、诊断性测验，学习目标达到后即转入下一个单元的学习。这种教学组织形式对目前的程序教学等仍具有影响，但它实施的时间和道尔顿制一样都不长。

纵观教学组织形式从古代到近、现代的发展，可见它总是随着社会的进步、教育发展的需要和教学思想的变革而不断发展变化的。从个别教学到集体教学——班级授课制，都是围绕着怎样使学生更快捷、有效地掌握文化知识、技能，提高教学效率而展开的。其后，由于社会的进步、文化科学技术的发展，教学组织形式又围绕在使学生掌握文化知识、技能的同时又要发展学生的能力和个性而展开，出现了“设计教学法”“道尔顿制”“文纳特卡制”等。当代社会生产力迅速发展，科学技术飞速进步，对教学组织形式提出了许多更新的要求，使其适应变化着的时代。

六、教学基本组织形式——班级授课制

（一）班级授课制特点及优缺点

1. 班级授课制特点

班级授课制就是由一定数量、年龄、文化程度的学生组成教学班，教师根据规定的课程、教学进度、教学时间表，对学生进行集体教学的一种组织形式。班级授课制也叫课堂教学。班级授课制有如下特点。① 学生固定。按学生年龄和文化程度分成固定人数的班级，通常由 30～50 人组成。② 教师固定。学校按教师的业务专长和工作能力分配教学任务。教师对所教学科全面负责。③ 内容固定。教师根据教学大纲和教材向学生传授统一的内容，统一教学进度，多科共进，交叉上课。④ 时间固定。有统一的教学日历，每天的课业相同，有统一的作息时间表，保证了课与课之间的衔接。⑤ 场所固定。教室、实验室都有相对固定的场所，学生的座次也是相对固定的。

2. 班级授课制优缺点

班级授课制的优点主要有以下几方面。① 有利于提高教学工作的效率。教师面对全班学生进行集体上课，克服个别施教手工业式的弊病，一个教师教几十个学生，大大地提高了教学工作的效率。② 有利于发挥教师优势。班级教学按教师所学专业实行教学分工，有利于发挥教师优势，促使其钻研业务，提高教学质量。③ 有利于发挥班集体的教育作用。在教学班中，学生间可以相互启发、相互帮助，培养团结互助的精神，有利于学生思想品德的提高。④ 有利于师生身心健康发展。班级授课制有严格的作息时间，劳逸结合，各科教学交叉进行，有利于师生身心健康发展。⑤ 有利于提高教学质量，完成教学任务。班级授课制有统一的教学要求，目的性、计划性强，可以充分发挥教师主导作用和学生学习的积极性，有利于全面完成教学任务、提高教学质量。

班级授课制也有其局限性：这种教学组织形式面向班级，使用统一的教材、统一的教学要求和教学进度，不利于因材施教；教学领域主要局限于课堂，容易产生理论脱离实际的现象；不利于学生生动活泼主动地学习。因此，还必须有其他教学组织形式给予补充，班级授课制本身也要不断地进行改革和提高。

（二）班级授课制类型和结构

1. 班级授课制类型

课的类型是指根据教学任务而划分的种类，有单一课和综合课两大类型。单一课，是指一节课内主要完成一种教学任务的课。中小学常见的有以传授教材为目的的讲授新知识的课；以巩固复习已学知识为目的的复习课；以培养学生技能、技巧为目的的练习课、实验课；以检查学生知识、技能、技巧为目的的检查课等。综合课，又称混合课或复杂课，是指一节课内要完成两种或两种以上教学任务。在小学和中学低年级普遍采用这种类型，因为小学和中学低年级教材比较简单，不需用一节课的时间来讲授或实现其单一教学任务；此外，小学生和中学低年级学生有意注意时间有限，不容易长时间集中，教学应以综合课为主。

2. 班级授课制结构

课的结构是指课的组成部分（又称环节）及各部分进行的顺序和时间分配。由于课的类型不同，课的结构也不同，每一种类型的课都有一定的结构。由于各年级学生的年龄特征和知识水平不同，各科教学的特点也就不同。即使同一类型的课，对于不同的教学班、不同的教师，其结构也会有所不同，不能把课的结构凝固化、公式化，否则就会导致教学上的形式主义。在中小学教学中使用最多的是综合课，其结构包括以下几方面。① 组织教学。上课开始，要使课堂迅速保持安静，检查出勤人数，集中学生注意力；做好上课的心理准备，使教学能有秩序地、顺利地进行，组织教学必须贯穿上课的始终。② 检查复习。目的是检查学生对旧知识的掌握情况，建立新旧知识之间的联系，为讲授新知识打好铺垫，做好准备。检查的知识可以是上一节课学过的，也可以是以前学过的，但必须与本节课所要学习的新知识有联系。③ 学习新教材。这是课的主要组成部分，旨在使学生理解、掌握新的知识、技能。教师应运用多种方法和手段向学生呈现新教材，引导学生积极主动地学习，使其在积极的智力活动状态之中积极思维，掌握新知识。④ 巩固新教材。新课学完后，要当堂巩固所学新知识，可采用提问、复述、作业等方式进行，当堂消化，初步巩固。⑤ 布置课外作业。作业的目的是进一步巩固和消化所学的新知识，并培养学生运用知识的技能和独立工作的能力。布置作业要说明要求，对难题要提示完成的方法。教师可以根据课的类型、教学的主要任务来设计安排好不同类型的结构，突出解决该课的主题，给予更多时间，并注意相应环节的配合。但无论哪一类型的课，都少不了组织教学、检查复习两个因素。

（三）班级授课制教学工作基本环节

教学工作基本环节包括：备课、上课、布置和检查作业、课外辅导、学业成绩检查与评定等。

1. 备 课

备课是上好课的前提，只有备好课才能上好课。教师备课一般要做好下列工作。① 备教材。包括研究教学大纲，明确本学科的教学目的及各章、节、课题的教学目标，弄清教材体系及教材的范围和深度；钻研教材，明确教材的重点、难点，做到“懂、透、化”；研究有关教学法、参考书、教学参考资料，收集与本学科、本课题有关的材料并加以精选和组织，即做到“心中有书”。② 备学生。了解本班学生的特点，如知识基础、学习能力、个性特点和身体状况等。了解本班的学风、班风，掌握学生的情况，即做到“目中有人”。③ 备教法。根据教学大纲的提示，教科书和教学参考资料的内容以及学生的特点，选择有效的教学方法、手段，即做到“教中有法”。在做好上述工作的基础上制订教学活动计划。教学活动计划有学期（学年）教学进度计划、单元（课题）计划和课时计划。其中课时计划是教师上课的依据，与教学工作的效果有直接的关系，教师要认真构思和设计，课时计划应尽可能具体、详细。

2. 上 课

上课是教学的中心环节。上好一堂课应符合下列要求。① 目标明确。教学目标全面，包括知识与技能、过程与方法、情感与价值观等；目标要明确具体，切实可行，能对学生的学习起导向作用，使课堂上的一切活动都要围绕教学目标来进行。② 内容正确。讲授的内容必须是正确和科学的，对内容的说明和解释应准确无误；讲授要有条理，符合逻辑，层次分明。③ 方法得当。要根据教学目标、教材内容和学生的年龄特征来选择教学方法，坚持启发式，充分利用现有的设备条件，使学生能顺利地掌握本节的教学内容。④ 组织得好。师生积极性高，课的安排井井有条，教学步骤有条不紊；组织好一堂课的全过程，有良好的教学秩序；在整个教学过程中，师生双方积极性高，表现出教与学的统一。⑤ 教学效果好。一堂课的成功与否，归根结底要看教学效果，看教学目标是否达到。通过上课，要求学生知识有所增加、能力有所提高、思想品德有所长进等。

3. 布置、检查课外作业

课外作业是课堂教学的延续，是教学活动的有机组成部分。组织学生作业的目的在于巩固和消化课堂上所学的知识，培养学生技能技巧，训练学生独立工作的能力和习惯。课外作业的质量直接影响到班级授课制质量的巩固和提高。因此，教师应重视课外作业的布置与检查。布置课外作业时应注意以下几方面。第一，作业内容应符合学科课程标准规定的范围和深度，有助于学生对“双基”的掌握和发展其智能；选题要有代表性，难度要适中。第二，作业应与教科书的内容有逻辑联系，但不应是教科书中例题或材料的照搬；作业要具有典型意义和举一反三的作用。第三，作业应有助于启发学生思维，鼓励学生独立探索。第四，作业应尽量同现代生产和社会生活中的实际问题结合起来，力求理论联系实际，但不可牵强附会。第五，可根据学生的能力和学习速度，分别布置分量、难度各异的作业，并给予必要的指导、提示或帮助。

4. 课外辅导

课外辅导是班级授课制的必要补充。辅导的方式包括指导学生课外作业，解答学生学习中的疑难，给学习基础差的学生和因病缺课的学生补课，给成绩优异的学生个别辅导等。其目的在于因材施教，以及对学生进行学习目的、学习态度和学习方法等方面的个别教育和指导。课外辅导虽然是一项课外工作，但搞好这项工作是为了更好地上课，提高上课的质量。因此，要重视课外辅导，充分认识到它和班级授课制的相辅相成性。

5. 学业成绩检查与评定

学业成绩的检查与评定是班级授课制不可缺少的环节，是诊断学生学习状况和教师教学效果、调控教学的重要手段。学业成绩的检查与评定应从两方面下手：一是检查与评定学生的学习效果，可以通过日常观察分析、检查作业及各种测验来进行；二是分析评价教师上课的效果，可根据前面所述上好一堂课的五条要求，确定其评估指标体系。检查、批改学生的课外作业时应注意以下几点。第一，按时检查，以养成学生按时完成作业的习惯。第二，认真批改，以发现学生在知识、技能方面的错误和缺陷。第三，仔细评定。作业一般应有成绩并尽可能写上简短的评语，以对学生学习提出明确要求，指出其未来的发展方向。第四，及时反馈。作业情况应及时反馈给学生，以强化学生对知识的正确理解和运用，并纠正学生的错误和指出其原因。第五，重点辅导。对大多数学生在作业中易犯的错误，教师应及时进行辅导、重点讲解或纠正。

七、教学辅助形式与特殊形式

（一）教学辅助形式（现场教学）

现场教学是教师组织学生到生产现场或事件发生的场所进行教学的一种形式。例如，生物课到农业园地，理化课到有关工厂，史地课到有关的历史遗迹、博物馆等场所结合实际，组织教学活动。这种教学组织形式便于向学生提供丰富的直接经验，使学生结合生产生活实际，理论联系实际地进行学习，加深对书本知识的理解，并能培养学生运用知识的能力。此外，还可向学生进行思想政治教育。现场教学仅是教学的一种辅助形式，不是主要形式，是否要进行现场教学，要根据具体的教学内容来决定。

组织现场教学应符合以下要求。① 目的明确。要根据教学内容的特点来确定现场教学的日的，选择适当的课题和教学现场。对于现场教学要解决什么问题，预期的效果如何，教师要心中有数，并使学生了解现场有关情况，做好准备工作。教师要做好接洽工作，熟悉现场情况，争取现场人员的支持，和他们一起备课，制定现场教学的计划和步骤，确定指导人员和指导要点；引导学生复习有关的理论知识，为进行现场教学做知识上的准备。进行现场教学前做好组织工作，做好思想准备。② 做好现场的指导工作。在现场教学中教师和实际工作者要做好指导工作和物质准备。引导学生在直接感知的基础上进行抽象、概括、验证和说明课内学过的理论知识，启发学生质疑问难，指导学生做必要的实际操作。③ 做好现场教学的总结工作。结束时，要巩固现场教学的主要收获，抓住现场教学中的主要问题做重点提示或说明。总结可以在现场也可以在校内进行，总结的方式可以是教师讲解，也可以采取学生座谈的形式。

（二）教学特殊形式（复式教学）

复式教学是一位教师在同一节课的时间里向两个或两个以上不同年级进行教学的组织形式。它是班级授课制的一种特殊的组织形式。它适用于同级学生人数少、教师少、校舍和教学设备紧缺的农村、偏僻山区、少数民族地区，在上述地区普及九年义务教育中具有特殊的重要意义。复式教学保留了班级授课制的特征。教学是在教师的组织领导下，有目的、有计划地进行，在预定的时间内达到教学大纲的要求。所不同的是教师要在一节课的时间里巧妙地安排几个年级的教学活动。它的教学特点是直接教学和自动作业交替进行，教师在给一个年级上课（直接教学）时，其他年级则根据教师指示做自动作业（预习、复习、练习等）。教学实践证明，尽管复式教学的教学难度大，但组织得好的复式教学的教学效果还是不错的，学生的基本训练、读、写、算能力以及自学能力都会得到大幅度的提高。复式教学的缺陷是：教师的直接教学时间少，不同年级的学生间干扰多，教学秩序难以维持；学科头绪多，教师负担重。复式教学要取得成功，关键是直接教学和自动作业的合理搭配。单式班上课的程序步骤同样适用于复式教学，但又要有复式班的特点，如编班、排课表、备课、上课、作业等都有特殊的要求。

第二节 体育教学组织设计

一、体育教学组织形式概述

（一）体育教学组织形式概念

体育教学组织形式是其上位概念“教学组织形式”在体育领域的一个延伸。体育领域对教学组织形式的研究起步晚于教育领域，目前对体育教学组织形式的概念主要有以下理解。樊临虎认为有四点：① 围绕一定的教学内容而设计，不同的教学内容必须有与之相适应的组织形式；② 直接体现为师生相互作用的方式；③ 师生的活动必须在一定的时空背景中完成，且要遵循各种互动方式所要求的规范和程序；④ 以体育教学组织形式为纽带，把各种教学要素，如教学内容、教学方法、教学手段以一定的教学程序集结起来，方能确保教学活动的完成。杨青认为体育教学组织形式是指为了实现体育课程的教学目标，根据体育教材内容的特点、学生的具体情况、体育实践教学环境而采用的合理的体育课程教学方式。基于上述概念的界定，还不能足以让人们将体育教学组织模式与体育教学组织形式区分开来，这说明对体育教学组织形式的概念界定的研究还有值得探讨的空间。

（二）体育教学组织形式研究

1. 历史概况与发展趋势研究

樊临虎对新课程理念下有关体育教学组织形式的概念、特点及各种组织形式的相互关系进行分析，提出未来体育教学组织形式仍是以班级授课制为主，并向个别化、多样化发展的趋势；杨青亦提出班级授课制仍是教学的基本组织形式，但要继续向个别化、多样化、综合化、以学生为主体的方向发展，并创造性地提出未来体育教学组织形式的变化，以及从备“教材”走向“备人”，将是未来体育课备课一大特征的发展趋势等。

2. 教学组织形式制约因素分析

宋平从客主观相结合的方向揭示了制约体育教学组织形式选择的因素，主观因素的影响是体育教师所持的关于体育教学过程的认识、教学策略以及教育视野和改革意识；孟升分析了学校体育教学组织形式的制约因素，在宋平的基础上把主观因素中体育教师对体育教学过程的认识细分为体育教学理念和教学思想等。

3. 教学组织形式探索与反思

钱杰提出传统教学组织形式已经无法满足广大学生对体育知识、技术、技能的学习要求和对生理、心理素质发展的需求，提出体育教学组织形式应向全新的、并与学校教育目标相适应的学校体育教学组织形式转化；王萍把我国与日本体育教学中分组教学组织形式进行分析研究，认为灵活的分组教学更能体现因材施教、区别对待的教学原则等。

4. 基于某种理论或理念下的教学组织形式研究

李伟遵循新课标以人为本、“健康第一”的指导思想，提出与新课程标准相适应的教学组织形式的概念、具体形式以及实施途径，其实施途径有教学计划的调整、单元教学与分散教学相结合，课内、课外相结合组织教学；刘丽丽认为新课标下教学组织形式具有结构性、稳定性、多样性、综合性等基本特征，提出新课标下教学组织形式要注意制约性、民主化、层次性、整合性的运用原则等。

5. 某一种具体教学组织形式研究

这类研究主要针对某一种特定的教学组织形式做深入细致的分析。俞峰结合新课程实施的经验，提出与新课程理念、教学目标和教学内容相匹配的“合班选项”教学组织形式，并从其必要性、可行性、组织、落实等方面进行细致分析；王明采用实验法对“友伴群体”组织形式在学校体育教学中的应用研究进行探讨，得出实验组在身体素质、体育认知、情感体验以及社会适应性方面都优于对照组，更能体验到体育给他们带来的愉悦感等。

通过观察体育教学组织形式的研究，可以看出目前教学组织形式仍然存在一些问题。首先，定位不明。关于体育教学组织形式，体育教学界大多将体育课教学等同于体育教学，但是，“体育班级授课组织形式”才是体育课的简称，这也远非体育教学组织形式的全部。实际研究中，存在许多只研究体育课、不研究体育教学组织形式的现象。这与上面提到的对体育教学组织形式的定义不相呼应。其次，体育教学组织形式的研究急于求成。为了表现更新换代、标新立异，过于强调对不同层次、水平、特点的学生的区别对待，大都将分组教学形式作为研究的主题，但是，对这种形式的研究仍然没有打破现今课堂教学的背景，对于教学组织形式的内涵研究不够，又抛弃传统优势、脱离中国的教学实际。因此，可以创新打破惯例，不以学生为维度，考虑以教师、空间、时间等为维度的组织安排，比如根据时间维度，从阶段、学年、单元和课时等不同结构组织教学，从而提高体育教学组织形式的多维化。最后，抓住体育课程体系改革的机会，为体育教学组织形式的研究增砖添瓦。

二、体育教学组织设计

体育教育作为教育的重要组成部分，越来越受到人们的重视，体育课堂的组织形式也随之与时俱进。目前体育教学组织形式有个别指导、班级教学、分组教学、友伴群体教学、开放教学、分层次教学等，已经从传统的单一班级授课形式逐渐变成多种教学组织形式并存的局面。在体育与健康课程改革下，体育课堂中的教学组织形式更是创新成果层出不穷。下面以案例研究的形式来探讨体育教学组织形式的设计。

（一）分组教学设计

体育分组教学是我国在体育教学中一直推荐使用的教学组织形式，体育院、系教材编审委员会编写出版的《体育理论》认为“分组教学是为了教学更符合学生的实际，做到区别对待，充分利用场地器材，增加学生练习次数。加大课的密度和运动负荷，以及培养和加强学生的组织纪律性，顺利地完成课程任务”。我国学校体育教学组织形式经历了许多年的发展，从单一的传统教学到多种不同的分组教学形式，现今有：同质分组与异质分组、班内课程分组与年级课程分组、固定的分组与临时的分组、同教材的分组与异教材的分组、显性分组与隐性分组、兴趣分组与随机分组等。李国锋采用小组合作的教学组织形式，在进行一些相对难的项目教学时，根据学生身体素质、体育能力、运动水平、兴趣爱好，依据教材、教学内容以及课堂教学实际的需要，把学生恰当地分成几个小组，以小组合作的方式来完成教学活动、教学目标和教学任务。这样学生们在一起合作学习、交流，在这一过程中，所有学生的学习效果最大化，提高了课堂教学效率。在合作过程中，学生从同伴身上获取了知识，培养了创新能力，更多的时候是小组成员共同分享成果，并在彼此相互帮助和学习中实现了共同的目标，体验了成功的乐趣。这种教学组织方式有利于培养学生良好的情感交流、人际关系和团结合作能力。

（二）友伴群体教学设计

樊临虎认为友伴群体教学是一种小群体的分组教学形式，教学中让学生自由结成“友伴群体”，按老师的要求去创造性地锻炼，在互为裁判、互相教练、互相帮助的过程中，使每个学生有充分发挥自己特长的机会，从而体验到成功的快乐和喜悦；王明以蹲踞式跳远为教学内容，验证友伴群体教学对学生的体育认知、运动技能、情感体验以及社会适应性等方面的教学效果比传统教学组织形式效果好等。

（三）俱乐部制教学设计

体育俱乐部是以体育爱好者自发性、自立性的结合为基础，为增进健康和促进相互间的协调和睦而进行持续性体育活动的组织。陈杰认为俱乐部制体育教学是指以俱乐部的组织形式进行体育课教学的模式，即在同一堂体育课中开设各类体育项目，每一个项目为一个俱乐部，学生根据自身条件与兴趣爱好自由选择项目，不受教学计划、教学大纲、教学内容、教学进度的限制，形式多样，内容丰富多彩，但应遵循体育教学规律，实现体育课程教学任务。

（四）选择性组织形式设计

马凌在投掷教学实践中采用选择性组织形式，即学生可以根据自己的需要和兴趣，自主选择练习的器材和场地，也可以自由组合练习的伙伴。选择性教学组织形式为学生的自主性学习提供了广阔的空间，学生每变换一种器材，每更替一次场地，都会有新鲜的感觉，都会产生新的兴趣和一种自主支配学习的激情，从而调动了学生学习的主动性，最终使学生学会选择、形成个性。但是这一教学组织形式对学生的教学管理较疏松，需在学生相互熟悉并且已经掌握投掷练习的基础上让他们进行自主性选择，并且要求充分发挥学生主体、教师主导的理念，加强教师的指导作用。

（五）自然过渡式组织形式设计

在自然过渡式组织形式下，整节课的各个部分形成自然过渡，联成一个整体的效果，课中除了采用指令性集体练习形式外，也采用了非指令性的结伴练习和个体自由发挥的练习形式，给学生提供了发展能力的广阔时空，在练习中注重鼓励学生自我表现。这种自然过渡的组织形式打破了以往教学的固定格局，为体育教师发挥教学组织能力提供了可能，并且让学生体验个体在集体中的价值，开创了一个亲切和蔼、灵活宽松的教学形式。

李国锋创编的八大新型体育教学方式，每一种都体现了体育教学组织形式的灵活多变。其中“体育乐园”“游戏超市”“自主选项”“小组合作”“小组创编”和“师生易位授课”等都具有一定的特色和新意。详见表 5-1。

表 5-1　体育教学组织形式的创新案例

教学项目	常见组织形式	创新组织形式	优点
较难的项目	大额班级授课	小组合作	培养学生良好的情感交流、人际关系和团结合作能力
蹲踞式跳远	大额班级授课	友伴群体	小组成员团结协作，发挥个性特长，体验到成功的快乐和喜悦
各类体育项目	大额班级授课	俱乐部制教学	根据爱好选择项目，不受教学计划、教学大纲、教学内容、教学进度的限制
投掷	两队面对面投掷	选择性组织形式	鼓励自主性学习，调动学生学习的主动性
体操	时间交叉的界限	自然过渡式	自然过渡的整体效果
韵律操	老师编带练习套路	小组创编教学	满足了学生的表现欲，培养了学生的创新能力
热身运动	老师带领热身	师生易位授课	民主平等的新型师生关系，师生相互理解

一直以来，我国中小学课堂拘泥于“秧田式”的教学格局，大班额的班级授课制使得教学存在着一些“以教师、讲台、课本为中心”的情况，学生的差异与需求得不到重视，学习方式单调、被动，学生缺少自主思考、团结协作、探索研究的机会。如今我国体育教学组织形式已在继承的基础上日新月异地创新发展着，只有突破传统的体育教学组织的固定程式，才能实现教学组织形式的多样化、多维化，让教学组织形式呈现出一种不断变换、创新的动态结构。这些多样化的教学组织形式必将能够有利于学生进行体育学习，有利于体育教师的创造性才能发挥，有利于促进体育教学组织效果的提高，从而对新课标的实施会产生积极的影响。无论采用哪种教学组织形式和方法，都必须以学生的发展为中心，必须重视发挥学生体育学习的主动性和积极性，也要根据教学内容和学生实际情况灵活选择教学方式，达到有效教学的效果。体育课程改革十多年来，有力地促进了体育教学组织形式的继承、创新和发展，保证了体育教学改革顺利、深入地进行，达成了体育课程目标。随着新体育课程改革的深入，体育教学组织形式的发展将正如毛振明教授所预测的那样，总趋势是向多样化、综合化和个别化方向发展，也一定会向有利于学生进行体育学习的方向发展。

三、体育实践课教学组织设计

体育实践课教学组织工作的内容主要包括课堂常规、队列、体操队形、编班分组和分组教学，组织学生练习和锻炼身体，安排保护、帮助和休息，队伍调换，场地器材的布置以及体育干部的培养和使用等。课中各项活动组织工作是交错进行、互相联系的。所以，教师应根据实际情况全面考虑各项教学组织工作的具体操作，做到统筹安排、相互配合、讲究实效。

（一）体育课堂常规设计

体育课堂常规是为使课堂教学有一个严密的组织和正常秩序，保证体育教学工作的正常进行，对师生所提出的一系列基本要求。在课堂教学中，严格遵守课堂常规，对保持良好的课堂教学秩序、严密组织教学、培养学生良好的思想道德品质、实现课程教学目标都有十分重要的作用。课堂常规一般包括课前、课中、课后三个部分。

1. 课前常规

课前，教师应按学年、学期教学工作计划的基本要求，认真制订课时计划，熟悉示范动作要领和教学程序，提前到达教学场地布置与检查场地和器材，了解课前学生的身体、思想及学习等情况；学生应以饱满的精力、高涨的情绪做好上课的准备，穿着好运动服装，提前到达教学场地，并协助教师布置场地和器材。

2. 课中常规

上课铃响后，学生准时在教师指定的教学地点集合，体育干部整队检查人数，报告教师实到、请假和见习生的人数。学生服装要整齐，并符合上课的要求，要服从教师的统一指挥，遵守纪律，友谊协作，爱护体育器材，积极参与教学过程，认真完成学习任务。教师听取上课报告后，检查出勤情况，检查学生服装，宣布课堂教学的目标、内容与要求，安置见习生，加强课中安全卫生教育措施，做好准备活动、教学的讲解和示范练习的帮助与保护、整理活动等，按课时教学计划进行教学。教师在授课时要以身作则、言传身教，严格要求学生，了解课中学生思想动态，调控教学过程及学生的生理、心理负荷，及时纠正错误和改进教学。最后对本次课进行小结，布置课外作业。

3. 课后常规

师生应及时收拾好教具器材。教师应继续了解和掌握学生的反馈信息，做好课后小结与分析，了解学生课外作业情况，及时给予指导、辅导。学生应按老师布置的课外作业，认真复习练习，以巩固课中学习的内容，保证身体得到合理活动。

（二）教学场地和器材布置设计

教师做好教学场地和器材的准备工作，是上好课和实现教学目标的物质保证。其作用是能充分利用场地和器材，提高使用率；有利于队伍调动，合理安排课的密度，增加学生练习次数；有利于调动学生学习的积极性，以便于教师指导。进行场地和器材的布置时应注意以下几点：① 场地和器材的布局与使用要合理，可移动器材应尽量向固定器材靠拢；② 场地和器材的布置应符合锻炼、卫生和安全的要求，课前应认真周密检查，严防发生意外伤害事故；③ 场地和器材的布置要有利于练习轮换时的队伍调动，有利于增加练习密度和适宜的生理负荷；④ 场地和器材的布置要便于教师对课的调控和对学生的辅导。总之，场地和器材布置应尽量合理，符合教与学的需要，有助于教学目标的实现。

（三）队伍、队形安排与调动设计

课中合理地安排和调动各种练习队形，不仅能严密教学组织，培养学生严格的组织纪律性，有利于统一指挥，集中学生注意力，而且能丰富教学内容，创造良好的课堂气氛，调动学生学习的积极性，培养正确的身体姿势。由于每次课的教学目标、教学内容、学生学习基础等条件各不相同，所以队伍安排与调动应根据实际情况而定。在课中合理安排与调动学生队伍的基本要求是：队伍的安排与调动力求科学、合理，既做到熟练运用队形变换为教学目标服务，又能省时、省力地进行教学工作，使课的密度、生理负荷安排合理，创造良好的教学环境。在设计练习队形时，运用的队形应简单易行，使学生背光、背风、背沙、背干扰，便于观察示范动作及教具演示，听清楚讲解，有利于个人或小组的互相观察、帮助和保护，并符合卫生与安全的基本要求。另外，队形应有利于教师的演示、观察、帮助、保护、指导和监控，队形变换要多样化，有利于教学顺序的安排。

（四）教学分组与分组教学设计

1. 教学分组设计

中学生处于青春期，其特点是身高、体重的迅速增加和第二性征的出现。这种情况下可以将男女生体育课分开上，男生和女生分别在两个场地上，由不同的老师上课，男生可以在篮球场上篮球课，女生则在排球场上排球课。根据学校教师资源的多少，可以安排两个班的女生或两个班的男生一起上排球课或篮球课。这样有利于学生的身心健康。

2. 分组教学设计

根据教学内容、教学方法以及学生的人数与器材的数量随机将学生分成几人一组进行学习与练习。以排球课为例。本节课的教学内容为复习排球原地正面双手的垫球，学习排球传球技术，女生合成班 58 人，排球 30 个。这种情况下可以分为两人一组、一组一个排球进行一抛一垫的分组不轮换练习；也可以先将学生分为 A、B 两大组，每组 29 人，A 组先进行排球原地正面双手的垫球复习课，其中，可以再分两人或三人一组进行练习，B 组学排球传球的技术，两组练习过后再进行交换，这样可以使学生提高运动量的同时得到锻炼。再以篮球课为例。本节课的教学内容是复习投篮，学习行进间传球，男生班 60 人、篮球 30 个，可分为两人或三人一组，篮下传球再进行投篮，这样有利于激发学生对篮球的兴趣。

思考题

1. 体育教学组织形式概念是什么？
2. 体育教学组织形式的类别有哪些？
3. 如何进行中学体育教学组织设计？
4. 如何进行体育分组教学设计？
5. 如何进行中学实践课体育教学组织的选择及运用？

第六章　体育教学过程设计

【教学目的和要求】

了解体育教学过程的概念与本质；掌握体育教学过程的基本功能；理解中学体育教学过程的设计。

【教学重点和难点】

体育教学过程的本质；中学体育教学过程设计。

【教学方法和手段】

讲解、提问、讨论、案例分析、教学实践。

【教学主要内容】

体育教学过程概念；体育教学过程本质；体育教学过程基本功能；中学体育学段教学过程设计；中学体育单元教学过程设计；中学体育课时教学过程设计。

第一节　教学过程概述

一、教学过程概念

教学过程是教学论的核心，是组织教学活动的理论依据。对教学过程的正确理解决定着教学过程的实质、特点和功能，也影响着教学方式、教学质量，进而影响教学目的，所以对教学过程的理解至关重要。什么是教学过程？理论界对此进行了许多有益的探索，但截至目前，学术界还没有形成一个相对统一和标准的概念。归纳起来，主要有几种具有代表性的观点。详见表 6-1。

表 6-1 学者对教学过程概念的界定

学者	观点
李秉德	教学过程是指教师的教与学生的学相结合的双边活动过程
王焕勋	教学过程是学生在教师有目的、有计划的指导下，积极主动地掌握系统的文化科学基础知识和基本技能，发展能力，增强体质，并形成一定思想品德的过程
钟启泉	教学过程是让学习者学会一个单位教材的过程，学习者、教材、教学目标是其三个主要变量，而导入—展开—终结构成了基本教学过程的序列阶段
扈中平	教学过程实质上是教师引导学生学习的教与学相统一活动的时间流程

综上可知，对于教学过程的概念，有从教学的定义来探讨的，有用罗列教学任务来定义的，有根据教学过程的本质特点来下定义的，还有按照教学过程某一特性来定义的。虽然对教学过程的概念众说纷纭，尚未形成统一的认识，但在某些方面还是达成了共识，如教学过程是一个特殊的认识过程，是教师教与学生学的双边活动过程，强调学生主体作用等，并且这些研究对教学过程本身从不同角度做了揭示，丰富了教学过程的内涵。马克思主义认识论包括认识和实践两个基本方面，两者循环往复以至无穷，因此，对教学过程的认识同样也应包括认识和实践两个方面。另外，教学过程是师生相互交往、作用的过程，具有社会属性这一性质，所以综合起来教学过程可以理解为：学生在教师的指导下，对人类已有知识经验进行认识，和谐发展个性的交往与实践活动统一的过程。

二、教学过程研究现状

（一）国外研究

西方对教学过程的研究起源于古希腊、古罗马的教育教学思想。苏格拉底提出“道德即知识”，并首创“产婆术”的教学方法；柏拉图认为“认识即回忆”，并且强调理性的知识只有凭借反思、沉思才可以融会贯通，他夸大了理性发展在教学中的意义，反映了知识掌握中的唯心主义倾向；亚里士多德以发展灵魂的理性为教学目的，提出“吾爱吾师，吾尤爱真理”；昆体良提出了摹仿、理论、练习三个循序递进的学习过程理论。总之，西方古代教育家对教育教学的看法，乃是基于各自不同的哲学观和政治观，没有形成理论，并带有直觉经验的特点。但它们对后世教育教学思想的发展具有重要影响，是西方教学过程理论的萌芽。

近代捷克著名的教育家夸美纽斯认为学习过程是“先去运用他们的感觉，然后去运用记忆，再去运用理解，最后才去运用判断”，从而成为近代资产阶级教学论的奠基者。德国教育家赫尔巴特依据其统觉原理把教学过程分为明了、联想、系统、方法四个阶段，标志着教学过程理论的形成。后来其学生将其发展为预备、提示、联系、总结、应用五个阶段，即五段教学法。与赫尔巴特学派相区别，美国教育家杜威将教学过程分为困难、问题、假设、验证、结论，也就是五步教学法。

第二次世界大战以后，科学技术迅速发展，国际经济、政治、军事、文化的竞争日益激烈，学术理论界也开始寻求新的教育教学理论，各种教学理论流派开始林立。① 苏联教育家巴班斯基运用辩证系统的方法提出了教学过程最优化理论,得出比较完整的教学过程的基本环节。② 美国教育心理学家布鲁纳注意调动学生学习的主动性，提出要以发展学生探索能力为主线来组织教学的过程。③ 苏联著名的心理学家和教育家赞科夫提出了发展性教学理论，强调教学要走在学生发展的前面，让他们在发展的基础上自觉地掌握知识、技能与技巧。④ 美国著名人本主义教育家、心理学家罗杰斯批判传统教学的种种弊端，认为教学要以人为出发点和归宿点，教学的目的在于培养具有自主性、独立性、能动性和创造性特征的全面发展的人，教学在于教学生掌握独立学习的科学方法，重视教学中的情意因素，用信任和真诚去教学等。

（二）国内研究

中华人民共和国成立后，我国大量地翻译和介绍国外教育教学理论研究的成果，比如苏霍姆林斯基、赞科夫、休金娜、布鲁纳、奥苏伯尔、加涅、布鲁姆、罗杰斯以及其他国家先进的教育教学成果，这对我国的研究发展起到了开阔视野的作用，提供了理论上的借鉴。在经过短暂的恢复与发展后，从 20 世纪 80 年代开始，有关教学过程的研究在继承我国传统的教学理论精华和借鉴西方教学理论的基础上，结合我国教学实践，逐步建立起具有中国特色的教学过程理论，其研究成果主要分为以下四个方面。

1. 在教学论的背景下研究教学过程

教学过程是教学论的基本概念，对教学过程的研究始于对国外先进的教学理论的借鉴。十一届三中全会以后，不同的研究者介绍和翻译了大量的国外教学理论的研究成果，如苏联的巴班斯基著、吴文侃等译的《论教学过程最优化》，巴班斯基著、张定璋译《教学过程最优化：一般教学论方面》，苏联的阿尔汉格尔斯基著、闻人杰译《高等学校的教学过程》等。这种对国外先进的理论研究成果的借鉴，一方面开阔了我们的视界，便于研究者了解国外教学过程研究的新进展；另一方面，也有利于对比发现我国教学过程研究中存在的不足，从而有利于我国教学过程理论研究和实践改革的发展。

2. 创建具有中国特色的社会主义教学论

改革开放后，我国教育学恢复了其本来面目，积极创建具有中国特色的社会主义教学论。首先，在教学论著作中研究教学过程的有：王策三的《教学论稿》探讨了教学的基本概念、教学过程、教学原则、教学课程、教学方法、教学手段、教学组织形式、教学效果等教学范畴；李秉德先生主编的《教学论》运用辩证唯物主义和历史唯物主义观点，结合我国的教育实际，反映国内外教育研究的新成果，阐述教学的基本理论，使其成为一个比较完整的体系；吴也显教授的《教学论新编》对原有的教学论从概念到范畴进行调整和突破，反映了当代教学理论和实践发展中的新成果，又把以往教学论中有价值的理论继承下来等。

3. 应用性研究

由于当代科技的飞速发展，我国的教学理论研究开始从纯理论研究转向以学科教学和分段教学为主要研究对象的应用性研究，如顾黄初等编写的《语文教学过程研究》、薛中梁的《英语课堂教学过程》、孔企平的《数学教学过程中的学生参与》等。

4. 反思总结性研究

李定仁的《教学论研究二十年》，在教学过程方面对教学本质和教学主客体关系进行了再研究；徐继存的《教学理论反思与建设》、靳玉乐等《中国新时期教学论的进展》、陈梦稀《教学论问题研究：困惑与反思》。还有对教学过程的某一侧面，如教学过程的本质、教学过程的主客体关系进行研究探讨的，如杨斌《教学过程本质研究 30 年：回顾与反思》、周波《我国近 60 年教学过程本质研究的审视》、张丽花《建国后我国教学过程理论发展评析》、熊和平和赵鹤龄的《后现代批判视角：我国近 20 年的教学过程本质研究》、潘洪建《教学过程本质研究之反思》和《教学过程主客体关系研究之透视》等。

第二节　教学过程本质

一、教学过程本质概念

我国教学理论工作者对“教学过程本质”问题进行了长期的、深入的理论探索，在借鉴西方和苏联有关教学过程本质观点的基础上，提出了自己不同的看法，归纳起来主要有以下几种观点。详见表 6-2。

表 6-2 几种对教学过程本质概念的主要观点

类型	教学过程观点	优点	缺点
认识发展说	教学过程是教师有目的、有计划引导学生掌握科学基础知识和基本技能，发展认识能力，逐渐形成世界观基础和道德品质的过程	提出教学的认识与发展的任务，比过去的观点有进步	只罗列教学任务，未对教学过程进行科学的抽象概括
双边活动说	教学过程是教师的教与学生的学相结合的双边活动过程	为进一步探讨教学过程的本质奠定认识论基础	没有解释教师与学生之间的主次关系
多重本质说	教学过程是多级别、多类型的，教学过程有认识论、心理学、生理学、伦理学、经济学五个方面的本质	从多学科、多角度对教学过程进行分析研究，清楚形而上学的弊端	“多方面的质”混同为“多类型的本质”，没有从整体上合理综合与深刻把握
交往本质说	教学过程中教师和学生都是主体存在，师生间只有通过交往才可以展示自我、发现自我、发展自我，交往即教学过程的本质	帮助人们认识教学的社会属性	忽视师生间在认识中的相互影响，还不能完全揭示教学过程的本质

这些研究虽然没有取得完全统一的认识，但各种理论观点的纷争拓宽了研究的思路，加深了人们对教学过程本质的认识。

二、教学过程基本功能

“功能”是指系统所具有的、由系统的结构所产生的作用和功效。系统在与外界环境或系统内部诸要素之间发生相互作用时，表现出其功能。不同的系统由其结构、相互作用的性质和方式的不同而具有不同的功能。教学过程的目的是促进学生的全面发展，也就是说，教学过程的功能在于促进学生身心各方面的和谐发展。

目前关于教学过程的基本功能的研究较少，按划分基本功能的个数来总结，具体有几个观点。① 把基本功能分为三点。王杰航把教学总功能划分为三个层次，即基本功能、直接功能和间接功能，其中基本功能包括传授知识和认识能力两方面，即培养学生的智力技能和提高学生的智力水平。② 把基本功能划分为四点。李秉德认为要从传授知识、形成技能、培养智能和发展个性这四个方面考察教学过程的基本功能，四个方面是相互紧密联系、相互重叠渗透的统一的整体。③ 把基本功能划分为五点。哈斯巴根把教学过程的功能分为向外的功能和向内的功能，前者指教学促进社会发展的功能，后者指教学促进人发展的功能。后者是前者的基础，则将教学促进人发展的功能称为教学的基本功能。这一基本功能又可具体分解为知识传递功能、智力发展功能、情感培养功能、品德形成功能和个性发展功能。

综上所述，教学过程的基本功能为知识与技能传递功能，智力与能力发展功能，情感与品德教育功能，个性发展与审美培养功能等。

第三节　体育教学过程设计

一、体育教学过程概念

体育教学过程是体育教学活动的核心问题，是组织体育教学的理论依据。与教学过程的概念争论不休的情况相对比，体育教学过程的讨论似乎显得有些寂静单一，目前有关体育教学过程的概念主要有下列几种表述。详见表 6-3。

表 6-3　几种对体育教学过程概念的主要观点

类型	体育教学过程定义	提出者	来源
程序说	为实现体育教学目标而计划实施的，使学生掌握体育知识和运动技能并接受各种体育道德和行为教育的教学程序	毛振明	《体育教学论》高等教育出版社
认识发展说	在教师的指导下，学生积极、主动地以运动活动为主要内容，以掌握体育保健知识与技能、增强体质、增进健康、促进身心全面发展的一个认识和发展的过程	张志勇	《体育教学论》科学出版社
认识实践说	在充分发挥教师主导作用的基础上，学生积极、主动地以身体练习为主要内容，掌握体育保健基本知识与技能，为终身体育打好基础，全面发展能力、个性的一个认识和实践的过程	樊临虎	《体育教学论》人民体育出版社
统一说	学生在体育教师有目的、有计划、有组织的指导下，积极主动地掌握系统体育卫生保健知识、技术与技能，锻炼身体、增强体质，促进健康，发展个性体能，形成良好思想品德学习与实践活动统一的过程	李　祥	《学校体育学》高等教育出版社

二、体育教学过程设计

（一）各层次教学过程特点

体育教学过程的设计可分为学段教学过程、学年教学过程、学期教学过程、单元教学过程、学时教学过程，每个层次的教学过程都有其特点。

学段教学过程表现为某个学段的课程方案或学段教学计划，主要特点有以下两方面。① 发展的阶段性，即不同学段的教学过程要体现出不同学段学生身心发展的独特性和过渡性。② 相互衔接性。学段教学过程是超学段教学过程的进一步细化，合理分配于几个相互连续和相互衔接的学段中。学年教学过程的主要特点是系统性、周期性、启承性。学年教学过程具有承上启下性，是学段与学期的连接点。学年教学过程设计的方式有三种：学段与学年结合式、学年独立式、季节划分式。单元教学过程的主要特点是规模变化性、学理性。单元教学过程设计基本上是以各项运动技术来划分的。学时教学过程的主要特点是结构性、行为性、方法性。

学时教学过程案例研究，又称为教育故事，是当前国内外课程改革背景下在广大教师中较为流行的一种教育研究方法，是教师行为研究的方法之一。从写作的角度来看，教学案例是“以叙事的形式来描述富有深刻道理的教育教学事件”，它展示特定教学活动的发生、发展和效果，包含着具体的处置方式和特有的教学理念，反映了教师与学生的典型行为、思想和情感。从研究的角度来讲，教学案例是以课堂某一教学现象为研究样本，通过观察、反思等反复的分析和研究，以案例的形式来揭示其内在规律的科学研究方法。

（二）学段教学过程设计

综合文献资料，学段教学过程计划的设计有几种方式，比如内容优选式、模块划分式、目标引领式等。下面以内容优选式为例进行分析。内容优选式教学过程设计将内容排列为五大类教学内容，以教学内容为主线，把不同教学内容的时数合理分配到同一水平的不同学年中。详见表 6-4。

表 6-4　内容优选式水平四学段教学设计

教学内容	第一学年 72		第二学年 72		第三学年 72	
	第一学期 36	第二学期 36	第一学期 36	第二学期 36	第一学期 36	第二学期 36
精学	20（篮球）	20（篮球）	20（篮球）	20（篮球）	20（篮球）	20（篮球）
简学	16（羽毛球）	16（轮滑）	16（健美操）	16（游泳）	16（武术）	16（体育舞蹈）
身体锻炼	发展走跑能力及柔韧、灵敏素质练习等		发展跳跃、投掷能力及速度素质练习等		发展力量、耐力素质练习等	

（三）单元教学过程和课时教学过程设计

毛振明等人为了探讨在单元教学过程设计和课时教学过程设计时是否可以形成一个便于广大体育教师操作的程序和方法，以高中体育教学的单元课程跨栏为教学内容对教学过程进行了实验。根据以往的研究经验和研究成果，专家们首先确定出改善教学过程的各个变量因素。详见表 6-5。

表 6-5 实验变量一览表

过程性质	技术教授过程	学生认知思维过程		培养意志品质	同学交往过程
性质	常量	变量		变量	变量
内容	常规教学程序	探究式学习方法导入	学习笔记导入	气功和自我暗示心理方法导入	小组学习方法导入

根据以上变量的需要进行教学过程的设计，同时对 7 个教学班实施 8 个课时的单元教学实验。最后实验结果表明：① 大单元的教学是具有可行性的，提高教学质量，加深学生对体育内容的理解，培养学生的体育兴趣；② 导入探究式学习法基本上适用于高中学生，这种自主性更强的学习方式，能较好地发挥群体的创造性和特长，有利于提高学习效率，活跃学习气氛；③ 小组学习使得学生间人际关系更加密切，益于增强学生的集体观念、思维空间，促进学生对运动技术的分析；④ 气功的静站导入有利于加强高中生对传统养生、健身方法的认识，在教学中还起到了较好的稳定情绪的辅助作用；⑤ 体育笔记的导入有利于加强师生之间的交流，加深学生对体育课的认识和理解。

综合上面的研究可以看出，当前的教学随时随地都在发生变化，教育研究在研究方法上也越来越表现出多元化与实证化的趋势，较多地采用实证研究与定量研究的方法。目前，我国在教学过程的研究中也存在一些问题，如，研究在方法上大多是抽象的思辨和演绎式研究，存在着以思辨为主、研究方法单一、研究只停留在概念辨析上等问题，缺少实证调查与分析得出研究结论的过程。由于教学过程的研究是复杂多变的，所以我们在教学过程研究中要多种研究方法并存，将定量研究与定性研究结合起来，思辨演绎与实证归纳结合起来，相互渗透、相互整合。从多角度认识体育教学过程，才能总结出有价值、有意义的体育教学过程理论体系。

思考题

1. 体育教学过程概念？
2. 体育教学过程本质？
3. 体育教学过程的基本功能？
4. 如何进行中学体育学段教学过程设计？
5. 如何进行中学体育单元教学过程设计？
6. 如何进行中学体育课时教学过程设计？

第七章　体育课结构与模式设计

【教学目的和要求】

了解体育课结构、类型、模式的概念与分类；掌握体育课结构、类型、模式设计；理解中学体育课结构、类型、模式设计基本程序。

【教学重点和难点】

中学体育课结构、类型、模式设计基本程序。

【教学方法和手段】

讲解、提问、讨论、案例分析、教学实践。

【教学主要内容】

体育课结构的概念；体育课类型的概念；体育课模式的概念；体育课结构设计基本程序；体育课类型设计基本程序；体育课模式设计基本程序。

第一节　体育课结构与设计

一、体育课的结构与设计概述

（一）课程与课程结构研究

1. 课程概念

在西方语境下，与汉语“课程”相对应的是“curriculum”。据考证，“curriculum”一词首次出现在英国教育思想家斯宾塞于 1859 年发表的《什么知识最有价值》一文中，含义为教学内容的系统组织，被收录于《教育论》一书中。1880 年日本学者翻译该书时，将书中的“curriculum”翻译为“教育课程”。“curriculum”一词源于拉丁语“currere”，其动词形式意为“奔跑”，而名词形式意为“跑道”，即指提供给学生跑并对学生有益的教育性跑道，具有激励、引起和促进发展的作用。简单来说，“curriculum”

可以理解为“学习的进程”，或“学习者学习的路线”。

在我国，“课程”作为一个词语最早出现在什么年代已无法考证。学术界一般认为，早在我国唐代的文献中，“课程”一词已经出现，据考证是唐代孔颖达在《五经正义·毛诗正义》中为《诗经·小雅·巧容》的“奕奕寝庙，君子作之”句注疏：“维护课程，必君子监之，乃依法制也。”但是，这里的“课程”与今天的“课程”在含义上相差比较大。据已有的考证，与当今课程论中的“课程”术语意义相近的使用方式，在南宋的朱熹那里就有。朱熹在《朱子全书·论学》中有“宽着期限，紧着课程”“小立课程，大作工夫”等论述。这里的课程含有分担工作的程度，学习的范围、时限、进程，或是教学与研究的专门领域的意思。“课程”在词源上的演变在很大程度上显示出唐、宋以来科举制度的形成和学校体制的完善，促进了课程概念的发展，在随后的明、清直至近代，课程的使用范围越来越集中于学校教育这一特定的范畴。

2. 课程定义的多样性

到目前为止，对课程的定义非常混乱，已有的课程定义繁杂多样，不同的人往往根据自己的学术背景、理论框架、看问题的角度和分析方法，对课程做出不同的定义。

（1）国外关于课程的定义。据美国学者鲁尔统计，课程至少有 119 种定义。因此，美国学者斯考特指出“课程是一个用得最为普遍却是定义最差的教育术语”。联合国教科文组织《教育技术用语词汇》中指出“课程即指在某一特定学科或层次的学习的组织”。世界经合组织对课程下的定义为：“囊括儿童在校学习期间应具备的全部经验，并包含教育目的、课程、教学活动、师生关系、人力物力资源以及所有影响学校师生关系的调查。”《国际课程百科全书》是课程研究的一个重要的、较有代表性的文献，列举了九种有代表性的课程概念：① 课程是在学校建立起来的一系列潜在经验，目的是训练群体中的儿童和青年以群体方式思考和行动方式；② 课程是学校指导下的学习者的全部经验；③ 课程是为使学生取得毕业资格、获得证书或进入职业领域，由学校提供给学生的教育内容的总体计划和具体教材；④ 课程是一种方法的探究，其范围包括作为学科构成要素的教师、学生、科目和社会环境等；⑤ 课程是学校的生活和计划，是指导生活的一种事业，是形成一代又一代人生活的活动流；⑥ 课程是一种学习计划；⑦ 课程是在学校的帮助下，为了使学生在个人和社会能力上获得不断的、有意义的发展，通过知识和经验的系统组织而形成的有计划、有指导的学习经验和预期的学习结果；⑧ 课程至少必须包括五大领域学科的系统学习，即：母语、数学、科学、历史和外语；⑨ 课程是关于人类经验的日益广阔的思维模式，是被称为真理的结论借之作为背景而得以成立并发挥效用的模式。弗雷斯特·W·帕克等对课程的定义为：“课程是学习者在教育方案中获得的全部经验，教育方案的目的在于实现广义的目的和相关的特定目标，这些目的和目标是按照理论和研究的框架，或者是过去和现在的专业实践而设计的。”以上是一些较完整的课程定义。除此之外，一些学者还以简要界定的方式来解释“课程”。

（2）国内关于课程的定义。课程定义的多样性在我国也是存在的。具有代表性的文献《中国大百科全书·教育》关于课程的定义为：“课程是课业及进程，广义指所有学科（教学科目）的总和，或指学生在教师指导下各种活动的总和；狭义则是指一门学科。”而另一个有代表性的文献是顾明远的《教育大辞典》，它将课程定义为：“课程是为实现学校教育目标而选择的教育内容的称谓。”我国1979年版《辞海》对课程的解释有两种：① 课程是“功课的进程”；② 课程在广义上指为实现各级各类学校的培养目标而确定的教育内容的范围、结构和进程安排；在狭义上指教学计划中设置的一门学科。随着课程研究在我国的发展，我国学者编著的一些教科书和课程论专著中对课程也做了相应的定义。如我国学者施良方归纳并分析了6种典型的课程定义：① 课程即教学科目；② 课程即有计划的教学活动；③ 课程即预期的学习结果；④ 课程即学习经验；⑤ 课程即社会文化的再生产；⑥ 课程即社会改造。王策三在《教学论稿》中将课程定义为：“第一，课程是教学内容和进程的总和；第二，‘课程’和‘教学计划’‘教学大纲’‘教科书’几种称谓，可以并行不悖，互相补充，结合起来。具体说，可以用‘课程’一词来概括，同时要分别对它的总体规划、具体计划进行研究，并贯彻实行的意思。”吴也显的《教学论新编》从教育学、教学计划的角度将课程界定为“有组织的教育内容，是教与学相互作用的中介”。而李秉德《教学论》中认为“课程是有计划的系统的教学内容，是一系列教学科目的集合。具体讲，就是指‘教学计划’‘教学大纲’‘教科书’所规定和表述的那些教学内容”。吕达对课程概念的解释为：从内涵看，广义的课程是指学校为实现一定的教育目标而选择和组织的全部教育内容及其进程；狭义的课程是指某一门课程，也即教学科目，简称学科或科目。从层面看，广义的课程有3层含义：一是总体的课程计划，或者说课程设计、课程设置；二是分学科的课程标准，或者说教学大纲；三是课程内容，也就是各学科的教材。狭义的课程仅指第一项含义，或指第一、第二项含义。通过对上述国内外学者的“课程”概念的描述和分析不难发现，虽然“课程”的概念纷繁复杂、种类繁多，但是，依然可以将其区分为如下类别。

第一，科目说，即课程是学校中的教学科目。把课程作为学校的教学科目，由来已久。最早使用“课程”一词的斯宾塞也是从指导人类活动的各门学科的角度来看待课程的。如前所述《国际课程百科全书》列举的九种课程定义的第八种定义；《中国大百科全书·教育》中“广义指所有学科（教学科目）的总和，或指学生在教师指导下各种活动的总和。狭义则是指一门学科”；以及1980年版的《辞海》（教育、心理分册）“课程即教学的科目，可以指一个教学科目，也可以指学校的一个专业的全部教学科目，或指一组教学科目”，等等。这种课程定义是不全面、不完整的，它只看到构成课程的学科，而没有看到比学科更宏观和更微观的层次，也不能将现代的活动课程包含在内。

第二，计划说与预期结果说。首先，计划说认为课程是学习计划。如前面所说的《国际课程百科全书》列举的九种课程定义的第三种、第五种、第六种定义，以及我国学者廖哲勋的课程定义。这类课程定义从课程设计的视角解释课程，把课程看作通过设计而得出的东西。这类定义需要进一步说明作为课程的学习计划是属于宏观、中观、微观三个层次中的哪一个层次的计划，抑或是同时指三个层次。其次，认为课程是学习者的学习结果。美国早期的课程论专家博比特等人认为“课程是教育者试图达到的一组教学目标或希望学生达到的学习结果”。这种定义的优势在于强调学校教育是一个有计划的过程，需要周密安排和组合，这样设计的课程能够有效地达到既定的目标，且重视目标的引导作用，有利于课程的实施和推进。不足之处在于忽视了学习过程的复杂性、学生的经验与学习兴趣对学习结果的影响、教与学的内容，因此不能很好地说明课程的本质。

第三，经验或活动说，即课程是学习经验或学习活动。上述《国际课程百科全书》列举的九种课程定义的第一种、第二种就属于这一类型。安德森等人认为的课程是学生在学校或教室中与教师、环境、教材等人、事、物交互作用的所有经验，以及“学生通过学校教育环境获得旨在促进其身心全面发展的教育性经验”。把课程定义为学习经验，其积极的意义是试图让教育者去把握学习者实际学习到什么，课程是学习者体验到的意义，由此将学习者和学习内容联系起来，强调了人的经验在学校教育中的重要性。不足在于这种界定太宽泛，在实际教育教学情境中，要求教师把握每一个学生的学习经验和需求是很困难的，而且过于强调学习者的经验和体验，会忽视知识的系统传授。

第四，教育内容说，即课程是教育内容。如前所述顾明远关于课程的定义，即“为实现学校教育目标而选择的教育内容的称谓”。这种定义着重抓住课程中最显著、占分量最大的一个组成部分，认为教学是大概念，而课程是小概念，课程只是其中的教育或教学内容。

综上所述，可以看出，无论哪种类别的课程定义，都是从不同视角、不同程度上探索到课程的某些本质，却又存在着不足。每一种课程定义都有其特定的社会背景、历史时期、认识论基础和方法论依据，且每一个课程定义所指的课程处在不同层次上。《中国大百科全书·教育》中关于课程的定义和吕达对课程概念的解释更符合本教材中“课程”的含义：广义的课程是指为实现各级各类学校的培养目标而确定的教育内容的范围、结构和进程安排；狭义的课程指教学计划中设置的一门学科，如数学课程、物理课程、体育课程。

（二）体育课程界定

1. 体育课程是一门学科课程

把体育课程定位在学科层面主要是从学科角度出发来定义体育课程的，主要有：① 邹继豪等认为体育课程是指为实现学校的教育目标，配合德、智、体、美全面教育，并以发展学生体能、增进学生身心健康为主的特殊课程；② 顾渊彦等认为体育课程的学科性质可以界定为科学性、人文性兼备，以“技艺”“情意”为主要特征的一门以实践为主的综合学科；③ 范传芳认为体育课程是为实现教育目标而选择的体育教育内容的总和，既包括体育课堂教学的学科和术科内容，也包括有目、有计划、有组织的课外体育活动，以及班级间、锻炼组间、学生个体间的运动竞赛；④ 耿培新从课程分类、体育的科学属性、体育学科特性和学校教育等角度分析了体育课程的性质，指出体育课程是全面发展素质教育中必不可少的一门学科，体育课程是具有综合性的文化科学基础课程；⑤ 体育（与健康）课程标准指出体育与健康课程是一门以身体练习为主要手段、以增进中小学生健康为主要目的的必修课程，是学校课程体系的组成部分，是实现素质教育和培养德、智、体、美全面发展人才不可缺少的重要途径。它是对原有的体育课程进行深化改革，突出健康目标的一门课程。

2. 体育课程既是一门学科，也是全面发展教育的组成部分

把体育课程定位在全面发展教育一个方面的课程，是指学校的一切工作都要考虑学生的身心健康，是从体育在学校总体工作中的地位出发而言的，如吴志超等认为体育课程是以发展学生体能、增进学生身心健康为主的一种特殊的教育性课程，它与德育课程、智育课程、美育课程、劳动教育课程相配合，共同促进学生身心全面发展，是整个学校教育的一个方面的课程。

3. 将体育课程定义为“活动”

毛振明等在分析了国内关于体育课程的概念后提出，体育课程是在学校指导下，为了使学生能在身体、运动认知、运动技能、情感与社会方面和谐发展的，有计划、有组织的活动。

上述各种定义都不否认体育课程首先是作为一门学科而存在的。从对课程的基本理解来看，课程的最基本含义是指学校课业内容及其进程。“课”是指课业，即教育内容，或者课程方案；“程”是指程序、过程、进程。因此，从课程方案和实施过程的角度理解体育课程更加准确，在此意义上，将体育课程理解为学校根据一定社会的教育目的要求，结合学生身心发展特点和体育学科发展的需要，制定的课程方案及其实施过程。它包括了体育课程目标、课程内容、课程实施以及课程评价。

二、体育课程结构概述

（一）体育课结构演变

体育作为学校教育的内容已经有几千年的历史。古希腊的斯巴达教育、我国奴隶制时期的“六艺”教育、欧洲封建时期的“骑士七技”教育都是将体育作为主要的教育内容。然而，当时的教育目的意在培养如打猎、战斗等生存技能，和如今的学校体育、大众体育不能同日而语。到了 19 世纪，体育课的结构才有了比较固定的模式，被誉为“德意志学校体育之父”的施皮斯发扬运动教育的思想，并强调动作的规格化和系统化。20 世纪 60 年代，苏联提出了以人体生理机能活动能力变化规律为依据的体育课结构模式，经过一段时间的演变，将体育课的结构确定为三个部分，即：准备部分→基本部分→结束部分。我国学校体育课出现得比较晚，1889 年康有为在广州创办“万木草堂”，开设“体操科”。从 1903 年的《奏定学堂章程》开始，多以兵操的形式出现。20 世纪 50 年代，我国引进苏联的三部分的体育课结构。

（二）体育课结构界定

1. 结构概念

结构是指构成整体的各个部分及其结合方式。结构包括三层含义：① 系统内部各组成要素；② 要素间的联系方式和相互作用形式；③ 诸要素的比例关系及其发展变化的条件和规律。《现代汉语词典》将结构解释为“各个组成部分的搭配和排列”。因此，所谓结构，是指作为整体的一般特征所制约的各部分之间的相互关系。或者是指一个整体中各个部分的某种排列或组合。或者是事物或客体内部各要素、各成分合乎规律的组织形式。

2. 课程结构概念

所谓课程结构，是指“一节课的组成部分及各部分之间的联系、顺序和时间分配”。顾明远认为，课程结构有广义与狭义之分，广义的课程结构是指“学校课程中各组成部分的组织、排列、配合的形式”。廖哲勋指出“课程结构是课程内部各要素、各成分、各部分之间合乎规律的组织形式”。施良方指出“课程结构是指课程各部分的组织与配合，即探讨课程各组成部分如何有机地联系在一起的问题”。

3. 体育课结构概念

所谓体育课程的结构，一般指组成一堂课的几个部分，以及各个部分的具体安排与设计。也有人认为，体育课的结构是指从课的开始到结束对课的教学活动模式的整体设计，即课的内容安排的顺序、教法的运用及时间的分配。

（1）日本的体育课结构。日本的体育课结构最鲜明的特点就是没有严格的体育课结构的规定，没有统一的结构模式。日本的体育课结构主要分为导入部分、展开部分和结束部分。有的体育课直接按上课内容的顺序，一个接一个上，不分几个部分；有的体育课以调动学生的练习兴趣和情绪为主。总之，日本体育课的结构不拘于形式。虽然日本的体育课结构是简单的三段式，并且不拘于形式，但是课中强调教育是要培养具有丰富创造力、发达思维力、发展个性、良好表现力等能适应变化的国际化人才。在这种政策的指导下，日本的体育课上氛围十分活跃。体育课任务的完成以及目标的达成也较灵活，有按照练习顺序完成的，有依据学生的心理学规律和特点完成的，也有从心理和生理两方面综合构成的。总之，日本学校体育课的结构以三段式为主，目的主要是培养学生的自主创新精神、练习兴趣、良好的适应能力等，课堂气氛也比较活跃。

（2）美国的体育课结构。与日本的体育课结构类似，美国学校体育课结构的主要特点也是无严格的课的结构模式，注重学生主体性的发挥，体育教师主要是起到辅导的作用，在体育课上主张不要束缚学生的积极性，发展学生的个性，不断满足学生的运动参与欲望。体育课结构的主要特点在于：第一，重视课的实效，重视内容的安排，而不重视结构形式；第二，重视发展学生的运动能力，而不过分强调技术的传授。在美国，有一段时间是以杜威为代表，在教学中提倡“儿童中心”和追求体育课的时效性，强调体育课应该从儿童的身心特点出发，一切以学生为中心，对体育课的结构并不是很讲究，他们对体育课的衡量标准只有两个字——“汗”“笑”，重视学生的个性发展，重视学生的主体性作用的发挥。美国学校体育课结构较灵活，在教学中能体现以学生主体地位为中心和教师主导作用相结合，但是课的结构方面还是存在缺点的：第一，不太注重课上组织教学的严密性；第二，在教学中过分注重学生主体地位的显现，在没有具体结构形式的体育课上学生学不到系统的知识，相比之下是比较片面的。

（3）俄罗斯的体育课结构。俄罗斯的体育课结构和苏联的结构基本相同，也是分为三个部分，即准备部分、基本部分和结束部分。每个部分都有明确的任务、规定的内容、一定的教法和组织工作，负荷量的安排也是明确规定的。俄罗斯体育课的特点是课上比较讲究掌握技术的实效。但其缺点在于课上拘束性强，结构的安排不是很灵活，不利于学生能动性的发挥和个性的培养。

（4）通过了解我国学者对于体育课结构的一些观点，我们能够更加准确地针对新时期下体育课结构提出建议和手段，从而使课程结构不再单一乏味，能够与时俱进，与日新月异的课程内容和丰富多彩的教学手段相辅相成，更加合理化、科学化。综合我国学者的观点，可以发现体育课结构中最为重要的就是根据教学内容来合理地安排时间分配以及内容组织。体育教学作为一个教学过程，而不是一个训练过程。详见表7-1。

表 7-1 学者对体育课结构的界定

学者	对体育课结构的概述
雷斌	在一次体育课中根据教学大纲的内容以及人物进行教学的工作顺序，通常包括教材内容、教法、运动量的安排和时间的分配等
王学志	课的组成部分以及各部分进行的顺序和时间分配
李敦杰	组成一堂课的几部分，以及各个部分教材内容和组织工作的安排顺序和时间分配
其他学者	普遍认为体育课结构就是一节体育课由哪几个部分构成，各部分的内容安排顺序、组织教法、练习次数以及时间分配等

通过对搜集文献的整理分析，可以发现，尽管迄今为止我们对学校体育课结构的研究尚未取得突破性进展，许多观点带有探索性质，其理论基础还比较薄弱，但是总体上来说还是有较深远的意义，为一定阶段学校体育的发展和体育课结构的优化和完善提供了理论依据，主要体现在：第一，学者们总结出我国近年来所出现并采用的学校体育课结构类型以及分类标准，对我国学校体育课结构的合理采用有一定的帮助；第二，学者们针对体育课实践，指出了体育课结构中存在的不合理部分，为学校开展体育和教师上好体育课提供了一些理论参考依据；第三，学者们强调了学校体育在实践中一定要以学生发展为中心，强调体育课的结构安排一定要符合学生的身心发展状况，一切为了学生的全面发展而服务，这就正好迎合了课改中所强调的“以学生发展为中心”。学者们对体育课结构的研究成果不可否认，但是在对体育课结构的研究过程中，学者们的研究范围相对来说比较窄，注意力还仅是集中在体育课结构的分类和划分依据上。虽然在体育课实践中学者们也针对体育课结构中存在的问题提出了针对性的意见，但仅限于意见的提出，实效性不大，没有很好地把理论性的东西转变到实践上来。相信随着学校体育改革与发展的进一步深入，我国学校体育也必将向一个新的高度腾飞，学校体育结构将会进一步形成和完善。

三、中学体育课结构案例分析

对江西省中学体育课结构现状的分析结果表明：教师对体育课程结构的选择存在不少问题，主要是教学内容、要求与时间分配得过于死板，束缚了教师和学生的能动性，只强调了基本部分的教学作用，忽略了其他部分的教育、培养作用。如果基本部分的教材较多、任务过重，就很难完成教学任务。因此，又出现了一些新的观点和课程结构形式，归纳起来大致有三种。

第一种为三部分结构形式。在加强体育课程中身体素质训练的情况下，单纯地以三个大部分来划分，在三个部分内又各自划分为若干个小部分，显得比较粗糙。主要体现以发展身体素质为主的教学指导思想。

第二种结构是以学生身心活动变化规律为依据的阶段划分方法。比较常见的是六阶段教学结构，这六个阶段分别是：引起动机阶段、满足运动愿望阶段、适当降低强度并保持活跃情绪阶段、发展运动能力阶段、身心恢复与调整阶段、小结和布置作业阶段。这种划分阶段的方法随着教学的需要可增可减，它类似于按生理负荷预计运动量，如果出现"双峰"，那划分的阶段也就有所不同。它的最大特点就是不受各阶段时间分配的严格控制，具有较大的灵活性。

第三种是按学习内容与练习顺序安排的结构形式。它有些类似于程序教学方法，根据人体机能活动规律和动作技能形成规律来进行安排，由运动负荷和合理休息交替出现，侧重学生的心理活动与情绪的调节，充分调动学生活动的积极性。

另外，大部分教师还是停留在以三部分结构划分的课程结构上，不能满足中小学生的需求，达不到体育教育的目的。体育课程的各种结构模式是在现代学校体育课程长期实践中逐渐形成的，是千百万体育教师不断探索的结果。探讨体育课程结构的目的是更合理有效地发挥一节课程的作用，全面完成教学目标和任务。但是，以上各种课程的基本结构，都是根据人体生理机能活动变化的规律、卫生学的要求和学校教育活动的特点决定的。也就是说，传统的各种体育课程结构模式是在学科中心课程理论指导下制定，并主要为运动技能教学服务的，划分结构的主要依据是练习强度和学生的生理承受能力。学生的心理感受、情意表现等均未成为决定课程结构的因素。它可能有助于教师有效地为传授运动技能技术服务，但未必能完全适应素质教育的要求。因此，在课程改革实验中，教师们可以根据新体育课程的需要，对课程的结构进行大胆创新，灵活地运用已有的结构模式，而不必拘泥于某种一成不变的课程结构模式。

四、体育课程类型研究

（一）体育课程类型特征研究

近 20 年以来，随着我国教育体制改革力度的不断加大，教育理论界对国外课程理论更加重视，我国基础教育体育课程类型的研究也得到了不断的拓宽和深化。从收集的文献资料来看，当前我国基础教育体育课程类型方面的研究视野开阔、选题广泛，涉及众多的学科类型，不少研究具有较高的理论深度，对体育教学实践具有一定的指导价值。因此，在对国内课程研究资料的把握方面，主要关注的是 1949 年后出版的教育课程专著以及近 20 年以来教育和体育类核心期刊上的有关文献。

1. 体育课程类型选取依据

对体育课程类型选取依据研究较多，在整个体育课程类型的研究中占有较大的比例，其研究也较深入、细致，并已取得了较为丰硕的成果。这类研究主要是从社会的需求、体育学科教学本身的特点、不同学段学生身心发展的规律等方面展开的，其中代表性的成果有：顾渊彦在《体育课程的约束力与灵活性》中提出体育课程类型选取依据应以价值取向为重点，在个体行为的主体地位和课程类型的实施途径之间既有相互约束力又要体现出一定的灵活性；季浏在《体育教育展望》和《体育与健康课程与教学论》中提出体育课程类型的选取应以“健康第一”为基本理念，提出了一系列新的体育课程类型设计理念，如重视学生的主体地位，激发、保持学生的运动兴趣，关注学生的个体差异和不同需求，重视学生体育能力的培养等。虽然体育课程类型选取依据的研究覆盖面极广，涉及影响体育课程类型选取的三大因素（社会、学生、知识），然而，许多研究在总体上缺乏对体育课程类型选取依据的全方位关照，理论性和系统性有待加强。

2. 体育课程类型组织

随着学校体育课程改革的不断深入，特别是新的体育与健康课程的实行，对课程类型选择和组织的研究成了体育课程研究中一个十分活跃的研究领域。近几年大量的著作和论文里都涉及该领域，研究成果较为丰富。其中具有代表性的著作和论文有：体育（与健康）课程标准研制组编著的《体育（与健康）课程标准解读》、季浏的《体育与健康课程与教学》和《体育教育展望》、顾渊彦的《体育课程的约束力和灵活性》、毛振明的《论体育教材的选编》和《对建立有中国特色体育课程和体育教材体系的探讨》、屈东华的《体育教学类型改革应注重竞技化和娱乐化的统一》等。

3. 体育课程类型选择

许多研究认为，体育课程类型选取要突破以传统竞技体育为主线的类型体系，要以与时代发展相一致的健康体育新理念为主线来建构课程类型体系，要遵循时代性、科学性、地域性、统一性和多样性原则，使体育课程类型走向终身化、生活化、社会化、娱乐化和多样化。一些研究者也对课程类型选择的原则和标准进行了深入、细致的研究，如毛振明在《论体育教材的选编》中提出，课程类型选择的原则和标准两者间应有所区别，应加大对课程类型选择标准的研究。在确定体育课程类型的基本成分方面，研究者则有着不同的见解，如季浏在《体育教育展望》中提出，体育课程类型实践部分的基本成分应主要分为跑类、投掷类、体操类、球类；傅银鹰在《制约中学体育教学质量的课程因素和课程改革》中提出，在传统教学类型分类的基础上应再加上民族传统体育项目。一些研究者除关注实践类课程类型的选择问题外，也对非实践类课程类型的选取进行了探讨，提出了要注重健康常识方面的教育类型的补充，如吸烟有害健康，艾滋病的防治，远离毒品，疾病防治，青春期生理卫生、营养卫生、健康方式、心理障碍的产生与克服，现代快节奏生活中的养生健体之道等，许多研究者认为这些健康教育类型都是当代学校进行素质教育必不可少的教材。另外，在《体育与健康课程》中有关心理健康教材类型选择方面，一些研究者提出了心理教材类型选取要符合不同年龄的心理特点，心理健康类课程类型要突出"育心"目的，要有适应社会和自然能力的类型，如多开展一些野外生存锻炼的培养，使人在大自然中陶冶情操，通过自然疗法克服心理障碍，使学生的身心得到健康发展等观点。

4. 体育课程类型分类

由于体育课程类型具有不同于其他学科的特殊性，因此，关于体育课程类型的分类一直争论颇多、意见不一。中华人民共和国成立后，我国体育教材曾先后采用过以下几种主要的分类方法：20 世纪 90 年代以前，多数学校体育课程类型以运动项目为中心进行分类；90 年代以后，我国的体育教学大纲中出现了按运动项目与发展身体素质双重标准进行交叉分类的分类方法等。但正如王占春研究员在谈及中华人民共和国成立后我国体育教学大纲及教材类型分类时所说，"多年来，在编订大纲和教材时，都把如何优选体育课程类型，教材如何组合分类进行探讨和实验，但解决得并不十分理想，其中难点较大的是教材分类的问题"。近年来，我国学者就体育教学大纲及教材的各种类型分类方法展开了深入的研讨，对各种分类方法的利弊进行了分析，并对过去一些分类方法提出了尖锐的批评。一些研究者提出了新的观点和看法，主张在《体育与健康课程》中应按体育的功能来进行类型分类等。如，王占春的《新中国中小学体育教材建设五十年》和《构建九年义务教育体育与健康教材的思考》、毛振明的《体育教学类型的分类方法》和《对建立有中国特色体育课程和体育教材体系的探讨》等。尽管不同的研究者对于体育课程类型的分类意见存在较大分歧，但许多研究者都指出了体育课程类型分类的重要意义，并认为体育课程类型分类问题若不能得到很好的解决，就会使学校体育课程类型处于无为与无奈的"多难"境地。

随着《体育与健康课程标准》的颁布，以体育功能（教学目标）进行教材分类，按课程标准将学习类型分为五个不同学习领域的方法以其科学性而为人们所接受。但如何将这样一种体现了先进理念的分类方法贯彻到体育教育实践中，为广大体育教师所认识并熟练运用到课程类型的设计中去，仍然面临着许多的问题。因此，在某种程度上，体育教师在选择体育课程类型中能否对教材教学类型进行合理、科学的分类，是学校体育课程改革的关键，也是整个体育教育改革的瓶颈。

（二）体育课程类型组织研究

许多研究者对体育课程类型的重复与排列问题做了重点探讨，大多数研究者认为对体育教材的重复问题，必须进行具体分析。许多研究者赞同进行有意义的、必要的重复，反对低水平的、无意义的重复，并提出在进行课程类型重复排列时，应灵活地运用各种排列组织方式，以利于课程目标的实现。其中，毛振明、季浏等学者对体育课程类型组织过程中几种典型的排列方式进行了深入探讨，其研究成果颇具代表性。另外，一些研究者认为不同学段的课程类型组织应有所区别，如初中学段应按体育运动项目本身的逻辑性（如技能的难易水平和运动负荷），通过课程类别（如必修课和任选、限选的选修课）的形式来组织课程类型等；高中学段则应首先按学生的兴趣、爱好及技能特长，再按学科的逻辑性来组织课程类型；体育教材应当根据教学目标和教学时数加以精选，并区分不同教材在课程中的不同权重，区分重点教材、辅助性教材、介绍性教材、体验性教材等并依此加以灵活地组织等。

（三）体育课程类型改革研究

随着新的课程标准颁布实行，传统的体育教材类型也发生了根本的变化。广大的体育工作者在“健康第一”“终身体育”等新的理念下，对新时期体育课程类型的改革进行了广泛、深入的探讨。有关体育课程类型改革方面的研究成果十分丰硕，既有关于课程类型改革理念方面的，也有涉及课程类型改革实践具体运作方面的。如关于竞技运动教材化问题的研究，许多研究者认为，竞技运动教材化应成为《体育与健康课程》改革中的一个基本理念，同时，许多研究还就竞技运动教材化过程中所应遵循的基本原则和方法做了深入的探究，提出了一些具有实践指导意义的新方法。如杨贵仁的《我国学校体育工作的发展设想》、季浏的《体育教育展望》、顾渊彦的《体育课程的约束力与灵活性》、潘绍伟的《我国体育课程为什么要进行重大改革》、毛振明的《对建立有中国特色体育课程和体育教材体系的探讨》、耿培新的《对当前中小学体育课程建设中热点问题的探讨》、徐本力的《现代学校体育理论与实践中几个热点问题的研究现状与理性思考》、鲁长芬的《整合学校体育思想的一个思路——培养体育学科能力的取向》、周登嵩的《如何正确认识和对待竞技体育的问题》、王汝英的《关于体育与健康课程实施中校本教材的编选探析》等。

第二节　体育课教学模式与设计

一、教学及教学模式概念

顾明远指出，“教学是以课程内容为中介的师生双方教和学的共同活动”。李秉德指出，“教学在广义上讲就是指教的人指导学的人以一定文化为对象进行学习的活动，狭义上讲教学就是学校教学，是专指学校中教师引导学生一起进行的，以特定文化为对象的教与学相统一的活动”。《中国大百科全书·教育》指出“教学是教师的教和学生的学共同活动，学生在教师有目的、有计划的指导下，积极主动地掌握系统的文化科学知识和基础技能，发展能力，增强体质，并形成一定的思想品德的教育过程”。因此，教学是指教师的教和学生的学相结合、相统一的活动过程。

美国教育学者乔伊斯在《教学模式论》中认为“教学模式是构成课程和课业、选择教材、揭示教师活动的一种范型或计划”；我国顾明远主编的《教育大辞典》中认为“教学模式是反映特定教学理论逻辑轮廓的、为保持完成某种教学任务相对稳定的教学活动结构。具有直观性、假设性、近似性和完整性”；刘绍曾等人所著的《现代教学论与体育教学》认为“教学模式就是在一定的教学思想指导下，围绕着教学活动中的某一主题，形成相对稳定的、系统化和理论化的教学范型”；雷继红指出“教学模式是教学的一种范型，是在一定的教学思想或教学理论指导下，建立的与教学目标、教学内容、教学程序、教学方法相联系的综合的相对稳定的策略体系”；毛振明在《体育教学改革新视野》中指出“教学模式是体现某种教学思想的教学程序，它包括相对稳定的教学过程结构和相应的教学方法体系，主要体现在教学单元和教学课的设计和实施上”；陈伟霖在其研究中指出“教学模式就是在一定的教学思想指导下，为完成规定的教学目标和教学内容，对构成教学的诸要素所设计的相对稳定的组合方式及其活动程序，它涉及教学系统、教学过程、教学形式和教学方法”；《体育科学词典》中将体育教学模式定义为“按照一定的体育教学理论或教学指导思想设计，具有相应结构和功能的体育教学活动结构模型”，等等。

从以上研究中可以看出，教学模式是为实现某种特定教学目标而归纳出的教学活动的一整套方法论体系。它不是教学方法，它和讲解、示范等教学方法显然不是在同一个层次上的；它不是教学计划，计划只是外在表现，但是模式更加明显地包含着教学思想的特色；它也不单纯是理论，模式必须具有具体的内容和可操作的程序。因此，体育教学模式是指在某种体育教学思想和理论指导下建立起来的体育教学程序，它包括相对稳定的教学过程结构和相应的教学方法体系，主要体现在体育教学单元和教学课的设计和实施上。体育教学模式由三个基本要素组成：教学指导思想、教学过程结构、相应的教法体系。

二、国内外体育教学模式研究

（一）国外体育教学模式研究

目前，国际上主要流行着两类体育教学模式。一类是体育课程与健康课程相结合的教学模式，取名为健康教育与体育，作为一门独立的课程进行教学，多采用着眼于探究的教学模式，如“发现式体育教学模式”“探究训练教学模式”；着眼于整体优化的教学模式，如“教学过程最优化模式”“最优化教学模式”等。另一类是分设体育与健康课程，多采用着眼于非理性主义的教学模式，如“非指导体育教学模式”“暗示体育教学模式”“快乐体育教学模式”等。

1. 美国动作教育模式

动作教育也译为“运动教育”。它起源于英国，20 世纪 60 年代被美国引进之后，逐渐发展成为世界范围内颇具影响的体育教学流派之一。当前，动作教育被美国、英国等国家认为是传授运动技能的最佳方法。其比较公认的定义，即在与环境相互作用的时空里，促使个体利用自身的能量体系，在位置上做出改变。

动作教育模式的具体内容是：① 指导思想。发现或探索可发展学生的一切潜力。② 教学目标。其教学目标在于动作概念与动作技能的传授，而不是运动项目本身的学习。他们将运动项目分解为该项运动的基本技巧或基本动作。③ 操作程序。教师安排适合全班学生运动能力的适当运动（教师可对动作进行修改，以促进学生创造出更多的动作）。学生自己制定学习目标和练习方案，在教师引导下自由地去寻找和创造适合自己的运动类型的活动（可对教师提出的问题找出多种创造性的解决办法，或编出简单的游戏或动作），并对学习成效进行自我评定。④ 师生关系。该模式强调学生的地位，突出学生在教学过程中的主体作用。学生既是学习者又是决策者，学生通过自己探索、发现和相互交流等自主学习活动来完成教学任务。教师在这一过程中也进行引导、辅导和教育活动，但这些活动主要用以启发、鼓励学生学习。⑤ 教学条件。由于该模式教学强调学生自我探究和自我发现，需要学生利用自己的体育基础去发展自己的能力和素养，因此对学生的学习积极性、教师的启发、教学的方法手段、学生的体育基础和创造能力要求较高，否则便难以取得良好的教学效果。

2. 日本体育教学模式

日本体育教学界自倡导“终身体育”思想以来，“快乐体育”理论得到发展并受到重视（“集团学习”为其主要学习形态）。下面就其模式的具体内容做一介绍。① 指导思想。与“终身体育”思想密切联系。要求体育教学不能带有教师强制性，而应尊重学生的自发性、自主性、自律性和个体差异，使他们都获得体育的乐趣。② 教学目标。最重要的一点是充分发挥学生现有的能力去享受运动，加深他们对运动乐趣的理解和感触，提高学生自由享受乐趣的能力。这种能力的提高表现为对运动技术、战术的掌握和体力的增强。③ 操作程序。在快乐体育学习中，特别强调以学生为主体。要求教师“站在学生的立场上去把握运动的特性”，根据对运动特性的把握，去组织快乐体育的教材，去考虑教学方法，尽量满足学生的欲求，最终使学生自发、自主、快乐地学习。学生则根据教师提出的学习内容和自己的能力建立起与自己相适应的学习目标。通过练习、游戏或比赛，享受运动的乐趣，发展体育能力，而且在评价学习成效时，既重视小集团的评价，更重视自我评价，使自我评价与自订学习目标紧密联系起来。还需指出，快乐体育学习并不排斥教师的指导作用，但教师在体育教学过程中的主要任务是帮助学生认识自我、认识客观，从而更好地进行自主学习。④ 师生关系。学生在快乐体育教学中处于主体地位，他们通过自发、自主、愉快地学习来达到教学目标。教师则起指导作用，帮助学生认识自我、认识客观。就日本目前的状况来看，如何处理师生关系问题仍在争论之中。⑤ 教学条件。快乐体育教学既强调学生的自主学习，又重视教师的指导作用，因此它对学生的自觉性、积极性和体育基础，以及教师的教学水平提出了较高要求。

3．德国体育教学模式

德国《体育教学法》一书中运用控制论的原理提出了传授技能的教学模式。这里以教师主导型的体育教学模式进行分析。① 指导思想。该模式是控制论原理在体育教学中的应用，它以操作条件反射与强化理论为依据，通过信息的输通，及时反馈和控制，保持教学系统的动态平衡，达到教学过程的最优化。它还认为传授运动技能的教学是一个复杂的动态系统，其中包括教师、学生、教法、教具等要素，这些要素相互作用，推动体育教学过程有规律地进行，从而有效地实现教学目标。② 教学目标。以传授运动技能为主。③ 操作程序。该模式认为在技能教学中，要达到最佳教学效果，不能使信息的接受和加工放任自流，而要在教师的监督下进行。教师在教学中把学生的运动行为与自己的教学方案、专门知识和正确的运动概念进行对比，将其结果告知学生，并运用正确的示范和口头指示等方法进行纠正或强化，让这些信息经过学生的感觉器官达到中枢神经系统，形成有关动作的概念或知识。然后，教师再观察学生的反应，一方面要看学生动作做得如何，另一方面可以要求学生讲出自己关于动作的概念，以便进行有的放矢的影响，不断调控教学活动。④ 师生关系。教师起主导作用，是整个教学过程的领导者、组织者，教学内容的安排、教学方法手段的运用、教学过程的调控、学生练习效果的评价均由教师决定。可以说，教学任务完成的好坏在很大程度上取决于教师的指导。学生在教学活动中按照教师提出的内容和安排的程序进行练习，接受来自教师的反馈信息，对练习动作进行修正完善。⑤ 教学条件。由于该模式教学效果的好坏主要取决于教师，因此对教师技能水平、指导水平要求相对较高。同时，由于技能的掌握需要学生付出坚持不懈的努力，因而对学生学习自觉性和积极性也提出了较高要求。

（二）国内体育教学模式研究

改革开放以后，学术界对于体育教学改革进行了一系列研究与探索，这些研究与探讨以多种体育教学思想的涌现为先导，通过学术争鸣使体育教学基础理论得以逐步完善，也推动了体育教学实践的革新，但理论的探讨与体育教学实际之间尚有距离。于是，许多学者试图将理论引入实践，用理论指导实践，这时就出现了以体育教学方法为代表的教改实验。教学方法的改革，一方面丰富了理论，并形成了以实用性为特征的体育教学方法体系；另一方面，它大面积提高了教学质量。然而，在实践中发现，如果体育教学的改革只停留在教学方法上，那么改革只能停留在表层而不能深化。因此，从 20 世纪 80 年代中期开始，我国学者在现代教学论研究指导下，开始探讨包括体育教学指导思想、内容、方法、手段、组织形式等在内的教学整体改革——体育教学模式的改革尝试。

最早的体育教学模式研究，是引进国外有关教学模式的理论和实践的介绍性研究，缺乏对教学模式基础理论的阐述，并且对教学模式的介绍也是片段的和零散的，缺乏整体性和系统性。随着对教学模式的认识和研究的深入，有关体育教学模式的基础理论在 90 年代以后才相继出现。比较有代表性的成果有毛振明的《体育教学模式论》《关于体育教学模式的研究》，方建新等的《关于体育教学模式的研究》，李晋裕的《体育教学模式的实验研究》，赵立等的《体育教学模式与方法的理论与实践》《体育教学模式群的结构研究》，董金昆的《体育教学模式研究的理论与实践——体育教学过程、模式研究成果报告》，关槐秀的《即兴展现体育教学模式》，阎忠厚的《五种教学模式在体育教学中的理论与实践探索》等。这些研究探讨了体育教学模式的概念、本质、特点、分类、结构等基础理论，同时总结出一些具有体育学科特色的体育教学模式，如快乐体育教学模式、群体合作教学模式、发展体育能力教学模式、情景教学模式等，为体育教学模式的理论与实践探讨做出了较大贡献。

比较国内外出现的种种教学模式，可以看出，它们产生于不同的背景，适用于不同的情景，各具特色，互有长短，但它们都是现代教学理论与学科教学实践相结合的产物，因而又表现出一些共同的特征。如注重开发学生的智能，重视学生智力因素和非智力因素协调发展，既重视教师的主导又重视调动学生学习的积极性等，呈现出多元化趋势。因此，只有对体育教学模式进行整体优化，才能实现体育教学最佳效果，更好地指导体育教学实践。

综上所述，任何一种教学模式都应是一个不断变化、更新的系统，虽然某种模式一旦形成就具有稳定性，但这并不意味着其内部要素和非本质结构不发生变化。所以稳定是相对的、暂时的，而变化是绝对的，发展是必然的。随着体育教学改革的逐步深入，教学理论的发展和教学观念的更新，一定会对原有模式中各要素或结构进行调整、更新，不断注入新的内容，予以充实。现代体育教学模式有以下发展趋势。

一是突出体育教学的发展性。现代体育教学给予学生的不只是知识、技术、技能，更重要的是赋予学生接受体育教育的兴趣、动机和能力，懂得体育的价值，形成体育意识，使之朝着“快乐化、生活化、终身化”的方向发展，这是当代体育教学模式的时代特色。如发展体育能力教学模式、发展学生个性教学模式等，都将培养学生能力放到重要位置上，积极探索如何发展学生的智慧潜力，使之掌握科学思维方法，创造性地运用体育知识、技术、技能。

二是突出学生的主体地位。在体育教学模式的发展中，出现了由教师中心教学模式向师生合作、生生合作方向发展，强调学生主体地位的教学模式发展变化。如成功体育教学模式、群体合作教学模式等，其鲜明的特征就是有机地统一教与学的活动，注重调动学生参与教学过程的能动性、积极性。现代体育教学模式在教学方法的设计、选择、运用上，教学的组织、教学活动方式等方面，更加重视教法与学法的统一。教学过程中各类信息的传递方式由教师向学生单向行为，扩展为教师与学生之间、学生与学生之间、学生与周围环境之间的多向行为，而且努力实现学生的学习主体地位，注重研究学生的学习方法，注重学生自我学习能力的培养。

三是突出体育教学的情感性。现代教学模式的构建过程中，改变了传统的教学活动中片面强调智力因素的作用，忽视非智力因素对人发展功能的影响，把培养学生对体育学习的兴趣、激发学生学习动机、树立正确的学习态度、养成良好的体育锻炼习惯放到了教学活动重要的位置。教学方法的选择与运用、教学活动的组织与实施、教学效果的测验与评价，都应考虑学生的心理需要，注意发挥非智力因素的作用，力争使学生在愉快、积极、向上的情绪体验中掌握知识，培养和发展能力。如情境教学模式、快乐体育教学模式，使教学过程具有复杂、新奇、趣味等特征，学生在一种浓厚的兴趣、强烈的动机、顽强的意志状态下学习和掌握体育知识技能，更能激发求知的内驱力，保证以最佳的情感投入到体育教学中。

四是突出体育教学模式的多样性。体育教学改革的发展与体育教学实践的需要，促使新的教学思想层出不穷。借助多门学科的研究成果、技术和方法，构建了许多新的教学模式，出现多种体育教学模式并存的发展趋势。一些先进模式被引进体育教学，先后出现了“发现学习模式”“导学式教学模式”“俱乐部制教学模式”“合作教学模式”

“小集团竞争模式”等。任何一种教学模式都只能适合于特定的教学情境，每一种教学模式都有其自身的优点和不足。不同体育教学模式不是相互排斥的，而是相互取长、借鉴、补充，发挥着各自特有的功能，为体育教学实践提供了选择体育教学模式的广阔天地。

五是突出体育教学模式的可操作性。体育教学模式的研究要有可操作性，突出表现在模式的操作程序上，便于教师和学习者操作使用，提供具体指导，否则就会造成教学理论与实践脱节。现代体育教学模式的建立，反映了在一定的教学思想和教学理论指导下，构建比较稳定的教学活动结构。这种结构就是按照现代教学的整体目标，将各种教学方法和教学手段按照教学目标要求进行优化组合、综合运用，发挥教学方法和教学手段的整体功能。这也正是体育教学模式研究的趋势。

三、体育教学模式设计案例分析

（一）技能掌握式体育教学模式

1. 指导思想

技能掌握式体育教学模式主要是依据运动技能的形成规律而设计的，是以系统地传授运动技能为主要目的的体育教学过程。

2. 教学过程结构特征

教学的单元设计以某一运动技术教学为主线，以达到目标的难度来判断单元的规模，多采用中大型单元，单元教学内容的排列主要以技术的难度为顺序。教学课的设计以某个技能的学习和练习为主线，注重练习的次数和必要的运动负荷安排，主张精讲多练，注重对运动技能掌握效果的评价。

（二）快乐体育“目标学习”教学模式

1. 指导思想

快乐体育主要是依据体育活动中体验运动乐趣的规律而设计的，“目标学习”教学模式的主要特点是让学生很好地掌握运动技能和身体锻炼的同时，能够体验到运动和体育学习的乐趣，从而树立起“终身体育”的志向。

2. 教学过程结构特征

通过几个不同的教学环节，使学生分别体验到运动、学习、挑战、交流和创造的多种体育的固有乐趣。“目标学习”教学模式经常采用自主性学习法、探究学习法、比赛法、讨论法、小集团学习法等教学方法。

（三）小群体学习型体育教学模式

1. 指导思想

小群体教学模式是以提高体育教学质量，发挥学生的学习自主性、适应学生的个体差异，促进学生交往和社会性提高为目的，主要是依据体育学习集体发展和发挥教育作用的规律而设计的。

2. 教学过程结构特征

一般在单元开始时，教师根据学生的年龄、性别、素质、兴趣爱好特点等，将学生分成若干个学习小组，推选组长，形成团队精神，制定本组的学习目标；单元的前半部分，一般以教师指导性较强的班级学习形式和小组学习形式为主；单元后半部分，一般以自主性较强的小组学习形式为主（差异教学）；单元结束部分，一般有小组间的比赛、小组内总结、发表感想和全班总结等。

（四）发现式体育教学模式

1. 指导思想

这种教学主要遵循在体育教学中学生认知的规律来考虑教学过程。它是以发展学生创造性思维为目标，以提高学生解决问题的能力，让学生通过自己获取新知识和解决问题的体验，掌握学习和思考方法为主要目的的体育教学过程。

2. 教学过程结构特征

这种教学过程是将运动教材中有关知识和原理进行归纳和整理后，组成“问题串”和“探究课题串”，对每个问题和探究的课题都设有其验证、讨论和归纳的方法，然后将几个大的问题分别设计在各节课中。其教学过程一般有问题提出、验证性学习、集体讨论、归纳问题和得出结论等几个主要的学习阶段。

（五）运动教育模式

1. 运动教育模式概述

传统体育教育模式是以行为主义思想为指导思想，运动教育模式以游戏理论为基础，让学生通过各种游戏项目体验，建构学习策略，是以建构主义思想为指导思想；传统体育教学模式是以教师的教为中心，教师在整个教学过程中处于主导和控制地位，限制了学生的自主发挥，运动教育模式以学生的学习为中心，教师在整个教学过程中发挥着指导作用。运动教育模式比传统的体育教学模式具有更好的教学效果。传统体育教学模式的“教”未必能导致“学”，更不能保证一定能产生“会”。而在运动教育模式中，学生在具体的情境中通过游戏比赛的形式获得真实的体验，能够使学到的运动技战术得到强化，培养合作精神和体验社会各角色的扮演与职责，同时也体验到了学习的兴趣，有效促进了学习的高级认知能力的发展。

运动教育模式的理论基础最早来自西登托普 1968 年的博士论文——《学校体育中的课程理论》，由于当时运动教育模式的思想自身还不完善，故没有被重视与采用。从 1968—1982 年是运动教育的萌发期，这一阶段为运动教育奠定了思想基础。其历经了理论到实践，实现了从游戏理论到游戏教育，再由实践到理论，取得了一定的成果。1994 年从西登托普作为运动教育模式的创始人，出版了《运动教育——通过积极地运动体验提高教学的质量》，这本专著的出版，标志着运动教育模式进入成熟发展时期。通过归纳总结，国外的教学实践研究表明：完整的运动教育模式理论具有良好的教学效果。2005 年我国学校体育教育专家高航撰写的《当代运动教育模式的研究》，首次运用运动教育模式进行试验的文章，其研究对象为北京师范大学第二附属中学高中一年级 4 个足球选项班的男生，其中 2 个实验班（共 56 人）2 个对照班（共 51 人）采用室外课形式进行教学，授课时间共 10 次，研究表明，通过 10 课时的教学，运动技术相比传统教学并没有显著的提高，而运用战术意识、合作意识、运动积极性方面都有了一定程度的提高，由此说明，运动教育模式确实有其独特的优越性，对我国学校体育教学有引进借鉴的价值。

2. 运动教育模式教学程序

运动教育模式教学操作程序较强。西登托普把一个教学周期称作运动季，一个完整的运动季包括练习期、季前赛期、正式比赛期和季后赛期，赛期之间存在着逐渐上升的过程，每个时期都有特定的学习内容和学习任务。

3. 运动教育模式教学条件

在运动教育教学中，教师承担了教练这个角色，教师在负责学生的运动技能指导的同时，还要向学生教授运动文化及有关此项目的全面知识，帮助学生培养团队策略并提供反馈，任命学生领袖负责日常管理工作。教师在学生需要帮助的时候给予指导，由师生共同承担学习任务，改变了以往传统体育教学中教师的主导地位。在教学过程中，教师逐渐把主导权下放给学生，帮助学生充分发挥自主能力，提高学生对体育学习的积极性。

4. 运动教育模式教学评价

运动教育模式的教学评价是在整个教学过程中进行的。运动教育使学生能够在真实的情景中接受到完全真实的教育，运动教育模式对学生的评价非常重视心理素质水平的评价。心理素质水平包括：自尊心和自信心、意志品质和沉着果敢的精神、竞争和创新的意识能力、团结协作和开拓进取的精神、自我控制和自我心理调节的能力等。

思考题

1. 体育课结构的概念及发展趋势？
2. 体育课类型的概念及发展趋势？
3. 体育课模式的概念及发展趋势？
4. 体育课结构设计程序包括哪些方面？
5. 如何进行小群体学习型体育教学模式设计？
6. 举例说明如何进行中学运动教育模式设计？

第八章　体育教学计划设计

【教学目的和要求】

了解不同类别体育教学计划的概念与分类；掌握不同类别体育教学计划设计；理解中学体育课时教学计划设计基本程序。

【教学重点和难点】

不同类别体育教学计划设计；中学体育课时教学计划设计基本程序。

【教学方法和手段】

讲解、提问、讨论、案例分析、教学实践。

【教学主要内容】

水平体育教学计划设计；学期体育教学计划设计；单元体育教学计划设计；课时体育教学计划设计。

第一节　水平体育教学计划设计

一、水平体育教学计划概述

（一）水平体育教学计划概念

许多国家和地区的体育课程都是划分学习水平或学习阶段的。如日本的保健体育课程，将小学 1 ~ 2 年级、3 ~ 4 年级、5 ~ 6 年级和初中、高中各划分为一个学习阶段。澳大利亚维多利亚州的健康与体育课程，把幼儿园到高中划分为七个学习水平，其对象分别为：幼儿园、1 ~ 2 年级、3 ~ 4 年级、5 ~ 6 年级、7 ~ 8 年级、9 ~ 10 年级分别为水平一至水平六，并为已达到了水平六的学生设立水平七。我国台湾地区的健康与体育课程，将九年一贯制的学校分为三个阶段，1 ~ 3 年级为第一学习阶段，4 ~ 6 年级为第二学习阶段，7 ~ 9 年级为第三学习阶段。虽然不同的国家和地区在学习水平的划分方法上有所不同，但划分学习水平是体育课程发展的一个共同趋势。我国《体育与健康课程标准》课程的水平目标是根据学生身心发展的特征和学习内容的特点确定的，它把基础教育的小学、初中、高中 12 个年级划分为 6 个学习水平；水平一至水平四相当于义务教育阶段，在小学每两学年确定一个水平目标级别，初中学段确定一个水平目标级别；水平五相当于高中阶段，而水平六则是满足学习成绩优异的学生进一步发展的需要。各学段提出的相应水平是基本要求，如有需要，也可以将高一级的水平目标作为本学段的发展性目标。总之，学习水平的划分符合“以学生发展为本”的教育思想，这种划分方法突破了“以教材为中心”的体系，构建了符合学生身心发展特点的目标和内容框架体系，对落实“健康第一”的教学指导思想和促进学生主动地发展具有重要的意义。因此，水平体育教学计划是根据《体育与健康课程标准》，参考所选用的体育教科书，结合本校的实际情况，将选定的学段体育教学内容和教学时数合理地分配到各个年级中的体育教学指导方案。

（二）水平体育教学计划设计依据及方式

水平体育教学计划应符合整体性、连贯性、灵活性的要求。根据本校和学生的实际情况，对同一水平阶段的学习目标和内容进行统筹安排，把各个维度水平目标所呈现的内容标准加以具体化，并分配到每个学期中，以便从总体上把握学习内容和要求，全面实现课程目标。水平教学计划的制订应反映出在同一水平阶段两年（三年）教学工作的连贯性，在教学中，要经常通过获得信息反馈来调整自己的教学策略，而不是只考虑严格执行教学计划，不重视学生的变化。深刻把握课程标准的目标体系及内容标准，按水平目标和教学内容进行统筹安排，依据课程标准不同水平段各领域规定的活动内容选定具体的教学内容，并把这些教学内容合理地分配到两个学年中去。然后，再根据学年授课周数、每周授课时数，以及每年级的各项教材及其设定的课时比例，合理地分配到两个学期中去，并根据教材的性质、特点确定测试体能和动作技能的项目。分析研究各年级学生的基本情况，加强计划的针对性，从了解和研究学生入手，制订学年教学计划，有助于教师根据教材的性质、特点和难易程度，将本学段教材内容合理地分配到两个（三个）年级中去，对于提高教学计划的针对性、克服盲目性和提高教学质量都具有实际意义。义务教育阶段学年教学课时计算：一学期除节假日外，一般按 18 周计算；国家教学计划规定每周上 4 节或 3 节体育课，全年实际上课总时数为：18（周）×2（学期）×4 或 3（每周课时）=144（课时）或 108（课时），144×2（每课时按上两项教材计算）=288（课次）或 108×2（每课时按上两项教材计算）=216（课次），根据教材的难易程度和教学需要，确定各项教材的授课时数。

二、水平体育教学计划设计案例（表 8-1）

表 8-1　水平四体育教学计划

领域	第一学年（108 学时）		第二学年（108 学时）	
	第一学期（54）	第二学期（54）	第三学期（54）	第四学期（54）
运动参与	乐于参加体育活动；向他人展示自己的运动动作	示范所学的运动动作	主动观察和简单评价同伴的运动动作	初步探索体育游戏活动的练习方法
身体健康	在日常生活和学习中保持正确的身体姿势；发展灵敏性和速度体能	在运动项目学习中保持正确的身体姿势；发展跳跃能力和平衡能力	在运动项目学习中保持正确的身体姿势；发展灵敏性和速度体能	运用适当的体育活动改善身体姿势；发展速度和平衡能力；关注青春期健康
心理健康	在体育活动中努力展示自我；消除因身体形态问题可能产生的自卑感	了解不良情绪对体育活动的影响；在教师指导下敢于做未曾做过的动作	了解勇敢与蛮干的区别；通过体育活动消除烦恼	体验身体健康发生变化时情绪、意志的不同表现；对生长发育的变化采取坦然的态度
社会适应	在集体中能与他人合作；参加社区体育活动	与他人合作完成任务；尊重与关爱运动能力弱的同伴	尊重与关爱身心障碍者；参加社区体育活动	学会利用多种途径获取体育与健康知识和方法；写出参加社区体育活动的情况
运动技能	了解球类运动和体操运动动作；初步掌握足球基本技能和一套体操动作；了解安全的体育活动方法	了解田径和游泳运动动作；初步掌握快速跑、跳远和自由泳基本技能	了解球类运动和民族体育活动动作；初步掌握另一球类运动项目的基本技能和一套武术动作	了解舞蹈和新兴运动项目动作；初步掌握一套民间舞蹈动作和轮滑基本技能
	根据内容标准选择以足球、舞蹈为主的教学内容，辅之以多种游戏活动，组成三至四个教学单元，实现教学目标	根据内容标准选择以短跑、跳远、自由泳为主的教学内容，辅之以发展体能的多种游戏活动，组成三至四个教学单元，实现教学目标	根据内容标准选择以篮球、排球、少年拳套路为主的教学内容，辅之以发展体能的多种游戏活动，组成三至四个教学单元，实现教学目标	根据内容标准选择以民族体育舞蹈和旱冰轮滑为主的教学内容，辅之以球类和游戏活动，组成三个教学单元，实现学习目标

第二节　学期体育教学计划设计

一、学期体育教学计划设计概述

（一）学期体育教学计划设计概念

学期体育教学计划设计（又称教学进度），是把学年教学工作计划规定的每学期的各项教学内容、教学时数按课程标准的要求，合理地分配到每个课时中去。学期教学设计是教师编写课时计划的依据，学期教学设计安排的恰当与否将直接影响体育教学的质量，因此，我们必须科学合理地把教材内容分配到每节课中去。

（二）学期体育教学计划设计依据及方式

杜存锋指出学期体育教学计划设计时应注意以下几个问题：① 每次课上教材的安排要有利于学生身体的全面发展；② 每次课上教材的安排要考虑学生的学习负担和身体承受能力；③ 学期教材安排注意其系统性和连贯性，处理好教材的先后顺序；④ 各项教材的安排应考虑季节性；⑤ 正确地确定各项教材的排列方法，排列的方法有三种（集中排或连续排、分散排或间隔排、集中与分散结合排）。韦同启提出学期体育教学计划设计应注意以下事项：① 注意室内外有机结合，学练有机结合；② 注意季节变化，活动量较大的球类、游戏等项目尽量不安排在炎热的夏季；③ 留出适当的机动课时（一般留 2～4 节），以弥补特殊原因的停课；④ 审查要细致，一定不能发生冲突。另外，学期体育教学计划设计应该多考虑本地区和上级主管部门体育活动和比赛的安排，根据上级相关要求制定最佳的计划。一些地区的教育主管部门希望学校有自己的特设项目，尤其是少数民族地区，可以把一些民族特色的课程合理安排在教学设计中。学期体育教学计划设计在前述观点的指导下，可以考虑按以下步骤实施：① 提出学期教学任务与要求，并确定学期教学总时数；② 绘制草表；③ 编排教材；④ 审查、调整；⑤ 填写正式表格。

二、学期体育教学计划设计案例（表 8-2）

表 8-2　某初中一年级一学期体育教学设计

周 次	课 时	教材内容	备 注
一	1	体育、课堂常识教育，编排队列	
	2	站队、解散、集合、稍息、立正、踏步走、报数；韵律活动	
二	3	队列和体操队形；游戏：队列游戏	
	4	广播操 1、2；游戏：快快排队	
三	5	广播操 3、4；各种方式做正确姿势的走（模仿式）	
	6	广播操 5、6、7；游戏：单脚跳接力	
四	7	广播操 8、9；用自然站立式做各种突发信号的起跑	
	8	两臂放在不同部位的前脚掌走；各种不同方式的跑	
五	9	两臂放在不同部位的前脚掌走；游戏：接力跑	
	10	韵律活动；攀爬肋木、攀登架或体操凳	
六	11	新授：立定跳远（1）；游戏：足球	
	12	立定跳远（2）；游戏：击木柱	
七	13	单、双脚连续跳；韵律活动	
	14	立定跳远（3）；游戏：冲过战壕	
八	15	跑几步一脚蹬地起跳双脚落入沙坑；舞蹈	
	16	立定跳远（4）；舞蹈	
九	17	考核：立定跳远（5）；游戏：插红旗	
	18	考核：立定跳远（6）；游戏：投沙包	
十	19	用各种方式抛接轻物；舞蹈	
	20	持轻物投准；游戏：斗鸡	
十一	21	向前、后、左、右滚动；游戏：支援前线	
	22	在体操凳上前进、后退、转体、单脚站立；游戏：击木柱	
十二	23	爬越 60～80 cm 高的物体；游戏：过独木桥	
	24	跳短绳（1）；韵律活动	
十三	25	跳长绳；游戏：拍球比赛	
	26	跳长绳；游戏：拍球比赛	
十四	27	跳短绳（2）；游戏：青蛙过河	
	28	考核：跳短绳（3）；游戏：单脚跳接力	
十五	29	考核：跳短绳（4）；游戏：足球运球接力	
	30	300～500 m 跑走接力；游戏：跳绳	
十六	31	300～500 m 跑走接力；游戏：支援前线	
	32	体育、卫生保健常识	

第三节 单元体育教学计划设计

一、单元体育教学计划设计概述

（一）单元体育教学计划概念

单元体育教学是指把某个年级某项主要教材内容，按照学期体育教学计划中确定的课次顺序，安排出每次课的目标、重点、难点以及教与学手段的教学文件。通常我们把课时作为一个教学基本单位，但一个课时的容量太小，往往只能完成单个技术的教学，无法较为全面地实现学习目标。完成系列的一组动作单元或某项运动全套技术的教学往往需要几个课时。如果把一个课时看作教学的基本单位，那么只有单元教学才能称得上是完整的教学基本单位。所以，从根本上说，我们讲的目标结合就是把《体育与健康课程标准》中的目标和教学中的客观实际、学生的实际、教师的实际和教材的实际，以及学校的具体条件密切结合起来，能够整合成一个符合学校实际且可行的体育课程目标，而这个课程目标的基础点是落实在一个单元，而不是在一节课上。单元教学计划是学期教学计划的深化和具体化。单元教学计划是教师制订课时计划的直接依据。

单元体育教学注重教材的分析，它根据教材的知识体系来设计整个教学过程，具有系统性和连贯性，能够使学生深入系统地学习某项运动项目，既能充分发挥学生对学习教材的主动性和积极性，又能加强学生对学习内容的全面理解。从认识论的角度上看，它有利于学生形成比较系统、完整的理性思考，提高学生认识问题的层次，帮助建立学习的自信心；从教育学的理论上看，它有利于学生循序渐进，逐步深入学习，使知识具有较好的连续性。单元教学有利于培养学生对体育课的学习兴趣，提高自主学习的能力，加深对体育课学习的理解，同时对提高体育课的教学质量、进行素质教育有很好的促进作用。作为一个完整的教学基本单位，其过程的长与短取决于教学目标、教材难度、大纲要求、学生水平、场地条件等，但需满足两个基本条件：首先要求教学过程应当是基本连续的，不能跨学年或跨学期；其次，它的延续时间不要太长，不要延续一学年或一学期。

（二）单元体育教学计划设计依据及方式

单元体育教育计划设计是水平教学、学期教学计划设计的具体化，是体育教学计划设计的重要组成部分。正确合理的单元教学计划设计不仅是顺利完成教学任务、实现体育课程目标的重要保障，还是教师合理组织教学内容、编写课时计划的直接依据。它在保证体育教学工作顺利完成，确保体育教学工作的科学性、系统性、可行性的同时，更有利于教师客观地检查和总结教学工作中发现的问题并及时解决，探索和逐步掌握教学规律。

单元体育教学计划设计大体上涉及七个层面的表述，即该单元的教学时间、顺序安排、教学任务、重点与要求、课时的具体任务和要求、重难点及主要教学手段，主要包括以下几个步骤：① 根据水平教学及学期教学计划，详细分配一个教材教学完成所需的课时，把教学措施及其步骤按顺序排列出来；② 根据学期教学计划的总任务，结合学校实际情况分别确定各项教材任务，再按该教材的难易程度和教学时数，制定每次课的具体任务和具体要求；③ 确定教学重难点；④ 根据教材的重难点，有针对性地采取相应的教学手段和教法措施，使学生尽快地掌握动作和技术要领；⑤ 根据教学大纲确定测验和考核标准。

二、单元体育教学计划设计案例（表 8-3）

表 8-3　某中学初中二年级单元体育教学设计

<table>
<tr><td>项目</td><td colspan="2">短距离跑</td><td>课时</td><td>3</td></tr>
<tr><td>教学目标</td><td colspan="4">1.懂得短距离跑的技术原理，知道三种以上提高速度的练习方法
2.掌握短距离跑的途中跑、接力跑的动作技术，提高短距离跑的运动技术水平
3.发展学生的速度素质，增强体能
4.培养学生团结协作的意识和积极进取、勇于拼搏的精神</td></tr>
<tr><td>课次</td><td>教学内容</td><td>重难点</td><td colspan="2">教学方法</td></tr>
<tr><td>1</td><td>途中跑</td><td>1. 重点：协调、放松跑能力
2. 难点：正确动作技术运用</td><td colspan="2">1. 跑的专门性练习（小步跑、高抬腿跑、后蹬跑、车轮跑）
2. 分组做摆臂练习，一组做另一组纠正
3. 60～80 米中速跑，注意正确摆臂
4. 放松大步跑 40～60 米中速跑练习</td></tr>
<tr><td>2</td><td>途中跑</td><td>1. 重点：途中跑速度素质发展
2. 难点：协调、放松跑能力</td><td colspan="2">1. 在跑道上设置不同距离的标志物、标志线，进行提高步幅与步频的练习
2. 高抬腿跑 40 米接后蹬跑 60 米跑，改进前摆技术
3. 后蹬跑 30～50 米加速跑，改进后蹬技术
4. 用 80%的速度跑 60～100 米，重复练习</td></tr>
<tr><td>3</td><td>接力跑</td><td>1. 重点：相互理解、主动配合
2. 难点：传、接棒的配合</td><td colspan="2">1. 原地练习传、接棒技术
2. 两人一组做原地、走步、慢跑有信号的传接棒练习
3. 反复在 40～60 米中速跑中做有信号的传接棒练习
4. 在快速跑中进行有信号的传接棒练习</td></tr>
<tr><td>教学建议</td><td colspan="4">1. 在设计课堂教学时不要过多、过细地追求动作技术细节，而是要以技术动作的学习与改进为载体，提高短距离跑的能力
2. 课堂教学设计应以学生为主体，设置多种多样的练习方法、创设情境以提高学生兴趣，增强学生体能
3. 技术改进多从学生身体素质、意志品质、运动能力及技术的认识和理解的角度去分析
4. 对于学生的拼搏、创新精神和抗挫折的精神，教师应及时表扬与鼓励</td></tr>
</table>

第四节 课时体育教学计划设计

一、课时体育教学计划设计概述

（一）课时体育教学计划概念

课时体育教学计划是体育教师根据学期体育教学进度和单元教学计划并结合教学的实际情况，对一堂体育课设计的教学方案。它包括两部分：一是课的设计；二是教案。课时教学计划是教师上课的教案，是教师进行课堂教学的基本依据，也是教师课前准备的归宿。教案质量的高低，直接关系到课堂教学的成功与否，同时也是教师业务水平、教学技巧和工作态度的反映。所以认真编写教案对提高教学质量、提高教师的业务水平具有十分重要的意义。课时教学计划制订的主要目的是保证教学获得良好的效果。一份好的课时教学计划并不在于写了多少，而在于写了什么。此外，郑刚也指出，由于体育教学主要是在室外进行的，不仅教学过程复杂，而且还要受到季节、气候、场地、器材等客观环境的影响，这就对每一堂体育课的教学组织提出了较高的要求。任何一个环节的疏忽都有可能导致一堂体育课的失败，甚至发生伤害事故。因此，课前必须进行充分的准备，科学地组织教学，划分出课程的主要和次要任务，恰当地选择整个教学内容。

（二）课时体育教学计划设计依据及方式

陈旭提出课时教学计划的设计需要考虑的三个方面:① 运动负荷要合乎人体机能活动规律,使学生机体保持高水平阶段的时间延长、承担强大负担量的能力提高;② 根据动作技能的形成规律设计教学计划，提高学生掌握动作技能的效率，使学生在多种多样的变化条件下都能熟练、准确、有力地完成动作，不断地巩固动作；③ 根据不同的教学对象，安排适宜的教学内容和教学方法，运用科学的教学方法，变换练习的形式，以提高学生掌握体育技术动作的能力，使他们学有所长、学有所用。

根据体育课类型不同，体育课时计划分为体育理论课课时计划和实践课课时计划；按照实践课的类型将体育课的课时计划分为文字叙述式课时计划、表格式课时计划、卡片式课时计划；表格式课时计划又分为双栏式和多栏式。根据教学实施内容不同，体育课时计划又可以分为主题式课时教学计划、情景式课时教学计划和延续式课时教学计划。课时教学计划的设计包含以下几个要素。① 准备部分。准备部分的任务是迅速将学生组织起来，集中学生的注意力，明确教学的任务，使机体迅速进入工作状态，为完成本节课的任务做好身体上和心理上的充分准备；使学生掌握一些基本技能，培养正确的身体姿势。② 基本部分。基本部分的任务是通过师生教与学的过程，使学生掌握体育知识、技术、技能，发展学生的体质，培养良好的体育道德品质。③ 结束部分。结束部分的任务是使学生逐渐恢复到相对安静的状态，有组织地结束教学活动。

（三）课时体育教学计划（教案）设计步骤

1. 确定学习目标

制定教案首先要依据单元教学目标和单元教学设计来确定学时的学习目标。目标要针对本课教材所要解决的主要问题，要符合大多数学生的发展需要。所制定的体育课目标符合全面、明确、具体、可行等基本要求。

2. 根据单元教学计划的安排选定教学内容

如果本节课有两个以上教材，则应先确定其先后顺序，排列内容要符合运动负荷的基本要求。除特殊的教学目标和设计以外，一般要遵循先易后难、先简后繁、先负荷小后负荷大、先局部后全身等原则。然后根据各项内容的重点、难点再排列内容的练习顺序。

3. 选择教学方式和方法步骤

排列完教学内容以后，要根据各个教学内容的重点、难点考虑必要的教法，如提问、讨论、演示等教法和诱导性练习、辅助性练习等。

4. 选择合理有效的教学组织及措施

一般来说应考虑以下 10 个方面的问题。① 教法的选用和运用顺序。选用什么教法？什么教法在前？什么教法在后？② 教具的安排。需不需要教具？需要什么样的教具？是否需要购置和制作？如何进行演示？③ 分组和分组轮换的方法。按什么分组？分几组？需不需要交换场地？如何交换场地？④ 学生的调动。如何在最短的时间内完成学生队伍的调动？何种队形效果最佳？⑤ 如何有效利用场地与器材。有多少器材？用多少器材？如何使学生获得较多的练习次数？⑥ 学生自主练习的形式。给学生多少时间？什么时候给？教师如何进行指导？出现问题时如何集中？⑦ 交流与反馈。如何与学生进行情感交流？如何反馈学生的学习情况？如何进行过程中的评价？使用什么样的态度和语言？⑧ 集体性活动安排。要不要安排比赛和游戏？规则及要求如何？组织时会有什么问题？⑨ 安全措施。各个教学环节有哪些安全隐患？如何消除？万一出现危险时的措施。⑩ 学生干部。需不需要学生干部的辅助？是否应该进行课前的培训？

5. 对课中各种活动的时间进行恰当的安排和分配

① 先定出“课的各主要部分”的时间。② 定出“各项教学内容”的时间。③ 定出“练习的次数”并算出时间。

6. 设计课的生理负荷和练习密度

为了更好地实现体育课的教学目标，教师应以该班中等水平的学生为依据，根据教学内容、场地和器材条件、气候条件等，设计课的运动负荷，预测课中最高心率、全课的平均心率，还要根据教学人数及场地和器材情况设计课的练习密度。

7. 计划本课所需的场地、器材和用具

安排场地时要相对集中，以便于指导；要尽可能充分地利用学校现有的体育器材，以增加学生的练习量。设计后，应在 “场地器材”一栏内填上本课所需的场地、器材和用具的名称、数量、规格，以便课前进行准备。

8. 课后小结

课后小结虽然是每节课后教师要完成的工作，但也是教案的组成部分。课后将本次课教学目标的完成情况、主要优缺点及改进的方面等扼要地写在 “课后小结”的栏目中，以便为今后的备课和教学检查提供参考和依据。

二、课时计划教学设计案例（表 8-4）

表 8-4　水平四足球“抢截球”课时教学设计

教材分析	本节课教授内容选自人民教育出版社八年级全一册中第三章第一节“足球抢截球”。本节课所学习的内容为足球训练和实战中常用的技术，其动作简单且破坏性大，容易获得球的控制权，因此，学习本节课知识，有利于八年级学生在足球比赛中赢得机会
学情分析	本节课授课对象为八年级学生，该年纪的学生正处于青春叛逆期，情绪容易波动，自我意识形成，不善处理人际关系等。因此，本节课需要根据学生的特点来提高课堂活跃性，使学生有较高的兴趣学习。本节课之前学过“头顶球”和“运球”技术，学生对足球的球性有一定了解，并能较熟练地运球以及控制球，这为对本节课的学习奠定了一定基础
教学内容	1. 足球抢截球中的正面跨步抢球 2. 身体素质练习
教学目标	1. 认知目标：通过学习足球抢截球动作，了解足球抢截球技术概念和正面跨步抢球动作方法 2. 技能目标：通过学习足球抢截球技术，使 80%的学生初步掌握足球正面跨步抢球的动作 3. 情感目标：通过小组学习和比赛，培养学生的竞争意识，增强学生勇于拼搏的良好品质和相互合作、相互学习的团队合作意识

教学重难点	重点：足球正面跨步抢截球技术动作 难点：正面跨步抢截球的时机						
教学策略	老师：引导法、讲解法、示范法、纠错法 学生：自主练习法、合作探究法、动作展示法						
课的结构	教学内容	教师活动	学生活动	组织与要求	运动负荷 次数	时间	强度
开始部分	课堂常规 1. 集合整队 2. 体委报告人数 3. 师生问好 4. 安排见习生 5. 宣布授课内容	1. 清点人数 2. 检查学生服装 3. 宣布上课	1. 听从安排 2. 快、静、齐 3. 上课准备	组织 ×××××× ×××××× ×××××× ×××××× ▲ （×为学生，▲为老师）	1次	1分钟	小
准备部分	一、热身游戏 游戏规则：把班级分为两支球队，在5人制的足球场地进行比赛，进球多的一方获胜	1. 组织学生进行足球游戏，同时担任游戏的裁判	1. 听从老师组织安排，积极参与游戏，达到热身的目的	组织  5人制足球场地 要求：遵守游戏规则，对犯规者采取相应处罚措施	1次	5分钟	中
	二、足球裁判手势徒手操 1. 出界手势左右手×4拍 2. 得分手势左右手×4拍 3. 发球手势左右手×4拍 4. 结束手势左右手×4拍	2. 带领学生做裁判徒手操练习，口令清晰，动作到位	2. 跟随老师的口令认真做徒手操	组织 ×××××× ×××××× ×××××× ×××××× ▲ 要求：保持安静，集合做到快、静、齐	1次	2分钟	小
基本部分	一、复习足球头顶球和运球 每人一球，在规定的场地内间隔一定距离，单独练习头顶球和运球	组织学生复习足球头顶球，熟悉球性，指导学生进行足球运球练习	学生回顾头顶球技术动作要领，认真复习，能控制球并进行运球	组织 ×××××× ×××××× ×××××× ×××××× ▲ 要求：学生在自己规定范围内练习，不要到其他人的场地内，以免造成冲撞受伤	1次	2分钟	中

基本部分	二、导入 通过提问导入本节课所学知识点	教师用问题导入提问：同学们看过世界杯比赛吗？觉得梅西的抢球和搓球帅不帅？同学们想不想学会这一绝招？	学生认真听老师的提问并积极回答	组织 ×××××× ×××××× ×××××× ×××××× ▲ 要求：队列整齐，每位学生都能听到老师的提问	1次	1分钟	中
	三、学习 1. 尝试“足球侧面合理冲撞抢球”	1. 安排学生两个人一组，在足球场内尝试练习足球侧面合理冲撞球的练习	1. 学生两个人一组，在足球场内尝试练习足球侧面合理冲撞抢球	组织  足球场 要求：学生两人一组，在规定的场地内尝试练习	3次	2分钟	小
	2. 老师点评及讲解动作技术要领	2. 老师集合队伍，讲解、示范正确的足球侧面合理冲撞抢球动作，强调动作重难点	2. 学生认真听老师讲解，看老师示范，原地模仿	组织 ×××××× ×××××× ▲ ×××××× ×××××× 要求：队列整齐，老师进行点评讲解时队伍中不能有其他声音	1次	4分钟	小
	3. 两人一组练习	3. 组织学生练习侧面合理抢球动作，强调易错点，强调安全	3. 学生两人一组进行侧面合理冲撞抢球，注意安全，不要故意伤人	组织  足球场 要求：学生在规定的场地内进行练习，两人一组，相互配合，相互纠错	10次	6分钟	大
	4. 探究合作	4. 组织学生分组，8个人为一个小组，在足球场内找一块地方练习，每组选出一个组长，由组长负责，在练习时相互纠错相互指正，合作探究学习	4. 按照老师要求进行探究合作学习	组织 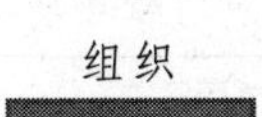 足球场 要求：每组都在自己规定的场地上练习，不能逾越	1次	4分钟	中

基本部分	5. 小组展示	5. 组织每个小组派出代表进行展示，表扬动作技术较为规范的学生	5. 向动作技术规范的学生学习，虚心请教别人，促进共同进步	组织 ×××××× ×××××× ▲ ×××××× ×××××× 小组展示队形 要求：注意、观察，保持安静	1次	3分钟	中
	6. 教学比赛	6. 分为4个小组，每个小组上场比拼，需要把本节课所学的技术动作与上节课的运球过人和头顶球充分结合在一起	6. 积极参赛，为了小组的荣誉而努力	组织  足球场 要求：在规定的足球场内比拼，遵守规则	1次	5分钟	大
	四、身体素质练习 立卧撑练习 10个/组×3组	讲解、示范立卧撑动作，并提出练习要求	按照老师要求积极练习	组织 ×××××× ×××××× ▲ ×××××× ××××××	30次	5分钟	中
结束部分	一、整理与放松 1. 放松操 2. 肌肉拉伸	1. 讲解、示范放松练习 2. 播放音乐	跟着老师的口令进行放松练习	组织 ×××××× ×××××× ×××××× ×××××× ▲ 要求：放松练习认真；教师总结时保持安静	1次	5分钟	小
	二、课堂总结 1. 老师点评、学生点评 2. 布置课后作业 3. 宣布下课	1. 给学生提出课后探究性问题 2. 对本节课进行总结	回顾本节课所学动作；课后思考探究性问题				
负荷预计	1. 练习密度：60%～70% 2. 平均心率：130～150次/分钟						
板书设计	足球——抢截球 抢截球 ├ 1. 正面跨步抢球 └ 2. 侧面合理冲撞抢球 　├ 1. 目的：获得球 　├ 2. 距离：控制范围2米以内 　├ 3. 部位：肩至肘关节冲撞对方相应的部位 　├ 4. 动作：上臂贴住身体，不得推入 　└ 5. 力量：合理使用力量						

思考题

1. 水平体育教学计划设计概念及步骤?
2. 学期体育教学计划设计概念及步骤?
3. 单元体育教学计划设计概念及步骤?
4. 课时体育教学计划设计概念及步骤?
5. 以“行进间单手低手投篮”为例进行课时体育教学计划设计?

第九章 体育教学评价设计

【教学目的和要求】

了解体育教学评价的概念与功能；掌握体育教学评价的内容与方法；理解中学体育教学评价实施过程。

【教学重点和难点】

体育教学评价的内容与方法；中学体育教学评价实施过程。

【教学方法和手段】

讨论、案例分析、教学实践。

【教学主要内容】

体育教学评价概念；体育教学评价理念；体育教学评价构成要素；体育教学评价内容；中学体育教学评价实施过程。

第一节 体育教学评价概述

一、体育教学评价概念

体育教学评价是依据体育教学目标和体育教学的原则，对体育“教”与“学”的过程及其结果所进行的价值判断和量评工作。正确的教学评价取向首先要基于正确的教育价值取向，看教学过程能否促进学生个体的一般发展，进而通过个体的发展促进社会的进步，综合地体现人的发展和社会发展的要求。其次，教学过程是一种特殊的认识过程。学生在教学过程中，不仅要掌握知识、技能，而且要发展智力、培养能力，养成良好的个性心理品质。正确的价值取向是指教学要通过学生主体特殊的认识活动促进其一般发展，最终使学生学会发展，获得自身发展的动力和能力。

（1）体育教学评价是依据“体育教学目标”和“体育教学的原则”来进行的。体育教学目标是对体育教学“是否获得了预先设定的成果”，是否完成任务的评判依据；而体育教学原则是对教学“是否合理”，是否合乎体育教学基本要求的评判依据。

（2）体育教学评价的对象是体育“教”“学”的过程和结果。体育教学评价的重点是对作为受教育者学生的“学习”和教师的“教授”行为进行评价；包括学生的学习水平和品德行为、教师的教学水平和师德行为等。

（3）体育教学的工作内容是“价值判断和量评工作”。“价值判断”是质性的评价，主要是评价教学方向的正误、教学方法的恰当与否等；“量评工作”是量性的评价，主要是评价可以量化的学习效果，如身体素质的增长和技能掌握的程度等。

综上所述，体育教学评价贯穿教学目标确定、内容选择和组织实施中的各个环节。目的是及时修正体育教学目标、解决体育教学中出现的问题以及实施体育教学资源的合理配置与组合，以求达到最佳教学效果和完成教学目标。

二、体育教学评价理念

体育教学评价的理念包括内容的全面性和可选择性，评价方法的选择上要关注学生的个体差异，实现评价主体多元化以及关注学生的进步与发展。

（一）内容的全面性和可选择性

应全面评价学生的体育学习，做到“长其善救其失”。在确定体育教学评价时，既要注意其内容的全面性，也应该给学生一定的选择权。在某些评价内容上，学生可以选择自己所擅长的项目参与评价，使其有更多机会获得成功的体验。

（二）方法选择上关注学生个体差异

学生在体育学习中体能、技能、兴趣等方面都存在明显的个性差异，在对学生进行体育教学评价时，应该注意学生的个体差异，注意保护学生体育学习的积极性。

（三）实现评价主体多元化

在进行体育教学评价时，一方面强调教师对学生的外部评价，另一方面也要强调学生的自我评价、学生之间的相互评价，从而实现评价主体的多元化。

（四）关注学生的进步与发展

通过科学合理地评价学生体育学习成绩，使评价成为促进学生更好地进行体育与健康课程学习和积极参与体育活动的有效手段。评价要关注学生进步的幅度和努力的程度，促进学生身心发展，有利于学生健康成长。

三、体育教学评价结构与内容

（一）体育教学评价构成要素

国内众多学者认为构成体育教学评价结构的基本要素是“为什么评”“谁来评”“评什么”“怎么评”这四个基本问题。

1. 体育教学评价目的——为什么要进行体育教学评价

进行体育教学评价有以下四个主要目的：第一，判断学生的体育学习潜力，选拔学生（选拔目的）；第二，判断学生的体育学习情况，评定成绩（甄别目的）；第三，发现学生的体育学习问题，帮助进步（发展目的）；第四，反馈学生的体育学习进步，激励学生（激励目的）。

（1）体育教学评价的选拔目的：判断学生的体育学习潜力，为选拔学生的评价，这是根据选拔的要求和标准，为选拔进行的体育评价。在这种评价目的下，评选是选优的，并不面对全体学生，评价的目的有时也不是指向教学目标，因此，这在体育教学评价中不是主要的评价。如，为选择好的学生参加体育竞赛、为评选体育优秀学生等。

（2）体育教学评价的甄别目的：判断学生的体育学习状况，为评定成绩的评价，这是根据学籍管理的要求和标准，为甄别学生学习状态所做的评定学生成绩的评价。在这种评价的目的下，评价面对全体学生，评价指向体育学习的效果和学习的态度，也部分地指向学生的体育基础。这种评价目的在体育教学评价中占有重要的地位，在过去一段时间里它曾是体育教学评价的主要目的，甚至是唯一目的。如，为学期末成绩评定进行的体育考核、为学生体育标准成绩评定进行的达标测验等。

（3）体育教学评价的发展目的：发现学生的体育学习问题，为帮助进步的评价，这是根据教学的要求和需要，为发现和反馈学习中的问题进行的评价。它是为使学生认清其运动技能进步的困难和症结，帮助学生学习进步所进行的探究式评价和解惑式评价等。这种评价目的是教学性的，评价面对全体学生的学习与发展，评价指向学生的学习困难和前进方向。这种评价目的在体育教学评价中占有重要的地位，在过去一段时间里它并没有得到充分的重视，是今后体育教学评价中应该特别注意研究和加强的方面。

（4）体育教学评价的激励目的：反馈学生的体育学习进步，为激励学生的评价，这也是根据教学的要求和需要，为使学生发现自己的进步和进一步发展的潜力而进行的评价，是为帮助学生获得学习的成就感和自信。这种评价面对全体学生的积极性与自信心，评价指向学生的学习进步和努力方向。这种评价在体育教学评价中占有非常重要的地位，但在过去一段时间它也没有得到充分的重视。因此，它也是今后体育教学评价中应该特别注意研究和加强的方面。

2. 体育教学评价者——谁来进行体育教学评价

体育教学的双方是学生和任课教师。因此，学生和任课教师就是体育教学评价的主体。除此之外，学校的校长和教务主任、体育主任、班主任等也可以作为评价的主体。随着教育的开放化，教育与家庭教育和社会教育的结合，家长和社会代表也逐渐参加了体育教学的评价。但是，由于校长和教务主任、体育主任、班主任、家长和社会代表等毕竟不是体育教学过程的全程参与者，他们的评价与任课教师和学生对体育教学的评价相比，在客观性、准确性方面都有很大差距。教师是履行教育、教学职责的专业人员，是教学活动的组织者，是教学活动的直接责任者，教师要把握教学活动的方向，要对教学质量负责，因此，体育教学的评价基本上都是由教师来承担的。教育评价的客体主要是学生和学生的学习，由于学生是教学活动的参与者，对教学活动有着亲身的体验，所以学生对教师教学的评价是有一定的发言权的。学生对学习也可以进行评价，一是自我评价，二是相互评价。但这两种评价只作为教师评价学生学习的参考，而不能代替教师对学生的评价，因为学生的自我评价和互相评价的客观性难以得到保证。

3. 体育教学评价内容——评价什么

体育教学评价的目的是提高教学质量，因此，体育教学评价的内容就是“教师的教”和“学生的学”。而其中又可分为“教师对学生学习的结果评价”“教师对学生学习的过程评价”“学生对自己学习的自我评价”“学生对同伴学习的相互评价”“教师对教授的自我评价”“教师对同伴教授的相互评价”“学生对教师教授的评价”“学生对教师教授的随时反馈性评价”等八个主要评价内容。因此，体育教学评价的核心对象是学生，体育教学活动的目的和发展对象也是学生。教学的主要任务是学生获得体育技能与知识，教师在教学中要把学生的学习变化状态及时、准确地反馈给他们，为他们改善自己的学习状态提供有价值的信息。因此，教师在执行教学计划前，要弄清学生的实际水平及存在的主要问题，以加强教学计划的针对性；在教学过程中要及时了解学生的动态变化，不断地调整教学设计；当完成阶段性教学任务之后又要通过考试、测验等评价手段，总结学生在学习中取得的成绩和存在的不足。

4. 体育教学评价方法——怎样评

（1）定量评价与定性评价相结合。由单一的百分制扩展到“100+X”分评价、等级评价、评语和特长定量与定性相结合评价。评价中量化部分使用“指标+权重”方式进行；不能量化的部分，采用描述性评价、实作评价、档案评价、课堂激励评价等多种方式，以动态的评价替代静态的一次性评价，增强评价的科学性，改变过去单一的定量评价。

（2）终结性评价与过程性评价相结合。在过程评价的基础上，再展开终结性评价，不仅能贴紧教学的总目标，而且可以有效地调节教学各阶段，使教学过程进一步趋向合理。中小学教学评价不能仅关注结果，更要注重学生的成长过程（如行为观察、情景测验、成长记录等）。有机地把终结性评价与过程性评价相结合起来，使学生成长的过程成为评价的组成部分。因此，体育教学评价方法必须多元化，即诊断性评价、过程性评价和终结性评价结合应用，这样才能准确而公正地评价体育教学效果，既保证评价结果的信度和效度，又能调动学生学习和教师教学的积极性。

（3）绝对性与相对性评价相结合。绝对性评价是以前常用的一种评价方法，是用目标参照性测试，是依据教学目标或课程标准来对学生成绩做出评定，即以预先制定的目标为评价基准，将评价对象与之比较，确定评价对象是否达到目标基准绝对位置的评价。相对性评价是用常模参照性测试对学生学习成绩做出评定，即在评价对象群体中建立基准，然后把群体中的各个评价对象逐一与基准加以比较，以判断每一个评价对象的相对优势。应鼓励教师采用绝对性评价与相对性评价相结合的评价方法，让学生依据个人的进步得到评价，而不是通过相互比较或以统一的标准来衡量。

（4）结合个体内差异评价。这是以评价对象自身状况为基准，对评价对象做出价值判断的评价方法。这种方法主要是学生与自身状况的比较，优点是充分照顾了学生的个体差异，缺点是不能按照一定的客观标准做出评价，也没有评价对象间的相互衡量，容易导致信度降低，学生自我满足，因此必须与绝对评价、相对评价结合使用。

（二）体育教学评价内容图

张学忠在《体育教学论》中根据“评价什么”和“谁来评价”这两个体育教学评价的主要要素为横轴和纵轴作一个象限，得出“体育教学评价内容图”。详见图 9-1。

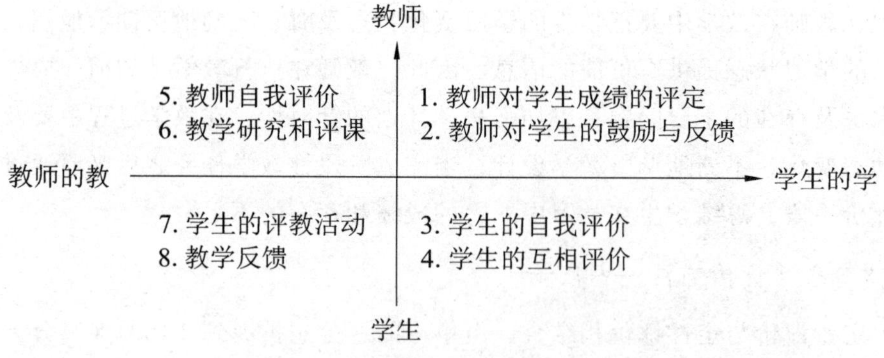

图 9-1 体育教学评价的内容图

如图 9-1 所示，教学评价主要由四大类（含八小类）组成，如果加上其他非主要性评价（如家长对学生的评价）等，应有九类教学评价，这些评价都与体育与健康课程的教学评价有关系。

教师对学习过程的评价是体育教学评价中最传统的评价方式。由于评价的主体是有经验的教师，而评价的对象又是反映教学效果的教学过程和其中的学生，因此这个评价一直受到人们的重视。这种评价又包括了“教师在学习过程中对学生的激励评价”和“教师在学习过程结束时作为学习结果对学生的体育成绩评定”两种评价形式。

学生对学习过程的评价是新的教育理念和《体育与健康课程标准》非常提倡和重视的评价，这种评价也包括教学过程和教学效果两个方面，主要形式有学生的自我评价和学生间的相互评价两种。这两种评价有利于培养学生的自我反省和客观评价的态度，具有特殊的教育力量。它还有助于学生民主素养的形成，有助于培养学生正确地行使自己民主权利的能力，同时还可以使学生在评价实践中不断提高观察事物和分析问题的能力。但是，毛振明认为这种评价应从学生年龄阶段的实际出发，学生年龄过小时不宜使用这种评价，我们既要强调和重视学生的评价，又不要完全依靠学生的评价。

学生对教学过程的评价是现代教育理念中非常提倡和重视的评价方式，这种评价也包括教学过程和教学效果两个方面。评价形式又包括有“学生在学习过程中对教学的随时反馈”和“有学生参加的评教活动”两类，前者往往是非正式的评价活动，而后者往往是正式的评价活动。

教师对教学过程的评价是为不断提高教学质量，评价的形式也包括两类。一类是“教师对自己教学情况的自我评价”，一类是“教师之间的相互评教活动”，前者和后者都有正式和非正式的形式，在人员方面有个人的、体育组内的、校内督导的和校际的形式，在时间上有平时的和集中性的形式等。

其他评价即非教师和学生对体育教学的评价，如家长对学生体育学习的评价、国外的 PTA（家长教师联合会）对体育教学的评价等属于这种评价。由于这种评价的主体既不是体育专业人员，又没有参与体育教学过程，所以只能是一种辅助性和参考性的评价。

第二节 体育教学方案评价与内容设计

一、体育教学方案评价

体育教学方案评价从“重要性排序”“评价方式”“优点”“缺点”“当前的重要性”“使用频率”等几个方面进行以下归纳。详见表 9-1。

表 9-1 对几种体育教学方案评价的分析

重要性的排序	评价方式	优点	缺点	当前的重要性	使用频率
1	教师对学生的结果	评价的主体是有经验的老师，而评价的对象又是反映教学效果的结果，因此，评价的准确度较高	评价缺乏即时性，不够生动，发现的问题不能及时纠正	依然重要、依然要重视的主要评价方式	学段、学年、学期、单元
2	教师对学生的过程	评价的主体是有经验的老师，而评价的对象又是生动的教学过程，评价及时而生动	由于评价的对象是动态的过程，评价有时缺乏准确性	很重要、要更加重视的主要评价方式	每时每刻
3	学生自我的评价	评价来自学生对学习的“自省”，对于激发学生动机和培养学生的学习能力具有重要的作用	评价会因学生的自我保护意识和优点夸大意识而产生偏差	很重要、要更加重视的、比较主要的评价方式	每时每刻
4	学生之间相互评价	评价来自面对同样学习目标和学习阶段的“同行者”，评价有很强的针对性和生动性，也有很强的刺激性	评价会因学生的经验不足、缺乏专业知识和对同学缺乏负责精神等产生偏差	很重要、要更加重视的、比较主要的评价方式	教师组织时间为主
5	教师对教师的评价	评价的主体和客体都是有经验的教师，因而评价具有学术性和高质量性，对教学质量改善很有作用	这种评价不可能成为日常的评价，也不能成为对每个学生的即时评价	要重视的、辅助性的评价方式	每学期 1～2 次
6	教师自我评价	评价来自教师对教学的“自省”，对于不断改善教学、提高教师的教学能力帮助较大	评价会因教师的自我保护意识而产生偏差，而评价也不直接面向学生	要重视的、辅助性的评价方式	每时每刻
7	学生对教学的随时反馈	这种评价既是教学民主的体现，也有助于增进教学双方的互动和提高教学质量，并“以学生发展为本”	在实际的教学中实施起来往往比较困难，过于强调时会影响教学效率	不能忽视的、辅助性的评价方式	教师组织时间为主
8	学生的评价活动	是教学民主的体现，能促进教师注意倾听学生意见和了解学生的要求和愿望，促进教学的改善	这种评价不可能经常进行，学生的意见也有许多不准确的内容	要关注的、辅助性的评价方式	每学年 1～2 次
9	其他评价方式	这种评价有利于学校教育与社会教育、家庭教育的融合，有利于各方面人士了解和监督教育	社会人士不具有教育专业知识，不了解教学过程，因此，评价很难准确	尽可能实施的、辅助性的评价方式	每学段 1～2 次

二、体育教学设计方案实施过程和结果评价

（一）教师对设计方案实施过程和结果评价

1. 教师对学生学习效果的“总结性”评价

李定仁认为总结性评价一般是在学期、学年或某项教学活动结束时，为判断其效果而进行的评价。从这个意义上说，总结性评价不仅是对学生学习效果的分析，更重要的是教师对自己阶段性教学质量的总结和比较的过程。这种评价主要是以体育成绩评定的方式进行。表 9-2 和表 9-3 分别是采用“100 分制”“5 分制”来评定学生的体育成绩的范例。

表 9-2　对学生体育成绩的评定内容与方法（100 分制）

方面	分值	评分内容	评分方法
体育态度	10	出勤率、态度评定	出勤统计+主观评价
体育知识	20	体育运动项目知识、体育锻炼知识	知识考试+主观评定
运动素质	40	速度、耐力、柔韧、力量等运动素质	素质测验+主观评定
运动技能	30	有关运动技能的评价	技评考试+主观评定

表 9-3　对学生体育成绩的评定内容与方法（5 分制）

方面	分值	评分内容	评分方法
运动技能	3	特长、技能、体育锻炼知识	参考技能考核与知识考试主观评价
运动参与	0.5	积极态度、爱好	参考行为观察和态度问卷主观评定
身体健康	0.5	病假率、体适能	参考出勤和健康标准测试主观评定
心理社会	1	开朗性格、集体融入度	参考行为观察和态度问卷主观评定

表 9-2、表 9-3 中的评分内容有的是可以通过“标准测验”来进行评定的，有的则是可以通过“非标准测验”来进行评定的，这要根据评分内容的性质和需要而定。

（1）标准测验。标准测验属于客观性考试，它是根据考试的理论，运用统计手段，按照科学程序设计实施，有统一标准的考试。标准测验是由专家对测验的诸种条件进行研究而制作的标准，即称常模。只要把测验后的结果同这一标准对比分析，便可判断被试者的程度。这种测验不仅评价目标明确，而且评分标准也明确并具有代表性，我们可以利用标准测验了解每个学生和每所学校的成绩在地区或全国的地位。标准测验从试题内容的选择、测试的实施到评分、记分、分数的合成及解释等每一个环节都有质量要求和标准化要求，因此，标准测验的水平具有代表性、科学性和可靠性。

（2）非标准测验。非标准测验也可以称为非正式测验，是教师自制的或自行掌握标准的测验。这种测验只能在本班或本校就学生的知识和能力进行测定和比较。因此，非标准测验属于相对评价，评价的内容包括难以标准化的、便于教师灵活掌握的、适合于定性评价的指标，如运动技能的评分、心理健康的评价、社会适应的评价、学生进步程度评定等。

当前，第一线的体育教师们总结了许多这样的评价方法。非标准测验可以分为等级与分数评价两大类。下面就体育课学习表现的评价标准、体育基础知识的评价标准、身体素质和运动能力的评价标准、运动技能和技巧的评价标准以及有关问题进行归纳。

（1）体育课学习表现的评价标准。用记分的方法评价学生的学习表现是很困难的，尤其在学生人数多的情况下困难更大。针对这一实际情况，可采取百分制和等级制相结合的方法。具体做法是：先评出等级，如优秀、良好、及格、不及格，然后再换算成分数，如优秀为 90 分以上，良好为 75 ~ 89 分，及格为 60 ~ 74 分，不及格为 60 分以下。为了便于操作，还可把分数划成几个档次，如 95 分、90 分、85 分、80 分、75 分、70 分、65 分、60 分、55 分，将之称为确定等级分数，但不宜分得过细，否则就不易操作了。

（2）体育基础知识的评价标准。对体育项目知识和身体锻炼知识进行评价时，宜采取书面测验的方式，试题可依据教学大纲的要求自行编制。评分标准可以根据试题数量的难度来确定，但测验时间一般应控制在 20 ~ 45 分钟，评分方法宜采取百分制。为了不过分增加学生的负担，命题应力求清楚、准确，答案应做到简明、扼要并有利于评分。

（3）身体素质和运动能力的评价标准。身体素质和运动能力的评价虽然是体育教学评价的重点，但必须考虑区域差异。一般来说，南方学生的身体素质在速度、灵巧方面较好；而北方学生的力量、耐力较强。因此，评价学生身体素质和运动能力时，要考虑到针对性，根据学生身体发育需要，参考《学生体质健康标准》等有针对性地制定评分标准。

（4）运动技能和技巧的评价标准。运动技能和技巧的评价可采用百分制或百分制与等级制相结合的方法。采用百分制时，可先确定四个分数段，即 90 ~ 100 分、75 ~ 89 分、60 ~ 74 分、60 分以下。为了便于操作，也可采用百分制和等级制相结合的方法，先评出四个等级，即优秀、良好、及格、不及格，再根据等级归入相应的分数段，并根据情况适当调整分数，以评出差别。

（5）对学生进行体育水平的综合结果评价时一般都采用百分制。这就需要将各项评价目标的得分按照评分比例进行折算，然后相加求和。身体素质和运动能力、体育技能可根据有关的换算表确定相应的分数。

2. 教师对学生学习效果的“过程性”评价

过程性评价也称形成性评价，是指在体育教学活动过程中，为了及时了解情况，明确活动运行中存在的问题，及时修改或调整活动计划，以期获得更加理想的教学效果所进行的即时性评价。因此，过程性评价具有直接、具体、及时和针对性强的特点。过程性评价所涉及的内容多、方法和手段灵活多样。详见表 9-4。

表 9-4 教师对学生学习“过程性”评价的内容、方法及手段

类别	学习过程中的激励评价
评价内容	学生学习目标、参与程度、拼搏精神和学习效果等
评价方法	表扬、批评、抑制、激励等
评价手段	口头指示、手势、眼神、问卷、技能小测验、简短评语等

过程性评价主要依赖观察的方法。观察不是评价方法，但是获取评价依据的方法。观察的方法有正规的观察和非正规的观察。正规的观察是依据观察用表进行的规范和数字化观察，这种观察比较细致可信，但做起来比较费时费工，有时一个人不能完成，不可经常用；非正规的观察是不用观察用表随时进行的定性观察，这种观察不如正规的观察结果细致可信，但做起来比较方便，是可以经常用的观察方法。另外，过程性评价也可以采用小测验、小考试、小测试等方法，这对运动素质和知识水平的评价是十分重要的，因为运动素质和知识水平有时不能准确地观测到。

3. 教师对教学的自我评价

教师自我评价是教师通过反思来分析问题与不足，并及时进行总结。姚蕾在《体育隐藏课程的基础理论与实践》一文中做了简要评述，称这是一种自我认识、自我教育和自我提高的具有内省机制的评价。教师既要在每堂课后，在教学日志或教案上，以做简要评述的方式进行日常性的自我评价，也要在每学期进行若干次的阶段性自我评价，更必须在每学期、每学年进行一次正规的自我教学评价和总结，并根据评价和总结对自己提出新的要求。详见表 9-5。

表 9-5 教师自我评价的内容、方法及手段

类别	教师的自我评价
评价内容	教学目标、教学的组织和课的结构、教学内容的质与量、师生间的交流和关系、教学技巧和授课能力；教学目标的实现程度以及教学思想、教材化、个性化的教学模式；教学方法的恰当性、教学效果等
评价方法	自省、自评、自我总结
评价手段	目标的回顾、阅览学生的学习卡片、对比学生前后的变化、听取学生意见等

4. 教师间的教学相互评价

教师间的教学相互评价的目的是提高教学质量，它是在教师同行之间进行的业务性评价，也称同行参与评价。这种评价方式对我国教学评价理论的研究产生了深远的影响，至今仍在我国教学评价中得到广泛的运用。详见表 9-6。

表 9-6 教师之间相互评价的内容、方法及手段

类别	教师相互评价
评价内容	同行的教学思想、教材化工作、教学设计、教学风格、教学方法的恰当性等
评价方法	互评、互议、学习同行优点、指出同行不足等
评价手段	日常教学观摩、教学评议、教学课评优活动、说课活动、教学总结等

表 9-7 课堂教学评价等级量表的范例

<table>
<tr><th rowspan="2">一级指标</th><th rowspan="2" colspan="4">二级指标</th><th colspan="4">评价等级</th></tr>
<tr><th>A</th><th>B</th><th>C</th><th>D</th></tr>
<tr><td>教学内容</td><td colspan="4">1. 教学目标的明确度　2. 讲授内容的科学性
3. 重点和难点的处理　4. 课堂练习的难易程度</td><td>20</td><td>16</td><td>12</td><td>8</td></tr>
<tr><td>教学艺术</td><td colspan="4">5. 善于启发思考　6. 照顾个性差异
7. 学习方法的指导　8. 教学语言与板书</td><td>20</td><td>16</td><td>12</td><td>8</td></tr>
<tr><td>课堂结构</td><td colspan="4">9. 教学环节的设计　10. 复习提问与新课的安排
11. 讲授与练习的比例　12. 课堂教学效率</td><td>20</td><td>16</td><td>12</td><td>8</td></tr>
<tr><td>课堂管理</td><td colspan="4">13. 按时上下课　14. 严格要求学生
15. 课堂纪律状况　16. 正确评价学生</td><td>20</td><td>16</td><td>12</td><td>8</td></tr>
<tr><td>教学效果</td><td colspan="4">17. 课时计划的完成情况
18. 学生当堂对知识、技能的掌握程度
19. 学生练习的质量　20. 学生负荷是否合理</td><td>20</td><td>16</td><td>12</td><td>8</td></tr>
<tr><td>评价者签名</td><td></td><td>等级</td><td></td><td>总分</td><td colspan="4"></td></tr>
</table>

张春新指出，同行评价是教师之间的评价，在评价的业务水平上不会有太大的问题，但由于是同行，可能会碍于情面或由于个人偏见而影响着评价的客观性。因此，在进行教师间的教学相互评价时应注意：① 采用定性和定量相结合的方法，从教学的具体环节入手，用公认的等级和分数进行评价，以求客观准确；② 更多地看成是业务性和探讨性的评价，不要过多地将评价与功利性因素联系起来；③ 将教师的“自评”与同行评价很好地结合起来；④ 形成民主、和善和虚心学习的氛围，评价与师德教育相结合；⑤ 采用“公开课”或“评议课”的形式进行，以便有的放矢；⑥ 主持领导要熟悉业务并了解体育教学改革形势，使评价有正确方向。详见表 9-7。

（二）学生对设计方案实施过程和结果评价

1. 学生对学习的“自我评价”

学生对学习的“自我评价”可以唤起学生对自己体育学习态度和表现的“自省”，帮助学生提高自我认识和自我教育的意识与能力。学生的“自我评价”可以以学校制定的评价目标为标准，通过自我评价来判断个人达到目标的程度；也可以让学生自己确定评价标准，通过学生的自我评定来判断自己的优势和进步。前一种方式适合在期末或学年末的评价时使用，后一种方式适合用于日常性的“自我评价”。详见表 9-8。

表 9-8　学生对学习“自我评价”的内容、方法及手段

类别	学生的自我评价
评价内容	学习目标、参与程度、拼搏精神和学习效果等
评价方法	自省、自评、自我反馈、自我暗示等
评价手段	目标的回顾、学习卡片、成绩前后对比、行为的检点等

张宏成指出，学生的“自我评价”难免会出现偏差，因为学生出于自尊的原因，会有过高估计自己的心理倾向性；另外，如果“自我评价”和体育成绩、评优、升学、奖学金等挂钩，那么就势必影响“自我评价”的客观性和可靠性。因此，进行学生的“自我评价”要注意：① 要把学生的“自我评价”作为一种学习性的、形成性的评价，不宜将其作为正式的评价，更不宜作为最终学习成绩的评定；② 要把学生的“自我评价”与功利性相分离；③ 进行某些与学生自尊有关内容的“自我评价”时，主要以师生间交流为主，以保护学生的自尊和自信；④ 要开发“学习卡片”，发挥在书面上进行“自我评价”的方式与方法。

2. 学生对学习的“相互评价”

邵国平在《体育课堂教学质量评价体系探析》一文中介绍到：学生对学习的“相互评价”可以起到“同伴的镜子”和“同行者的激励”的特殊作用，帮助学生提高观察和评价他人的能力，可以有助于学生之间的交往与交流并增强学生的团队意识。由于学生自尊的原因和学习经验不足的原因，“相互评价”具有不准确性，言语也会有许多不适当之处，这些都会影响“相互评价”的意义和效果，因此，在进行学生的“相互评价”时要注意：① 要把学生的“相互评价”作为一种教育性的、集体养成性的评价，不宜将其作为正式的评价，更不宜作为最终学习成绩的评定；② 要通过有关教育，端正学生对他人进行正确评价的态度，提高评价能力；③ 可主要围绕技能学习的互相帮助和问题学习的讨论进行相互评价，不要过多地让学生对他人的人格进行评价；④ 要在小组有了团队意识后，再进行小组内的相互评价。详见表 9-9。

表 9-9 学生相互评价的内容、方法及手段

类别	学生相互评价
评价内容	同伴的学习目标、参与程度、拼搏精神和学习效果等
评价方法	互评、互议、学习同伴优点、指出同伴不足等
评价手段	观察、记录卡片、课中讨论

3. 学生对教师教学的评价

学生对教师教学的评价也是现代教育理念中提倡和重视的评价方式。在教学过程中，学生是体育学习的主体，是教学的直接对象。教师的敬业精神、业务水平、教学行为及效果直接为学生所感受，学生在一定程度上了解教学的优点及存在的问题，因此，学生对教师教学的评价也是有意义的。这种评价包括：学生对教师教学过程的评价，即“学生在学习过程中对教学的随时反馈”；学生对教师教学结果的评价，即“学生参加的评教活动”。前者多是非正式的评价活动，而后者多是正式组织的评价活动。

（1）学生在学习过程中对教学的随时反馈。学生对教学的随时反馈对教师及时改进教学很有意义，而且也是发扬教学民主的重要手段。教师应在教学中经常听取学生的意见，并鼓励学生及时把各种感受和意见提出来。这种评价是随时的，实施起来并不难，但需要教师有这种民主的态度和灵活掌控体育教学的能力。详见表 9-10。

表 9-10 学生对教学过程的评价

类别	学生对教学过程的评价
评价内容	教师所选教学内容、教学过程的设计、教法、教态等
评价方法	评课、反馈、建议、要求等
评价手段	学习卡片上的对话、填写意见表、课中随时的提问和反馈等

（2）学生参加的评教活动。现在有的学校采用“学生参加评教活动”来评价和促进教学的做法，对此也有不同的意见。反对的意见认为这种评价不科学，影响教师严格要求学生，甚至导致教师讨好和迁就学生。同意的意见认为这种评价具有教育性，也有助于教学的民主性。但无论如何，这是一种我们可以利用，也值得研究的评价方式。

三、体育教学设计方案评价趋势

（一）体育教学评价功能多元化趋势

1. 价值导向功能

现在教学评价体系中一般都是采用评价—提高—再评价—再提高的方式，使学生在教学目标的框架下螺旋式获得成功。评价通过测验反映出教与学的情况，这是评判教学效果与教学目标完成程度，并做出相应价值判断以求改进的一种工作过程。教学评价对一定的培养目标具有价值导向作用。

2. 诊断功能

教学评价通过教学测评结果的分析，以此了解教学各方面存在的不足以及缺陷，反映教学设计中出现的问题，提供依据以及解决或改善的方法，以便为教学的决策或改进指明方向。

3. 信息反馈功能

对教学无论哪一方面的评价，都必然能提供相应的信息，这些信息能反馈给被评价对象，可以作为调整与改善的依据。

4. 心理功能

客观、公正的教学评价可以激发教师和学生的教与学的动机水平，肯定的评价能够使教师与学生具有成就感。教学评价还可以对学生人格的形成产生影响，教学评价过程能培养学生坚定的意志品质，有助于学生形成健全的人格。

5. 考察功能

教学评价能对教师的教学水平以及教学效果、优点、缺点和问题进行考察与鉴定，对学生的学习能力、学业情况和发展水平具有判断和鉴别作用。此外，它还可以为管理者提供有关决策的依据。

（二）体育教学评价标准多元化趋势

随着社会的发展，人们对于个性的发展也越来越重视。一元化的评判标准已不能满足大多数学生的需求，因此教学评价的标准必须向多元化发展。多元化的评判标准不仅能提高评价结果的可信度，而且还能很好地发挥评价的激励功能。

（三）体育教学评价内容多元化趋势

首先，把学生的情意、能力作为重要的评价内容。其次，教学目标被纳入教学评价中。现代教育学把教学目标作为一个重要角度，根据学生的知识、技能发展程度，制定一系列动态目标，以此来调控不断变化的教学过程。再次，评价者也进入评价内容。评价者的知识水平、研究方向以及价值观等，直接影响评价结果的准确性。最后，教学活动参与者的基本情况也作为评价内容被纳入评价体系。对于教学活动参与者的评价，有利于对教学活动的进程做一个整体的、发展性评价。

（四）体育教学评价方法多元化趋势

当前体育教学评价方法趋势是定性与定量相结合。量化评价方法有其客观的一面，但其局限性也很突出，因为有些因素是不能量化的；定性评价方法在很大程度上能弥补这一不足，从而给学生更大的弹性空间，但是这种评价方法对评价者要求相当高，并且存在主观性强的局限，其效度也受到一定影响。因此人们趋向于将定性评价作为量化评价的指导，同时又把量化的结果作为定性的结论基础，这样两者相互结合，取长补短，能够更好地发挥其各自的优势。

综上所述，随着教学评价研究的深入，建立多样的评价内容、方法、标准、功能，基于学生发展与教师水平的不断提高，多元化评价渐渐取代单一的评价体系，成为当今体育教学评价的主流趋势。

思考题

1. 体育教学评价概念。
2. 体育教学评价理念包括哪些？
3. 体育教学评价内容有哪些？
4. 体育教学评价构成要素是什么？
5. 如何理解中学体育教学评价实施过程？

附 录

水平四体操技巧“肩肘倒立”课时计划教学设计

教材分析	本节课教授内容选自人民教育出版社七年级全一册中第七章第一节技巧“肩肘倒立”。本节课所学习的内容为静力性技巧训练和表演中常用的技术，其动作简单且身体的控制性强，容易提高身体的平衡性，因此，学习本节课知识，有利于七年级学生在体操表演中完成各种复杂、协调的动作，提高观赏性
学情分析	本节课授课对象为七年级学生，学生刚刚离开小学的环境步入初中，身体素质还有待提高，身体发育正处于青春期的高峰时期，感情丰富而强烈，表现为情绪波动性大、不稳定、不成熟、自我意识形成、不善处理人际关系等。因此，本节课需要根据学生的特点来提高课堂活跃性，使学生有较高的兴趣学习。本节课为第一次授课，之前上过“体操——鱼跃前滚翻”的训练，使学生对体操的技巧有了一定的了解，并能体会身体位置的变化及各部位肌肉用力的感觉，逐步找到了控制身体的方法，为对本节课的学习奠定了一定的基础
教学内容	1. 肩肘倒立 2. 身体素质练习
教学目标	1. 认知目标：通过学习肩肘倒立动作，了解肩肘倒立技术概念和肩肘倒立的动作方法 2. 技能目标：通过学习肩肘倒立动作技术，使 80％的学生初步掌握肩肘倒立的动作 3. 情感目标：通过小组学习和比赛，培养学生的竞争意识，增强学生勇于拼搏的良好品质和相互合作、相互学习的团队合作意识
教学重难点	重点：肩肘倒立动作 难点：肩肘倒立时身体重心控制在支撑面内，保持身体的平衡
教学策略	老师：引导法、讲解法、示范法、纠错法 学生：自主练习法、合作探究法、小组展示法

课的结构	教学内容	教师活动	学生活动	组织与要求	运动负荷		
					次数	时间	强度
开始部分	课堂常规 1. 集合整队 2. 体育委员报告人数 3. 师生问好 4. 安排见习生 5. 宣布授课内容	1. 清点人数 2. 检查学生服装 3. 宣布上课 4. 提出上课要求	1. 听从安排 2. 快、静、齐 3. 上课准备	组织  （为学生， 为老师） 要求：保持安静，集合做到快、静、齐	1次	1分钟	小

续表

准备部分	一、热身跑	组织学生进行热身、跑步	听从老师组织安排，达到热身的目的	组织  要求：保持安静，认真练习	1次	5分钟	中
	二、游戏 （圆圈舞）游戏规则：学生绕场地围成两个大圈，顺时针移动，当老师放音乐时，学生做出相应动作。可增加难度，采用变化运动动作进行游戏	带领学生做圆圈舞游戏，口令清晰，动作到位	跟随老师的口令认真做游戏	组织 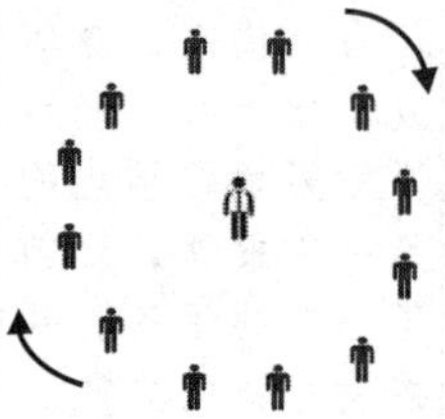 要求：遵守游戏规则，对犯规者采取相应处罚	1次	2分钟	中
基本部分	一、复习 每人一个小体操垫，在规定的场地内间隔一定距离，单独练习鱼跃前滚翻 	组织学生复习鱼跃前滚翻，使学生熟悉身体位置的变化及各部位肌肉用力的感觉，逐步提高控制身体的能力	学生回顾鱼跃前滚翻技术动作要领，认真复习，能基本上控制身体并感知身体肌肉的收缩与放松	组织  要求：学生在自己的规定范围内练习，不要到其他人的场地内，以免受伤	1次	2分钟	中
	二、导入 通过提问导入本节课所学知识点	教师用问题导入提问：同学们看过艺术体操吗？觉得她们美不美、厉不厉害？同学们想不想学一招技巧？	学生认真听老师的提问并积极回答	组织  要求：队列整齐，每位学生都能听到老师的提问	1次	1分钟	小

续表

基本部分	三、学习 1. 尝试学习“团身前后滚翻” 	1. 安排学生两个人一组，在小体操垫上尝试练习团身前后滚翻的练习	1. 学生两个人一组，在小体操垫上尝试练习团身前后滚翻	组织  两人一组，在小体操垫上练习 要求：团身紧，体验低头、含胸、圆背的动作过程	1次	2分钟	小
	2. 学习肩肘倒立 ①并腿坐屈体前后滚动 	①老师集合队伍，讲解、示范正确的肩肘倒立动作，强调动作重难点。鼓励学生思考问题：怎样滚动最轻松自如？	①学生认真听老师讲解，看老师示范，原地模仿	组织  老师讲解、示范 要求：队列整齐；同学们带着问题进行练习，体验身体后倒和两腿上举时肌肉的感受	5次	2分钟	小
	② 站立做夹肘撑背练习；学生四人一组练习，互相纠正；自主学习	② 强调手撑背部，及时纠正错误动作	② 学生肘关节用力夹紧，手撑背部（四指向下，拇指向前）	组织  要求：相互找错误，积极改正	1次	4分钟	大
	③后倒屈臂压垫接举腿上顶  老师讲解、示范	③组织学生练习后倒屈臂压垫接举腿上顶动作，强调易错点，强调安全第一 提问：完成肩肘倒立需要哪几个条件？体验脚尖绷直上顶，挺髋立腰	③学生自己体会后倒屈臂压垫接举腿上顶	组织  要求：按要求完成动作，注意安全，不要扭伤、误伤	1次	3分钟	中

续表

基本部分	④在保护与帮助下完成肩肘倒立  探究合作法：学生4人一组，分为10个小组，进行小组合作练习	④边示范边讲解  组织学生4人一组，指导练习，强调相互纠错、相互指正，合作探究学习	④保护者站于练习者背后，用一膝盖顶撑练习者背部，同时双手扶提小腿。（可用手指置于练习者脚尖中间，并提醒他绷脚并腿，可用手置于脚尖正上方，使其用力上顶）进行探究合作学习	组织  要求：两人一组，互相帮助；练习者主动发力，保护者负责协助与引导作用，每组都在自己规定的场地上练习，不能逾越；禁止嬉戏打闹，注意安全	1次	3分钟	中
	⑤独立完成肩肘倒立动作；小组展示 	⑤鼓励学生独立完成肩肘倒立动作，组织学生派代表进行展示，表扬动作技术规范的学生	⑤向动作技术规范的学生学习，虚心请教，促进共同进步 	组织 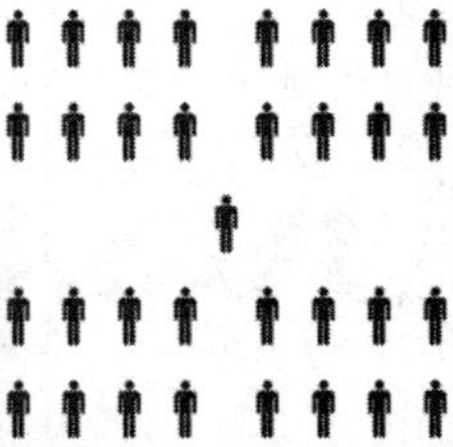 学生展示队形 要求：有人在上面展示时，其他人坐下保持安静，注意观察	20～30次	5分钟	大
	⑥巩固完成肩肘倒立动作；教学比赛 	⑥组织学生进行比赛，在动作规范的情况下，看谁肩肘倒立时间最长	⑥学生积极参赛，为了荣誉而努力	组织  10人一组，分4组 要求：不熟练的同学，可找人保护，但保护者不能帮其完成动作，只负责安全	1次	4分钟	中
	四、身体素质练习 立卧撑练习 10个/组×3组	讲解、示范立卧撑动作，并提出练习要求	按照老师要求积极练习	组织 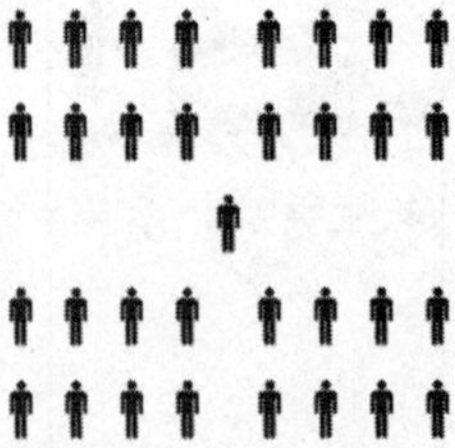 要求：保持安静、认真练习	1次	6分钟	大

续表

<table>
<tr><td rowspan="2">结束部分</td><td>一、整理与放松
1. 放松操
2. 肌肉拉伸</td><td>讲解、示范放松练习；播放音乐</td><td>跟着老师的口令进行放松练习</td><td rowspan="2">组织

要求：练习认真；教师总结时保持安静</td><td rowspan="2">1次</td><td rowspan="2">5分钟</td><td rowspan="2">小</td></tr>
<tr><td>二、课堂总结
1. 老师点评、学生点评
2. 布置课后作业
3. 宣布下课</td><td>给学生提出课后探究性问题；对本节课进行总结</td><td>回顾本节课所学动作；课后思考探究性问题</td></tr>
<tr><td>负荷预计</td><td colspan="7">1. 练习密度：60%～70%
2. 平均心率：130～150 次/分钟</td></tr>
<tr><td>板书设计</td><td colspan="7">体操——肩肘倒立
肩肘倒立
1. 并腿坐屈体前后滚动
2. 站立做夹肘撑背练习
3. 后倒曲臂压垫接举腿上顶
4. 在保护与帮助下完成肩肘倒立
5. 独立完成肩肘倒立动作
6. 巩固完成肩肘倒立动作
1. 目的：控制身体肌肉，完成动作
2. 距离：控制范围2米以内
3. 部位：身体各个部位的协作配合
4. 动作：脚尖上绷，伸髋，立腰，以肩和上臂支撑做倒立
5. 力量：合理使用力量，尤其是核心力量</td></tr>
</table>

水平四田径“立定跳远”课时计划教学设计

教材分析	本节课教授内容选自人民教育出版社七年级全一册中第二章第四节立定跳远。本节课所学习的内容为立定跳远，主要是在学习双脚跳跃的基础上进一步学习。通过这一内容的学习，为初中体育会考打下基础，有效发展速度、协调、力量等身体素质，培养学生不畏困难、勇往直前的精神
学情分析	本节课授课对象为七年级学生，班级人数 48 人，班级学生整体身体素质状况一般，且有 8%左右的肥胖学生。另外，初一年级学生协调性较差，注意力不易集中，理解记忆力也不够完全，因此，立定跳远动作虽然简单，但对于初一年级同学来说仍然有一定难度。因此，在教学时，要设计新颖、有趣的练习方式和手段，调动他们学习的积极性，游戏或竞赛的方式，诱导学生进入角色，激发练习兴趣。另外，在教学中也要关注学生个体差异，尊重学生的主体地位
教学内容	1. 立定跳远：①利用台阶进行跳高；②利用小垫子进行跳远 2. 身体素质练习：①上肢力量练习；②腰腹核心力量练习
教学目标	1. 认知目标：通过学习立定跳远动作，了解跳跃能力的价值，掌握立定跳远的动作方法，培养参与体育活动的兴趣 2. 技能目标：通过学习立定跳远技术，使 80%的学生体会上下肢协调配合，做到用力顺序正确，同时发展瞬间起跳能力和下肢力量 3. 情感目标：通过小组学习和比赛，培养学生的自信心、合作竞争意识和集体荣誉感
教学重难点	重点：快速有力的起跳 难点：起跳腾空后的展髋
教学策略	老师：游戏法、比赛法、讲解法、示范法、纠错法、表扬法 学生：自主练习法、合作学习法、小组展示法

课的结构	教学内容	教师活动	学生活动	组织与要求	运动负荷		
					次数	时间	强度
开始部分	课堂常规 1. 集合整队 2. 体委报告人数 3. 师生问好 4. 安排见习生 5. 宣布授课内容	1. 清点人数 2. 检查服装 3. 宣布上课	1. 听从安排 2. 快、静、齐 3. 准备上课	组织 	1次	1分钟	小
准备部分	一、徒手操 1. 头部运动 2. 肩部运动 3. 腹背运动 4. 关节运动 5. 正压腿 6. 侧压腿	带领学生做徒手操练习，口令清晰，动作到位	跟随老老师的口令认真做徒手操	组织 × 老师 要求：保持安静，集合做到快、静、齐	1次	3分钟	小
	二、热身游戏 游戏规则：把班级分为四队，在半个篮球场地进行袋鼠跳接力比赛，用时短的一队获胜	组织学生进行袋鼠跳游戏；担当游戏的裁判	听从老师组织安排，积极参与游戏，达到热身的目的		1次	4分钟	中

续表

基本部分	一、复习快速跑 10人一组，在规定的场地内间隔一定距离，分组练习快速跑技术	组织学生复习短跑中的快速跑，熟悉快速发力，能熟练利用上下肢和腰腹力量并进行跑动	学生回顾快速跑动作要领，认真复习，能较自如地加速、减速，控制身体惯性	组织 终点 A：× × × × × B：× × × × × C：× × × × × D：× × × × × 要求：每一组抵达终点后，往跑道外两侧返回，避免碰撞	1次	5分钟	中
	二、导入 通过提问导入本节课所学知识点	教师提问：同学们看过奥运会或者田径钻石比赛吗？觉得罗伯特跳得远不远？同学们想不想学会这一绝招？	学生认真听老师的提问并积极回答	组织 ×××××× ×××××× ×××××× ×××××× 要求：队列整齐，每位学生都能听到老师的提问	1次	1分钟	小
	三、学习 1. 利用台阶练习多级跳远，练习收腹举腿动作	1. 将学生分成10人一组，依次跳台阶，根据进度增加台阶数量	1. 学生在台阶上进行认真练习，尝试台阶高度选择练习	组织  要求：注意安全	3次	5分钟	中
	2. 老师点评及讲解  	2. 老师集合队伍，讲解、示范正确的跳台阶动作，强调动作重难点，注意身体协调发力，注意安全	2. 学生认真听老师讲解，看老师示范，原地模仿	组织 ×××××× ×××××× ×××××× ×××××× 要求：队列整齐，保持安静	1次	1分钟	小
	3. 探究合作学习：学生分为4个小组，利用小垫子进行小组内合作练习	3. 组织学生分组合作练习，每组分5个小垫子，强调安全，设计各种障碍	3. 每组学生进行不同小垫子组合跳远，注意安全第一，积极思考，认真练习	组织  要求：相互配合，相互纠错	5次	6分钟	大

续表

基本部分	4. 小组合作巩固练习	4. 组织学生10人一组进行小组合作练习，提出要求，安排练习	4. 按照老师要求进行合作学习，练习时相互纠错，合作探究学习	组织 ×××××× ×××××× ×××××× ×××××× 小组展示队形	1次	4分钟	中
	5. 教学比赛	5. 组织每个小组派出代表进行展示，表扬动作技术规范的学生	5. 向动作技术规范的学生学习，虚心请教别人，促进共同进步		2次	3分钟	中
	四、身体素质练习 1. 推小车练习 15米/组×2组	1. 讲解、示范推小车动作，并提出练习要求，强调安全	1. 积极练习注意安全	组织：推小车 XXXXXXX HHHHHHH	2次	3分钟	中
	2. 仰卧起坐练习 20个/组×2组	2. 分成小组，2人一组，相互交换进行身体素质练习	2. 按照老师要求积极练习	组织：仰卧起坐 XXXXXXX HHHHHHH 要求：练习认真，相互配合，相互鼓励	2次	4分钟	大
结束部分	一、整理与放松 1. 放松操 2. 肌肉拉伸	讲解、示范放松练习；播放音乐	跟着老师口令进行放松练习	组织 × × × × × × × × × × × × × × × 要求：教师总结时保持安静	1次	5分钟	小
	二、课堂总结 1. 师生点评 2. 布置课后作业 3. 宣布下课	给学生提出课后探究性问题；对本节课进行总结	回顾本节课所学动作；课后思考探究性问题				
负荷预计	1. 练习密度：60%～70% 2. 平均心率：130～140次/分钟						
板书设计	立定跳远 立定跳远 — 1. 跳台阶 / 2. 跳垫子 — 1. 目的：发展下肢力量和跳跃能力 — 2. 距离：突破自我（女:190cm；男:250cm） — 3. 部位：上、下肢，腰腹部 — 4. 动作：上下肢协调发力，腾空展髋 — 5. 力量：合理使用力量						

水平四排球“双手正面垫球”课时计划教学设计

<table>
<tr><td>教材分析</td><td colspan="7">本节课教授内容选自人民教育出版社七年级全一册中第五章第二节“正面双手垫球”。本节课所学习的内容为正面双手垫球，它是各种垫球技术的基础，是排球比赛中最基本、应用最多的垫球方法，是指双手在腹前垫击来球的一种垫球方法。通过学习排球正面双手垫球的方法，发展手臂的小肌肉群力量，促进运动动作准确灵活、协调性发展，为进一步学习排球技术打下基础</td></tr>
<tr><td>学情分析</td><td colspan="7">本节课授课对象为七年级学生，他们好动，对体育活动有广泛的兴趣，特别是球类活动。灵活安排多样的练习，在课堂上为学生创设公平竞争、活跃友爱的气氛，留给学生一定的活动时间和空间，让学生在学习中受到启示，得到锻炼。所以，本节课需要根据学生的身心发展特点来提高课堂积极性，使学生有较高的兴趣学习。本节课为第一次授课，之前上过排球“移动”的训练，使学生对排球有了一定的了解，这为本节课的学习打下了一定的基础</td></tr>
<tr><td>教学内容</td><td colspan="7">1. 排球正面双手垫球
2. 身体素质练习</td></tr>
<tr><td>教学目标</td><td colspan="7">1. 认知目标：通过学习排球正面双手垫球动作，了解正面双手垫球的动作要领并能做出正面双手垫球的正确动作
2. 技能目标：通过排球正面双手垫球技术的学习，使80%的学生初步掌握排球正面双手垫球的动作
3.情感目标：积极参与练习与展示，在练习中相互学习、相互帮助、相互交流，共同探讨，具有良好的组织纪律性，培养团队合作意识</td></tr>
<tr><td>教学重难点</td><td colspan="7">重点：排球正面双手垫球技术动作
难点：击球位置与全身的协调发力</td></tr>
<tr><td>教学策略</td><td colspan="7">老师：引导法、讲解法、示范法、纠错法
学生：自主练习法、合作探究法、小组展示法</td></tr>
<tr><td rowspan="2">课的结构</td><td rowspan="2">教学内容</td><td rowspan="2">老师活动</td><td rowspan="2">学生活动</td><td rowspan="2">组织与要求</td><td colspan="3">运动负荷</td></tr>
<tr><td>次数</td><td>时间</td><td>强度</td></tr>
<tr><td>开始部分</td><td>课堂常规
1. 集合整队
2. 体育委员报告人数
3. 师生问好
4. 安排见习生
5. 宣布授课内容</td><td>1. 清点人数
2. 检查学生服装
3. 宣布上课</td><td>1. 听从安排
2. 快、静、齐
3. 上课准备</td><td>组织
××××××
××××××
△
（×为学生，△为老师）</td><td>1次</td><td>1分钟</td><td>小</td></tr>
<tr><td>准备部分</td><td>一、趣味慢跑
方法：围绕篮球场底线跑步，跑动中熟悉球性，左右拨球，当听到老师口令时将球向空中抛起，略高于头顶，并连续击掌3次</td><td>老师口令指挥，并随学生队伍的行进移动</td><td>听从老师组织安排，学生在老师的口令下练习，达到热身的目的</td><td>组织
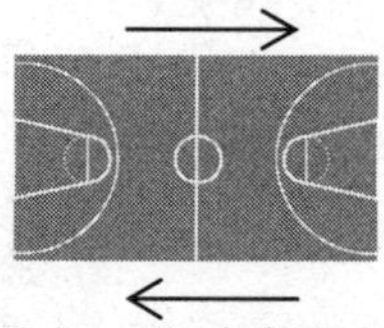
要求：跑动中球不落地</td><td>1次</td><td>3分钟</td><td>中</td></tr>
</table>

续表

准备部分	二、排球裁判操 1. 发球手势左右手×4 拍 2. 界内手势左右手×4 拍 3. 界外手势双手×4 拍 4. 拦网犯规手势双手×4 拍 5. 过网击球手势左右手×4 拍	带领学生做裁判徒手操练习，口令清晰，动作到位	跟随老师的口令认真做徒手操	组织 ×××××× ×××××× ×××××× ×××××× △ 要求：保持安静，集合做到快、静、齐	1次	4分钟	小
基本部分	一、复习移动 1.滑步 2.交叉步 3.跨步	组织学生复习移动，熟悉掌握各种移动步法，为正面双手垫球打下基础	学生回顾各种移动步法，认真复习，能做到动作基本熟练	组织 ×××××× ×××××× ×××××× ×××××× △ 要求：学生认真仔细练习，要注意周围的同学，以免造成冲撞受伤	1次	2分钟	中
	二、导入 通过提问导入本节课所学知识点	老师提问：以2016年奥运会女排比赛导入学习的内容——正面双手垫球技术。同学们有没有信心把它学好？	学生认真听老师的提问并积极回答	组织 ×××××× ×××××× ×××××× ×××××× △ 要求：队列整齐，每位学生都能听到老师的提问	1次	1分钟	小
	三、学习 1. 尝试练习	1. 老师启发引导学生自主尝试垫球练习	1.学生自主尝试练习	组织 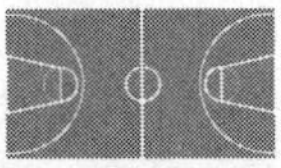 要求：学生两人一组，在规定的场地内尝试练习	4次	1分钟	小
	2.准备姿势和手型介绍 面对来球，成半蹲姿势站立，两手掌根相靠，两手指重叠，手掌互握，两拇指平行向前，手腕下压，两前臂外翻成一个平面	2.老师结合挂图讲解、示范正确动作 	2.学生认真观察并模仿老师动作	组织 ×××××× ×××××× △ ×××××× ×××××× 要求：队列整齐，老师讲解时，保持安静	1次	1分钟	小

续表

基本部分	3.学习垫球动作 一插：手臂夹紧插球下 二夹：两臂前伸腕下压 三抬臂：蹬地跟腰前臂垫，击点尽量在腹前 击球点：保持在腹前高度 击球部位：球的后下方 球触手的部位：腕上十厘米	3.老师讲解方法，统一下口令组织学生练习：口令1做好准备姿势，口令2插夹抬蹬完成连贯垫球动作 	3.注意动作连贯，上下肢协调配合	组织 ×××××× ×××××× △ ×××××× ×××××× 要求：1.学生原地练习，认真听老师的口令，动作正确； 2.学生在老师的启发和语言引导下，体验动作要领	6次	4分钟	中
	4.垫球练习	4.老师巡回指导，提示学生注意体会击球点、击球部位和手触球部位； 找学生做示范，并让学生参与评价；指导学生练习并将球垫起一定高度，每人5次后互换	4.认真练习；学生示范，认真观摩，并参与评价；提高难度并将球垫起一定高度	组织 ×××××× ×××××× △ ×××××× ×××××× 要求：1.每组都在自己规定的场地上练习，不能嬉戏打闹； 2. 双手抛球，抛出的球弧度适宜，不太旋转，落点（腹前）准	6~8次	5分钟	中
	5.一抛一垫练习 方法：两人一组，相距两米左右，一抛一垫，相互配合练习 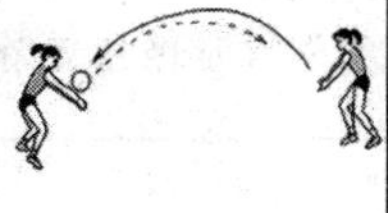	5. 老师讲解、示范；老师巡回指导，纠错；找学生做示范，进行易犯错误的纠正	5.学生示范，其他学生认真观摩，并参与评价；提高难度，尝试连续自垫	组织 ×××××× ×××××× △ ×××××× ×××××× 要求：保持安静，认真观察、相互评价	7~10次	4分钟	中

续表

基本部分	6.三抛一垫练习 方法：四人一组围成扇形，三人依次抛球，练习者依次垫球，之后轮换	6.老师讲解练习的方法和要求；组织学生分组并提出思考问题；老师指导，纠错；组织学生对自己和同伴的动作进行评价	6.学生认真听老师讲解；体会主动抬臂与协调用力；根据老师的纠错与指导，再次进行练习	组织 ×××　　××× ×　　△　　× 要求：球要抛准，尽量固定抛球的高度、速度及落点，垫球动作正确	6~8次	5分钟	中
	四、巩固提高 游戏：运球接力 将学生分成人数相等的四组，每组第一名队员听到开始口令后，双手平举体前把球放在腕关节以上10厘米处，快速跑到终点，自抛自垫两次抱球跑回，将球传给下一名同学，依次进行，看哪一组最先完成	1. 老师讲解、示范游戏方法及规则 2. 指导学生进行练习 3. 组织学生比赛 4. 总结游戏并进行点评	1. 学生认真听讲，并观察老师的动作 2. 学生练习 3. 学生比赛 4. 学生评价	组织 × × × × 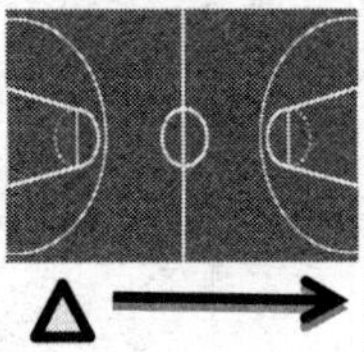 △ 要求：在规定的区域内比赛，积极参与，遵守规则，注意安全	1次	4分钟	中
	五、身体素质练习 深蹲练习20个/组×5组	老师讲解动作要求，组织学生练习	学生按要求完成练习；体会深蹲动作	组织 ×××××× ×××××× △ ×××××× ××××××	5次	5分钟	中
结束部分	一、整理与放松 1. 放松操 2. 肌肉拉伸	1. 讲解、示范放松练习 2. 播放音乐	跟着老师的口令进行放松练习	组织 ×××××× ×××××× ×××××× ×××××× △ 要求：认真点评；老师总结时保持安静	1次	5分钟	小
	二、课堂总结 1. 老师点评、学生点评 2. 布置课后作业 3. 宣布下课	1. 给学生提出课后探究性问题 2. 对本节课进行总结	回顾本节课所学动作；课后思考探究性问题				
负荷预计	1. 练习密度：60%~70% 2. 平均心率：120~140次/分钟						

水平四乒乓球“发攻球”课时计划教学设计

<table>
<tr><td>教材分析</td><td colspan="8">本节课教授内容选自人民教育出版社七年级全一册中第六章第一节“正手发球和反手攻球技术”。本节课所学习的内容为乒乓球训练和实战中常用的技术，其动作简单且破坏性大，容易获得球的控制权，因此，学习本节课知识，有利于七年级学生在乒乓球比赛中赢得机会</td></tr>
<tr><td>学情分析</td><td colspan="8">本节课授课对象为七年级学生，学生正处于青春期，情绪容易波动，自我意识形成，不善处理人际关系等，因此，本节课需要根据学生的特点来提高课堂活跃性，使学生有较高的兴趣学习。本节课为第一次授课，之前上过“乒乓球——正手攻球”的训练，使学生对乒乓球的球性有了一定的了解，并能较自如地控制球，这为本节课的学习奠定了一定的基础</td></tr>
<tr><td>教学内容</td><td colspan="8">1. 乒乓球正手发球和反手攻球
2. 身体素质练习</td></tr>
<tr><td>教学目标</td><td colspan="8">1. 认知目标：通过学习乒乓球正手发球和反手攻球动作，了解乒乓球正手发球和反手攻球技术动作方法，理解两者之间的相互关系
2. 技能目标：通过学习乒乓球正手发球和反手攻球技术，使80%的学生初步掌握乒乓球正手发球和反手攻球的动作
3. 情感目标：通过小组学习和比赛，培养学生的竞争意识，增强学生勇于拼搏的良好品质和相互合作、相互学习的团队合作意识</td></tr>
<tr><td>教学重难点</td><td colspan="8">重点：乒乓球正手发球和反手攻球的技术动作
难点：正手发球和反手攻球的击球时机</td></tr>
<tr><td>教学策略</td><td colspan="8">老师：引导法、讲解法、示范法、纠错法
学生：自主练习法、合作探究法、小组展示法</td></tr>
<tr><td rowspan="2">课的结构</td><td rowspan="2">教学内容</td><td rowspan="2">教师活动</td><td rowspan="2">学生活动</td><td rowspan="2">组织与要求</td><td colspan="3">运动负荷</td></tr>
<tr><td>次数</td><td>时间</td><td>强度</td></tr>
<tr><td>开始部分</td><td>课堂常规
1. 集合整队
2. 体育委员报告人数
3. 师生问好
4. 安排见习生
5. 宣布授课内容</td><td>1. 清点人数
2. 检查学生服装
3. 宣布上课</td><td>1. 听从安排
2. 快、静、齐
3. 上课准备</td><td>组织

（为学生，
为老师）
要求：保持安静，集合做到快、静、齐</td><td>1次</td><td>1分钟</td><td>小</td></tr>
</table>

续表

准备部分	一、热身游戏 游戏规则：把班级分为四支球队，在乒乓球桌进行比赛，每人拿一只球拍，每组一个球，进行传球接力比赛，比赛过程中球放于拍面上不得掉落，速度最快的一组获胜	组织学生进行乒乓球游戏，同时担任游戏裁判	听从老师组织安排，积极参与游戏，达到热身的目的	组织  要求：遵守游戏规则，对犯规者采取相应处罚措施	1次	5分钟	中
	二、球拍徒手操正手攻球动作	带领学生做裁判徒手练习，口令清晰，动作到位	跟随老师的口令认真做徒手操	组织  要求：保持安静，集合做到快、静、齐	1次	2分钟	小
基本部分	一、复习 复习乒乓球正手攻球，两人一组，在规定的乒乓球桌上进行有球练习	组织学生复习乒乓球正手攻球，熟悉球性，能基本控制乒乓球并进行连击球	学生回顾正手攻球技术动作要领，认真练习，能基本上控制球的落地位置	组织  要求：学生在自己的规定范围内练习，不要到其他人的场地内，以免造成冲撞受伤	1次	2分钟	中
	二、导入 通过提问导入本节课所学知识点	教师提问：同学们看过奥运会乒乓球比赛吗？觉得张继科打乒乓球帅不帅？同学们想不想学乒乓球呢？	学生认真听老师的提问并积极回答	组织 ×××××× ×××××× ×××××× ×××××× ▲ 要求：队列整齐，认真思考，积极练习			

续表

基本部分	三、学习 1. 尝试学习乒乓球正手发球和反手攻球技术	1. 安排学生两人一组，尝试练习乒乓球正手发球，对方以反手回击对方，相互轮换	1. 学生两人一组，在乒乓球场内尝试练习乒乓球正手发球和反手攻球技术	组织  要求：学生两人一组，在规定的场地内尝试练习	3次	2分钟	小
	2. 老师点评及讲解	2. 老师集合队伍，讲解、示范正确的乒乓球正手发球和反手攻球技术动作，强调动作重难点	2. 学生认真听老师讲解，看老师示范，原地模仿	组织  要求：认真观察，保持安静	1次	2分钟	小
	3. 两人一组练习	3. 组织学生练习正手发球和反手攻球动作，强调易错点	3. 学生两人一组进行乒乓球正手发球和反手攻球技术动作练习	组织  要求：学生在规定的场地内进行练习，两人一组，相互配合，相互纠错	30～40次	4分钟	大
	4. 探究合作法	4. 把学生分为4个小组，10人一个小组，在同一乒乓球桌上进行练习	4. 按照老师要求进行探究合作学习；一人发球，9人攻，依次轮换进行练习；相互纠错，相互指正，合作探究学习	组织  要求：每组在自己规定的场地上练习，不能逾越	5次	5分钟	中
	5. 小组展示	5. 组织每个小组派出代表进行展示，表扬动作技术规范的小组学生	5. 向动作技术规范的学生学习，虚心请教，促进共同进步	组织  要求：保持安静	1次	5分钟	中

续表

基本部分	6. 教学比赛	6. 分为 4 个小组，每个小组选一名同学比拼，需要把本节课所学的技术动作展现出来	6. 积极参赛，为了小组的荣誉而努力	组织  要求：在规定的乒乓球场内比拼，遵守规则	1次	5分钟	大
	四、身体素质练习 平板支撑练习 1分钟/组×5组	讲解、示范平板支撑动作，并提出练习要求	按照老师要求积极练习	组织 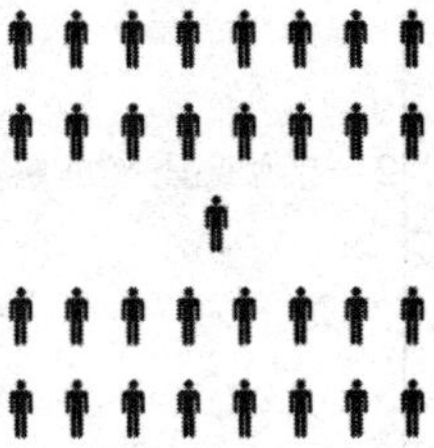	5次	6分钟	中
结束部分	一、整理与放松 1. 放松操 2. 相互放松	讲解、示范放松练习；播放音乐	跟着老师的口令进行放松练习	组织  要求：练习认真；教师总结时保持安静	1次	5分钟	小
	二、课堂总结 1. 老师点评、学生点评 2. 布置课后作业 3. 宣布下课	给学生提出课后探究性问题；对本节课进行总结	回顾本节课所学动作；课后思考探究性问题				
负荷预计	1. 练习密度：60%～70% 2. 平均心率：130～150次/分钟						
板书设计	乒乓球——正手发球和反手攻球 正手发球和反手攻球 1. 正手发球 2. 反手攻球 1. 目的：控制身体肌肉，完成动作 2. 距离：乒乓球台周围的距离保证在2米以上，保证安全活动距离 3. 动作：两腿与肩同宽站立，两腿微屈，两手放于胸前，放松。挥拍尽量动作到位 4. 力量：合理使用力量。手腕、手臂放松，小臂带动大臂						

水平四乒乓球“正手发球”课时计划教学设计

教材分析	本节课教授内容选自人民教育出版社七年级全一册中第六章第二节“正手发球和反手攻球技术”。本节课所学习的内容为乒乓球训练和实战中的基本技术，其动作简单，且是乒乓球技术中不受对方制约的技术，主动性很强。好的发球可以起到先发制人的效果
学情分析	本节课授课对象为七年级学生，学生刚由小学升上初中，处于由儿童转为青少年的过渡期，其心理、生理都处于一个转变和适应期。因此，体育课教学需要根据学生的身心特点，从常规做起，从点滴来抓，由易到难，由浅入深，这是本年级的一个活动趋势。此年龄段的学生表现欲、上进心强，但情绪波动大、自控能力差、身体素质相对较弱，因此，在课上应加强引导，坚持“健康第一、安全为主”
教学内容	1. 正手发平击球 2. 身体素质练习
教学目标	1. 认知目标：通过学习乒乓球正手发球动作，了解乒乓球正手发球技术的概念和动作结构 2. 技能目标：通过学习乒乓球正手发球动作技术，使80%的学生初步掌握正手发球技术动作 3. 情感目标：通过小组学习和比赛，培养学生集体环境中互帮互助、团结协作的精神，培养学生仔细观察、积极思维、自我评价的能力
教学重难点	重点：正手发球技术动作要领 难点：抛球高度、击球时机的把握
教学策略	老师：引导法、讲解法、示范法、纠错法 学生：自主练习法、合作探究法、小组展示法

课的结构	教学内容	教师活动	学生活动	组织与要求	运动负荷		
					次数	时间	强度
开始部分	课堂常规 1. 集合整队 2. 师生问好 3. 宣布授课内容 4. 安排见习生 5. 安全教育	1. 清点人数 2. 提出本节课目标与要求 3. 安全教育 4. 宣布上课	1. 听从安排 2. 快、静、齐 3. 上课准备 4. 精神饱满 5. 见习生随堂	组织 ×××××× ×××××× ★ （×为学生，★为老师）	1次	1分钟	小
	一、热身游戏 游戏规则：听到信号后把自己的球运到对面，同时去接别人的球，先返回为胜	组织学生进行乒乓球游戏，同时也担任游戏裁判	听从老师组织安排，听清游戏规则，积极参与游戏，达到热身的目的	组织 △…△△…△ ○…○○…○ ★ 要求：协作完成，活跃气氛	1次	5分钟	中

续表

准备部分	二、乒乓球裁判手势徒手操 1. 得分手势左右手×4 拍 2. 重发球手势左右手×4 拍 3. 交换场地手势左右手×4 拍； 4. 结束手势左右手×4 拍	带领学生做裁判徒手操练习，口令清晰，动作到位	跟随老师的口令认真做徒手操	组织 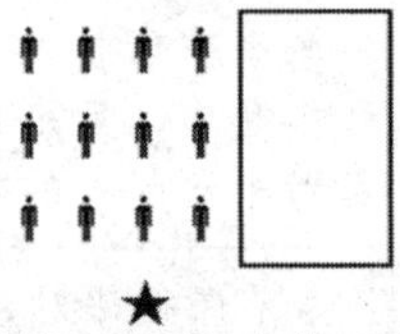 要求：保持安静，集合做到快、静、齐	1次	2分钟	小
基本部分	一、复习握拍法 直握拍  横握拍 	1. 教师示范握拍动作 2. 强调两种握拍方式的要点 3. 巡回查看学生动作 4. 个别纠正动作	1. 仔细观看教师示范，明确动作要点 2. 查看自身握拍方式是否正确，掌握正确的握拍方式 3. 相互查看，进行自评、互评	组织 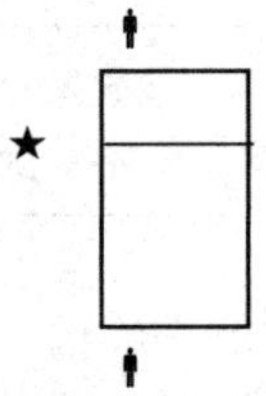 要求：集中注意力观察老师动作	1次	2分钟	中
	二、导入 通过提问导入本节课所学知识点	教师提问：同学们知道我国的国球是什么吗？同学们看过乒乓球比赛吗？想不想像乒乓球运动员一样为国争光？	学生认真听老师的提问并积极回答	组织 ×××××× ×××××× ×××××× ×××××× ★ 要求：队列整齐，每位学生都能听到老师的提问	1次	1分钟	小
	三、学习 1. 学习“乒乓球正手发球技术” (1)身体前倾，两膝微屈，两腿分开与肩同宽 (2)左手将球抛起，右手向后引拍 (3)当球开始下落时，右手挥拍向左前上方击球 (4)击球后，球拍顺势挥至左肩前上方	1. 讲解动作要领，示范动作；组织练习，控制节奏，激发兴趣；组织学生进行练习；巡回检查，提示，及时讲评	1. 集中注意力，听从老师调动；持拍摆臂练习；抛球练习；挥拍练习；完整练习	组织   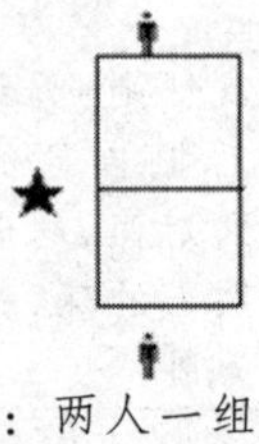 要求：两人一组，认真完成发球练习	20~30次	4分钟	小

续表

基本部分	2. 老师点评及讲解	2. 老师集合队伍，讲解、示范乒乓球正手发球动作，强调动作要点	2. 学生认真听老师讲解，观看老师示范，原地模仿	组织 ×××××× ×××××× ★ ×××××× ×××××× 要求：保持安静	1次	1分钟	小
	3. 两人一组练习	3. 组织学生练习乒乓球正手发球动作，强调易错点，纠错	3. 两人一组进行乒乓球正手发球技术练习，相互学习	组织 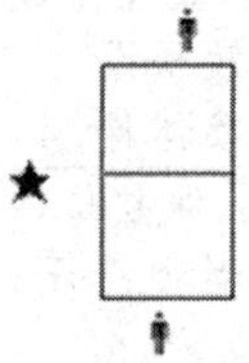 要求：相互配合，相互纠错	30~40次	7分钟	大
	4. 探究合作法	4. 组织学生进行分组，4人一个小组，提出练习要求	4. 按照老师要求进行探究合作学习，在练习时相互纠错、相互指正，合作探究学习	组织 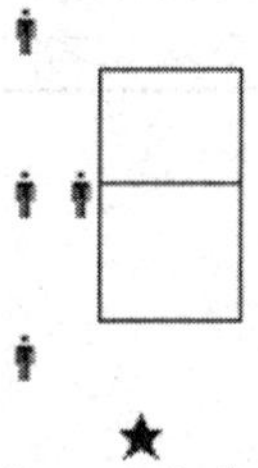 要求：认真练习	1次	4分钟	中
	5. 小组展示	5. 组织每个小组派出代表进行展示，表扬动作技术规范的学生	5. 向动作技术规范的学生学习，虚心请教，促进共同进步	组织 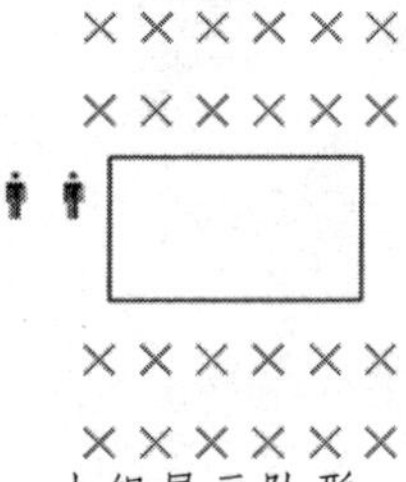 小组展示队形 要求：保持安静	1次	3分钟	中
	6. 教学比赛	6. 分为10个小组，在对面球台上划定一个目标区域，用正手发球平击球10次，击中目标区域次数多的组别获胜	6. 积极参赛，为了小组的荣誉而努力	组织 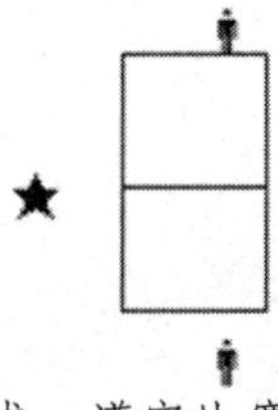 要求：遵守比赛规则，听从老师安排	1次	5分钟	中

续表

基本部分	四、身体素质练习 折返跑比赛	讲解、示范练习流程，提出练习要求	听从教师口令指挥，按要求完成练习	组织 × × × × × × × × × × 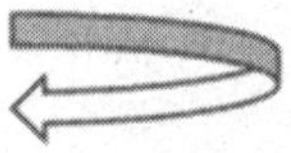 要求：听从老师安排，认真练习	1次	5分钟	中
结束部分	一、整理与放松 1. 放松操 2. 集体舞	讲解、示范放松练习；播放音乐	跟着老师的口令进行放松练习	组织 ×××××× ×××××× ★ ×××××× ×××××× 要求：练习认真；教师总结时保持安静	1次	5分钟	小
	二、课堂总结 1. 老师点评、学生点评 2. 布置课后作业 3. 师生再见	对本节课进行总结；提出课后练习要求与希望	回顾本节课所学动作；课后思考探究性问题				
负荷预计	1. 练习密度：60%～70% 2. 平均心率：130～140 次/分钟						

水平四足球“足球颠球及传接球”课时计划教学设计

教材分析	本节课教授内容选自人民教育出版社八年级全一册中第三章第一节“足球颠球及传接球”。本节课所学习的内容为足球训练和实战中常用的技术，其动作简单且实用性高，容易获得球的控制权。因此，学习本节课知识，有利于八年级学生提高对足球的控制能力和身体协调性
学情分析	本节课授课对象为八年级学生，该年龄段的学生正处于青春期，情绪容易波动，自我意识形成，不善处理人际关系等。因此，本节课需要根据学生的身心特点来提高课堂活跃性，使学生有较高的兴趣学习
教学内容	1. 脚背正面颠球 2. 脚内侧传接球
教学目标	1. 认知目标：通过学习足球颠球动作和脚内侧传球动作，了解足球颠球技术动作概念和脚内侧传球动作方法 2. 技能目标：通过学习足球颠球及传接球技术，使80%的学生初步掌握足球颠球动作及传接球技术 3. 情感目标：通过小组和团队的练习，培养学生团队意识，学会与同伴合作，发挥团队精神，提高人际交往能力
教学重难点	重点：足球颠球动作及传接球技术 难点：传接球时对球的控制和力量的掌握
教学策略	老师：引导法、讲解法、示范法、纠错法 学生：自主练习法、合作探究法、小组展示法

课的结构	教学内容	教师活动	学生活动	组织与要求	运动负荷		
					次数	时间	强度
开始部分	课堂常规 1. 集合整队 2. 体育委员报告人数 3. 师生问好 4. 安排见习生 5. 介绍本课内容和要求	1. 清点人数 2. 检查学生服装和足球鞋 3. 宣布上课	1. 听从安排 2. 快、静、齐 3. 上课准备	组织 ☻☻☻☻☻☻☻ ▼　　★ （☻为学生，★为老师，▼为体育委员）	1次	1分钟	小
准备部分	一、运球球场慢跑	带领学生运球绕球场慢跑一圈，慢跑时速度均匀，注意运球与慢跑的配合	跟随老师步伐，运球慢跑，熟悉球性，提高上课积极性	组织 ☻☻☻☻☻☻☻ ★ 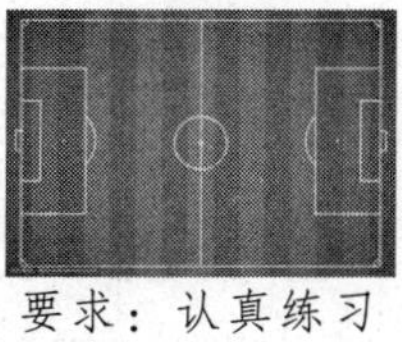 要求：认真练习	1次	4分钟	中

续表

准备部分	二、徒手操练习 1. 头部绕环运动 2. 扩胸运动 3. 体转运动 4. 膝关节运动 5. 弓步压腿 6. 手腕脚踝运动	带领学生做徒手操练习，口令清晰，声音洪亮，动作到位	跟随老师的口令认真做徒手操	组织 ☻☻☻☻☻☻☻☻ ★ 要求：保持安静，动作与口令一致	1次	3分钟	小
基本部分	一、学习足球脚背正面颠球技术 1.正面颠球技术	1. 通过讲解和示范向学生展示动作技术要领，组织学生练习	1. 观看老师示范动作，认真听老师的讲解，积极练习	组织 ☻☻☻☻☻☻☻☻ ★ ☻☻☻☻☻☻☻☻ 要求：保持安静，注意力集中到老师的示范和讲解上，认真练习	30~40次	10分钟	中
	2.左右脚正面颠球技巧	2. 组织学生先进行原地脚背正面颠球的练习，然后自抛左右脚自颠练习	2. 根据老师的讲解和示范，自己练习体会动作				
	3.拉挑球技巧	3. 让学生自己练习，在学生练习过程中巡回指导	3. 根据老师要求，自己练习、体会拉挑球技巧				
	二、学习足球内侧传接滚地球 1. 脚内侧传接滚地球技术	1. 讲解动作要领，通过示范让学生明确动作的要点	1. 认真听老师的讲解，仔细观察老师的动作示范，自己练习	组织 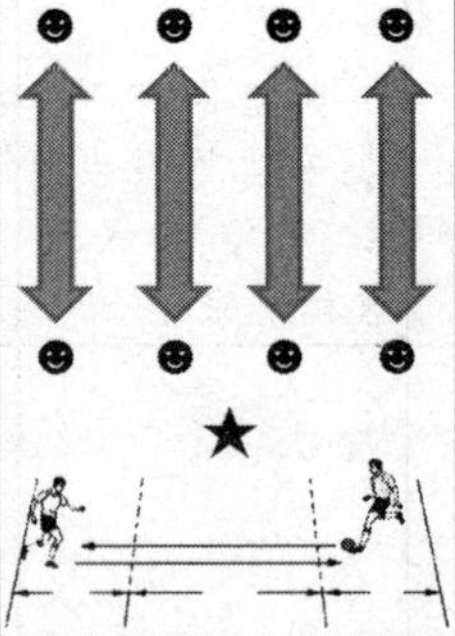 要求：按照老师要求进行练习，注意动作的连贯性，传球时不要过快	30~40次	10分钟	中
	2. 左右脚内侧传接滚地球技术	2. 讲解动作要领，找一名学生与老师配合完成动作演练	2. 积极配合老师完成演示，并原地模仿动作，积极练习				
	3. 行进间脚内侧传接滚地球技术	3. 组织学生相互练习，巡回指导	3. 按老师要求认真练习，积极探究合作学习				

续表

基本部分	三、游戏比赛	1.运用足球传球技术进行团体竞争，强化学生的足球技能 2. 老师按照游戏规则将学生分为 4 组，每组 10 个学生，每组的同学先颠球满 5 个，再进行 10 米运球绕杆，用时最短的一组获胜	1.学生积极融入游戏中去，团结一心，相互鼓励 2. 竞赛过程中，每组学生积极努力，拼搏进取，争取优胜	竞赛队列组织 ☻ ☻ ☻ ☻ ★ ☻ ☻ ☻ ☻ 要求：学生排成两列纵队进行竞赛 颠球项目要求：必须脚正面颠球，累计完成 5 次颠球方可进行下一个环节，颠球过程中必须有一次要用上左脚颠球 	1 次	6 分钟	大
	四、身体素质练习 立卧撑练习 10 个/组×3 组	讲解、示范立卧撑动作，并提出练习要求	按照老师的要求积极练习	组织 🯅🯅🯅🯅🯅🯅🯅🯅 🯅🯅🯅🯅🯅🯅🯅🯅 ★	3 次	6 分钟	中
结束部分	一、整理与放松 1. 放松操 2. 肌肉拉伸	讲解、示范放松练习；播放音乐	跟着老师口令进行放松练习	组织 ☻☻☻☻☻☻☻☻ ☻☻☻☻☻☻☻☻ ☻☻☻☻☻☻☻☻ ☻☻☻☻☻☻☻☻ ★ 要求：认真放松，保持安静，积极思考	1 次	5 分钟	小
	二、课堂总结 1. 老师点评、学生点评 2. 宣布下课	给学生提出课后思考问题；对本节课进行总结	回顾本节课所学动作，思考课后问题				
负荷预计	1. 练习密度：60%～70% 2. 平均心率：130～150 次/分钟						
板书设计	基本技能 —— 1. 左右脚脚正面颠球；2. 左右脚脚内侧传接球 —— 1. 目的：熟悉球性；2. 部位：脚正面以及脚内侧（脚弓）；3. 要点：力度的掌控是关键						

水平四田径“跨越式跳高的助跑起跳”课时计划教学设计

设计思路	以“健康第一”为指导思想，在七年级跳跃教学基础上，学习跨越式跳高的助跑起跳动作。讲练结合，以合作学习和探究学习为主，充分体现学生的主体地位和教师的主导作用；组织灵活多样，利用现代教育技术，培养学生自主学习、创新与合作交流能力
教材分析	跨越式跳高助跑起跳动作选自人民教育出版社《体育与健康》八年级全一册第二章田径部分。跳跃是田径运动的重要内容，也是人体主要的身体活动形式。通过跳跃运动学习，可以提高弹跳力，增强下肢肌肉、关节、韧带的力量和内脏器官的功能，发展灵敏、协调、速度等身体素质。本次课是跨越式跳高的第一节课，是跳高技术的核心部分
学情分析	本课教学对象为八年级学生。该年龄段学生已经具有独立思考、模仿和判断能力，并且有着良好的速度及灵敏性，在七年级学习内容的基础上，学生具有学习本次课内容的能力；同时，他们正处于青春期，生理和心理都发生着巨大变化，部分同学会有抗拒心理，应关注个体差异，认真加以引导
教学内容	1.学习跨越式跳高助跑起跳动作 2.上肢力量素质练习
教学目标	1. 认知目标：通过学习跨越式跳高助跑起跳动作，了解跨越式跳高助跑起跳动作概念和动作方法 2. 技能目标：通过学习跨越式跳高助跑起跳技术，使 80%的学生初步掌握跨越式跳高助跑起跳动作，发展学生的弹跳和协调能力 3. 情感目标：通过小组学习和比赛，培养学生对跳高的兴趣，增强学生自信、自强精神
教学重点难点	1. 重点：跨越式跳高助跑起跳动作 2. 难点：助跑与起跳的衔接
教学策略	教学方法：讲解示范法、游戏竞赛法、预防纠正错误法 学习方法：探究法、合作学习法、小组展示法

<table>
<tr><th rowspan="2">部分</th><th rowspan="2">教学内容</th><th rowspan="2">教师活动</th><th rowspan="2">学生活动</th><th rowspan="2">组织与要求</th><th colspan="3">运动负荷</th></tr>
<tr><th>次数</th><th>时间</th><th>负荷</th></tr>
<tr><td rowspan="2">准备部分</td><td>一、教学常规
二、热身活动
1.慢跑
2.徒手操</td><td>集合，组织学生进行慢跑，观察学生；徒手操动作示范</td><td>快、齐、静；积极进行慢跑，不追逐打闹</td><td rowspan="2">慢跑组织
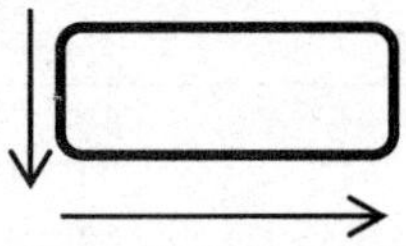
要求：慢跑保持队列整齐，积极跑动；注意安全
游戏组织
OO→OO
☆教师
OO→OO</td><td>2圈</td><td>3分钟</td><td>小</td></tr>
<tr><td>三、专门性活动
单脚跳接力游戏：分成四组，每组同学站在标志物后面，听到口令后，每组单脚跳跃，绕过标志物接力，率先完成的一组获胜</td><td>1.示范动作，组织学生进行分组
2.讲解游戏规则，组织学生进行游戏</td><td>1.观察、模仿教师动作
2.认真听教师讲解规则，积极参与游戏</td><td>1次</td><td>5分钟</td><td>中</td></tr>
</table>

续表

	一、学习跨越式跳高助跑起跳动作 1. 教师示范，学生探究教师示范动作，学生分组进行尝试、讨论、总结	1.教师示范动作，提出问题，引导学生进入练习，指导学生	1.学生分组进行体验与讨论，思考问题，进行总结	组织 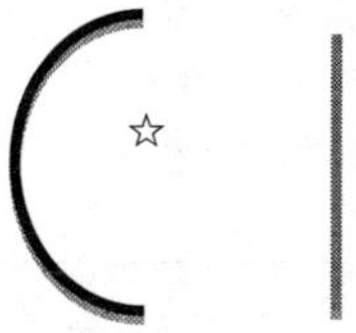 ☆ 要求：认真观察；尝试练习	1次	3分钟	小
	2.讲解跨越式跳高助跑起跳动作 ① 助跑：侧面直线助跑，逐渐加速 ② 起跳：脚跟着地迅速过渡到全脚掌，同时双臂后摆，起跳腿充分蹬伸，双臂配合摆腿用力上摆	2. 讲解跨越式跳高助跑起跳要领，指出重难点，讲解易犯错误及注意事项，示范助跑起跳动作	2. 认真聆听教师讲解，观察教师示范动作，认真思考，及时提出问题	组织 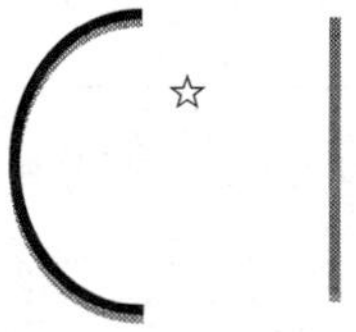 ☆ 要求：教师讲解清晰；学生保持安静，认真听讲	1次	2分钟	小
基本部分	3. 集体练习 练习助跑、起跳，间隔5米，各10次，之后将助跑起跳结合起来练习 ① 助跑练习 ② 1～3 步起跳练习 ③ 1～3步助跑起跳练习 ④ 5~7 步助跑起跳练习	3. 组织同学们调整队伍间距进行练习，巡视指导，及时纠正错误动作	3. 听从教师组织，拉开间距，进行练习，及时更正错误动作	组织 ○ ☆ 要求：集体练习，听教师口令；教师及时纠正错误动作	5次	10分钟	大
	4.分组练习 将学生分为4组，每组根据自己的情况制订助跑起跳练习计划；小组展示，学生互评，教师总结	4.讲解练习内容、要求，组织学生进行练习，引导学生积极探讨	4. 仔细听要求，发扬团结合作、坚持不懈的精神品质	组织 ○○○○○　○○○○○ ☆ ○○○○○　○○○○○ 要求：教师指导，学生认真练习	20次	10分钟	中
	二、上肢力量素质练习 1.俯卧撑 20 个/组 ×2 2.立卧撑 20 个/组 ×2	教师提出练习要求，组织学生练习	认真练习，动作到位	组织 ○○○○○ ○○○○○ ☆ ○○○○○ ○○○○○ 要求：动作连贯，注意安全	2次	7分钟	中

续表

<table>
<tr>
<td rowspan="3">结
束
部
分</td>
<td>一、放松练习
1.四肢拉伸放松
2.互相按摩放松</td>
<td>教师组织学生进行放松练习，语言引导学生进入放松状态</td>
<td>听从教师指挥，积极放松</td>
<td rowspan="3">组织

要求：教师引导，语言轻松、舒缓；学生积极放松
组织
○○○○○
○○○○○
○○○○○
○○○○○
☆
要求：教师点评，同学相互总结；队伍保持安静</td>
<td rowspan="3">1次</td>
<td rowspan="3">5分钟</td>
<td rowspan="3">小</td>
</tr>
<tr>
<td>二、总结
1. 教师对本堂课进行总结
2. 学生就本堂课所学进行发言，对教师进行评价</td>
<td>进行总结，鼓励学生点评，认真聆听学生发言</td>
<td>认真聆听教师总结，积极发言</td>
</tr>
<tr>
<td>三、回收器材，师生再见
1. 体育委员、值日生回收器材
2. 师生再见</td>
<td>安排回收器材，与学生再见</td>
<td>体委、值日生回收器材，与老师再见</td>
</tr>
<tr>
<td>场
地
器
材</td>
<td colspan="7">场地：田径场
器材：口哨；跳高架、杆；橡皮筋</td>
</tr>
<tr>
<td>负
荷
预
计</td>
<td colspan="7">1. 练习密度：60%～70%
2. 平均心率：130～140 次/分钟
3. 运动负荷：中等</td>
</tr>
</table>

水平四田径“蹲踞式跳远的起跳”课时计划教学设计

<table>
<tr><td>教材分析</td><td colspan="8">初中阶段发展学生的走与跑、跳跃和投掷能力是学习田径知识和形成一定运动技能的基础。蹲踞式跳远的目的是发展学生的跳跃能力，它是在立定跳远的基础上形成的，是简单助跑跳远运动项目。起跳动作是蹲踞式跳远中的核心动作，主要是锻炼学生的全身协调性、灵敏性以及下肢爆发力，是更好地学习各种跳远项目的基础。起跳动作做到熟练并结合助跑准确踏点完成整个技术过程，比较困难，因此要重视跳远起跳技术的学习</td></tr>
<tr><td>学情分析</td><td colspan="8">教学对象是水平四初二年级，男女混合班，男生26人，女生24人。他们正处于青春期，生理和心理日趋成熟，兴趣广泛，不断分化，具有独立思考、判断和模仿能力；同时，他们具有良好的速度、力量和灵敏素质，以及立定跳远的基础，具备了学习蹲踞式跳远技术的条件</td></tr>
<tr><td>教学策略</td><td colspan="8">1. 游戏引导法，激发学生学习技术动作的兴趣和热情
2. 示范讲解法，直观明了，有助于学生建立起跳的动作表象
3. 分组练习法，培养学生自主学习的能力
4. 竞赛法，激发学生拼搏进取、坚持不懈、勇往直前和团结协作的精神</td></tr>
<tr><td>教学内容</td><td colspan="3">1. 复习助跑动作
2. 学习起跳动作
3. 身体素质练习</td><td>重难点</td><td colspan="4">1. 起跳腿“蹬”与摆动腿“摆”的协调配合
2. 上肢与下肢的蹬摆动作协调配合</td></tr>
<tr><td>教学目标</td><td colspan="8">1. 认知目标：通过学习蹲踞式起跳动作，了解起跳在整个蹲踞式跳远中的作用，理解起跳动作方法，建立起跳动作表象
2. 技能目标：通过本次课的学习与练习，90%以上的学生能正确做出起跳动作。通过游戏、素质练习等方法发展学生的速度素质、协调性，增强下肢力量，提高跳跃能力
3. 情感目标：通过游戏、分组练习，发挥学生的主观能动性，使学生积极参与体验踏板与腾空后的乐趣，建立自信心，养成积极向上的心态，培养团结协作的意识和坚持不懈的精神</td></tr>
<tr><td rowspan="2">课的结构</td><td rowspan="2">教学内容</td><td rowspan="2">教师指导</td><td rowspan="2">学生活动</td><td rowspan="2">设计意图</td><td rowspan="2">组织
与要求</td><td colspan="3">运动负荷</td></tr>
<tr><td>次数</td><td>时间</td><td>负荷</td></tr>
<tr><td rowspan="2">开始部分</td><td>一、教学常规
1. 集合整队，师生问好</td><td>1. 了解学生情况，安排见习生，安全教育，向学生问好</td><td>1. 体委整队，清点人数，向老师汇报</td><td rowspan="2">增强学生的组织纪律性，调整状态，进入体育课的学习</td><td rowspan="2">组织
Δ Δ Δ Δ Δ Δ Δ Δ
Δ Δ Δ Δ Δ Δ Δ Δ
O O O O O O O O
O O O O O O O O
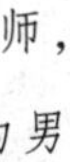
（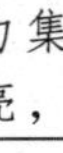为教师，O为女生，Δ为男生）
要求：快静齐；注意力集中；老师声音洪亮，吐字清晰</td><td rowspan="2">1次</td><td rowspan="2">1分钟</td><td rowspan="2">小</td></tr>
<tr><td>2. 宣布课的内容，提出要求</td><td>2. 讲解本次课的教学内容和要求，声音洪亮，精神饱满</td><td>2. 站队迅速，快、静、齐；了解本节课的内容和要求</td></tr>
</table>

续表

准备部分	二、热身活动 1. 慢跑热身 学生围绕圆形场地逆时针跑动，按照教师的口令做出相应的动作	1. 教师口令指挥，亲自参与并喊出数字，带动课堂气氛	1. 在教师的口令下，绕场地按照逆时针跑动，并按照游戏方法，配合教师口令进行游戏	活动关节，达到热身的目的。通过小游戏调动学生积极性；通过行进间徒手练习，提高学生的注意力和练习的积极性	组织 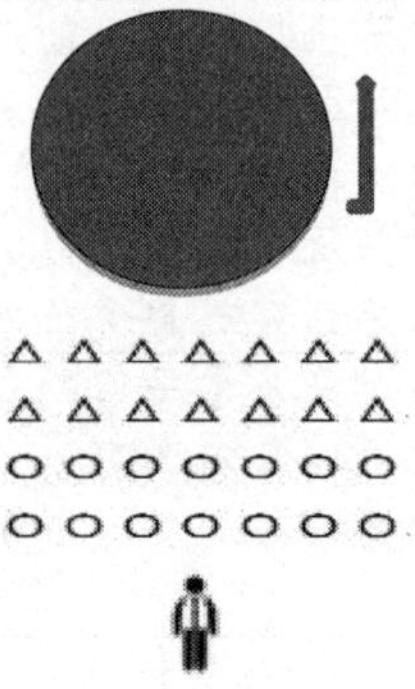 要求：匀速跑动	1次	2分钟	中
	2. 徒手操 （1）扩胸后振 （2）左右转体 （3）全蹲站起 （4）弓步压腿 （5）高抬腿跑	2. 提出准备活动的要求，口令指挥，带领学生做准备活动	2. 随着教师的口令做准备活动；做准备活动时认真，充分活动肩、髋、膝和踝等关节		组织 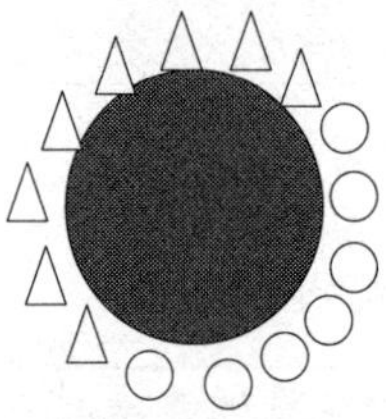 要求：动作和口令一致，认真练习	1次	2分钟	小
	3. 助跑专门性练习 行进间单腿跳	3. 分组练习，教师指导	3. 学生自主练习，认真完成动作	调整状态，为主要内容起跳动作学习奠定基础	组织 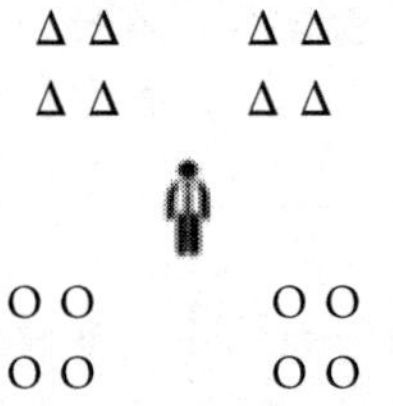 要求：组长带领，积极投入练习	1次	3分钟	中
基本部分	三、学习蹲踞式跳远起跳动作 1. 跨越障碍接力游戏 首先原地跳绳8个，其次并腿跳过体操垫，然后跨过障碍物，最后在另一端点摸高，跑回与同学击掌传递，完成游戏	1. 教师讲解游戏方法并示范；游戏结束后提出问题，让学生思考并回答，引入本节课学习的起跳动作	1. 根据老师要求和游戏规则进行游戏；主动思考问题，并积极回答；认真练习立定跳远动作，将知识迁移到蹲踞式跳远起跳中	通过游戏让学生在娱乐中体会蹬伸过程，为更好地学习起跳动作打下基础	组织 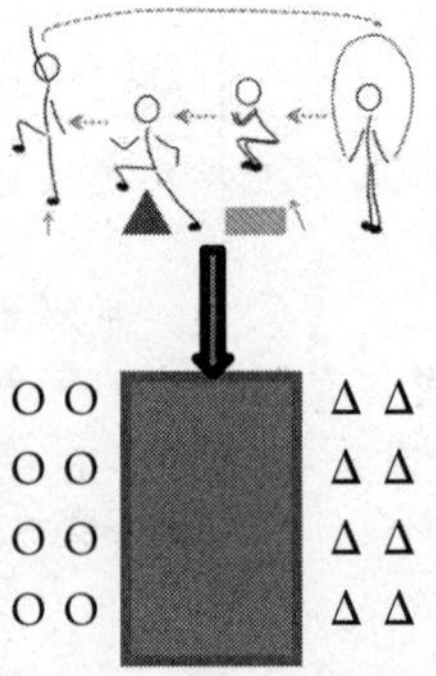 要求：认真练习，积极参与	2次	5分钟	中

续表

基本部分	2.起跳 (1)着地 起跳脚大腿前摆，积极下落着地，脚跟与脚掌几乎同时接触踏板	(1)教师进行示范，并讲解动作方法和要领，让学生了解起跳的整个过程	(1)聆听教师讲解动作，仔细观察起跳的整个动作过程	通过教师讲解，示范完整动作，使学生建立动作表象；通过学生主动参与，积极练习掌握动作要领，提高运动技术水平	 要求：认真观看教师的动作示范  着地图示  缓冲图示  蹬地图示	10次	6分钟	中
	(2)缓冲 起跳脚着地至膝关节弯曲最大程度，减缓起跳制动	(2)教师讲解缓冲的作用和重要性，提高缓冲效果	(2)认真思考教师讲解的内容，积极进行模仿练习					
	(3)蹬伸 起跳腿膝关节从最大弯曲开始至起跳脚蹬离瞬间	(3)教师讲解蹬伸的动作要领，引导学生积极练习	(3)体会教师讲解的动作，联系立定跳远和跨越障碍接力游戏，思考动作过程					
	重难点 (1)摆动腿“摆”与起跳腿“蹬”的协调配合 (2)上肢肩、腰的伸展，双臂充分上摆和下肢蹬伸动作的协调配合	(4)根据学生的情况进行点评和总结，强调动作的重难点，提出动作要领	(4)认真听讲，理解动作的要领和重难点，并针对自身不足进行练习					
	3.练习 (1)辅助练习 ①跨跳 ②递进练习 上一步练习；上三步练习；上五步练习 ③借助起跳板助跑起跳 ④助跑起跳	(1)教师口令带领，根据学生掌握情况适当增加练习难度；提出练习要求；强调安全	(1)学生积极配合教师完成练习，同时根据自身情况调整练习难度，尝试借助起跳板起跳和行进间助跑起跳；注意安全		组织  要求：教师指导，学生积极练习	5次	4分钟	中

续表

基本部分	（2）分组练习 ① 五步起跳组 ② 借助起跳板行进间起跳组 ③ 助跑起跳组	（2）教师根据学生的基础不同划分不同的组别，鼓励每一个学生积极参与并挑战自我	（2）学生根据自身的情况选择适合自己的组别进行尝试，注意安全	通过分组练习发挥学生的自主意识和判断力；通过素质游戏，体验运动中成功带来快乐的同时，发展学生的身体素质，培养学生团结协作的意识和坚持不懈的精神	组织 △△　　△△ △△　　△△  ○○　　○○ ○○　　○○ 要求：组长带领，积极投入练习，教师指导	10次	7分钟	中
	4. 小组展示	4. 组织学生进行小组展示，针对不足提出改进建议	4.学生积极展示自我，并认真听取建议，改进完善技术动作		组织 △△△△△△△ △△△△△△△ ○○○○○○○ ○○○○○○○  要求：积极展示，相互配合	1次	3分钟	中
	四、身体素质练习 分成4组，每一个垒台处配有相应的素质练习，按逆时针跑过4个垒台并按要求进行练习，回到原位击掌传递给下一人，直到跑完为止，先完成组为胜	讲解游戏方法与要求，进行示范，鼓励学生坚持做完游戏。要求1号垒台跳起5个；2号垒台俯卧撑，男生8个，女生5个；3号垒台摸高5次；4号垒台举哑铃5个	学生认真听老师讲解游戏规则，按要求进行游戏，认真完成游戏中各项任务		组织 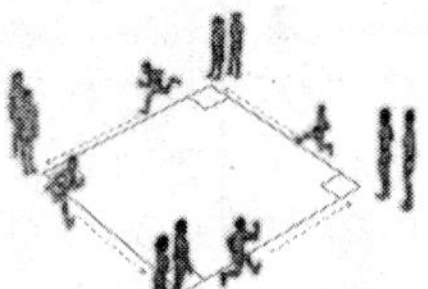 要求：认真练习，完成任务	1次	7分钟	大
结束部分	五、放松活动及总结 1. 放松操 2. 课堂总结 3. 布置任务 4. 归还器材 5. 师生道别	教师带领学生进行放松；对本节课进行总结；布置进行课后任务，提出要求	听音乐进行放松练习；学生间相互评价、相互学习；体委收拾器材并归还	放松身心，相互评价，培养学生自主学习能力，课后完成练习任务，巩固提高技术动作	组织 △△△△△△△△ △△△△△△△△ ○○○○○○○○ ○○○○○○○○  要求：全身放松，课后完成任务	1	5分钟	小

水平四篮球“高运球、低运球”课时计划教案

教学内容	1. 复习篮球原地运球 2. 学习篮球高运球、低运球 3. 身体素质练习	重点 难点	重点：手指、手腕和手臂对球的发力 难点：手对球的控制能力
教学目标	1. 认知目标：通过学习篮球高运球、低运球动作，了解高运球、低运球的动作概念及作用 2. 技能目标：通过学习篮球高运球、低运球技术，使80%以上的学生初步掌握原地运球技术，提高手对球的控制能力，促进身体协调配合能力的提高 3. 情感目标：通过游戏竞赛和小组合作学习，提高学生对篮球运动的热情，增强自信心，发展学生个性，提高学生的心理素质，培养学生的团结协作能力		

课的结构	教学内容	教师指导	学生活动	组织与要求	运动负荷		
					次数	时间	负荷
准备部分	一、课堂常规 体育委员集合整队、清点人数、报告老师	了解学生情况，宣布课的目标、内容，提出课的要求，向学生问好，安排见习生	学生集合快、静、齐，体育委员整队，清点人数，汇报；学生了解本次课的内容与要求		1次	1分钟	小
	二、反口令练习 立正→稍息 下蹲→起立 向右看→向左看 向右转→向左转 向后转→原地	调动学生上课的积极性，让学生动起来	学生注意力集中，按要求进行练习	组织 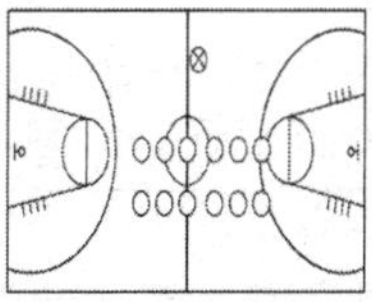 要求：集合要做到快、静、齐；老师声音洪亮	1次	1分钟	小
	三、尝试练习 让学生先自己玩球，提出要求；让学生畅谈玩球时的感受，同时让他们提出在用手玩球时所遇到的困难，从而引出本次课所要学习的内容	对学生自主玩球提出要求：除双手外，身体的其他部位不可以触碰到球，同时需要将球弹起来	学生自己玩球，尝试运球动作技术，体会不同运球方法		1次	2分钟	中
	四、准备活动 1. 慢跑 以球场中心圆为圆心，围成圆圈慢跑，边跑边随教师口令做各种动作	1. 提出跑的方案和要求，让学生随口令做各种动作	1. 在教师的带领下有节奏地慢跑并做相应的动作	组织 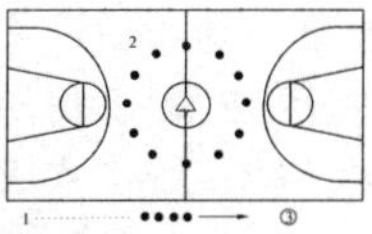 要求：动作和口令一致	1次	2分钟	中
	2. 徒手操 (1) 扩胸后振 (2) 左右转体 (3) 体前绕 (4) 蹲起 (5) 后摆踢	2. 提出做准备活动时的要求，并喊口令带领学生做徒手操	2. 提高上课热情，同时体现主体地位；跟随老师的口令做动作；做动作时认真	组织 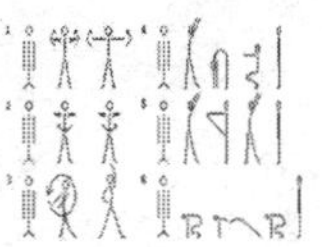 要求：动作到位	1次	2分钟	中

续表

准备部分	3. 回顾练习 回顾上节课所学的原地运球动作，让动作完成好的学生进行动作示范	3. 指导学生练习所学的原地运球动作。观察学生的动作，对动作做得好的学生提出表扬并纠正错误动作	3. 认真练习上一次课所学的原地运球动作；认真听教师讲解动作，同时改正和提高不足之处	组织 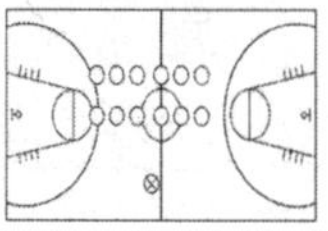 要求：练习认真	1次	2分钟	中
基本部分	五、学习篮球高运球 动作方法：运球时两腿微屈，上体稍前倾，目平视，以肘关节为轴，前臂自然伸屈，用手腕、手指柔和而有力地按拍球的后上方。球的落点控制在运球手臂同侧脚的外侧前方，球的反弹高度在胸腰之间 重点：手臂对球的落点控制；手腕、手指对球的用力 难点：手按拍球的部位合理，手脚配合协调	教师提问：在篮球运动中有哪些运球的方法？让学生思考并回答；教师讲解篮球高运球动作要点并进行示范；安排学生练习；教师巡回观察、纠错、指导	学生主动思考问题，并积极回答；认真观察老师示范；教师讲解时认真听讲；积极练习；相互学习，改进动作	组织  要求：手指手腕拍球有力，拍球位置准确  要求：上体稍前倾，目平视，以肘关节为轴，用手腕、手指柔和而有力地按拍球	30～40次	12分钟	中
	六、学习篮球低运球 动作方法：两腿应迅速弯曲，重心下降，上体前倾，球的落点在体侧，用上体和腿保护球。同时，用手腕和手指短促地按拍球的后上方，使球控制在膝关节的高度，两腿用力后蹬，继续快速前进。行进间低运球拍球的部位在球的后上方或后侧方 重点：对球高度的控制；手指、手腕对球用力大小的控制 难点：重心降低，上体前倾，按拍球短促有力；手脚的协调配合	讲解低运球的要点与重点并让学生模仿；完整示范动作；提出练习要求；组织学生练习；分小组练习，熟练后让学生将所学动作进行组合练习；观摩学生动作，对错误动作进行及时纠正；进行小组比赛，展示学习效果	认真听教师的讲解，观看教师的动作示范，掌握动作要领；认真练习，积极思考，互相学习与提高；积极展示小组学习的成果；学生自我评价、相互评价	组织   要求：手指、手腕拍球部位准确，发力时协调统一 自主练习组织  要求：注意控制球的落点；按拍球后上方，控制球的高度；重心要降低，注意手脚协调配合	30～40次	12分钟	中

续表

基本部分	七、拓展部分 运球传球接力游戏 方法：将学生分成4组，每队第一名同学持球，运球到中圈绕过立柱传球，依次类推，直至游戏结束	讲解游戏方法和规则；组织学生进行游戏，注意安全；鼓励学生积极参与游戏；教师点评	遵守游戏规则；小组商量，相互配合，积极主动地参与游戏；学生相互评价	组织 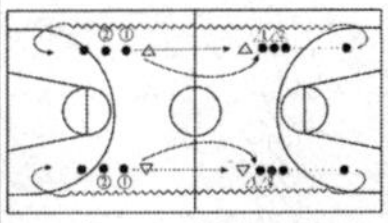 要求：遵守游戏规则，团队协作	2次	6分钟	大
结束部分	八、放松与总结 1. 舞蹈放松 2. 点评总结 3. 布置课外练习 4. 宣布下课 5. 师生再见	教师喊口令，带领学生一起放松；对本节课进行总结；宣布下课，布置课后作业	听音乐跳舞放松，消除肌肉的疲劳，使身心得到恢复；积极发言，学生相互评价；值日生负责收还器材	组织 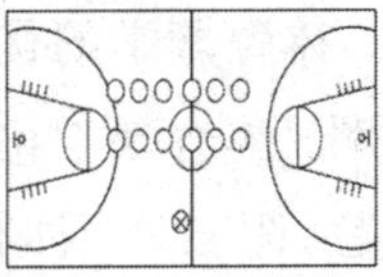 要求：认真总结，完成课外练习	1次	5分钟	小

参考文献

[1] 周小山. 新课程的教学设计思路与教学模式[M]. 成都：四川大学出版社，2002.
[2] 谢彬. 新课程教学设计（体育）[M]. 北京：首都师范大学出版社，2004.
[3] 南勇. 体育教学的优化设计[J]. 兰州大学学报，2001（2）：92-94.
[4] 毛振明. 体育教学论[M]. 北京：高等教育出版社，2005.
[5] 伍天慧，谭兆风. 体育教学设计与实践的系统观[J]. 体育与科学，2005（2）：78-80.
[6] 焦敬伟. 体育教学设计的基本过程与方法[J]. 上海体育学院学报，2003（6）：86-88.
[7] 王丽君. 系统化体育教学设计[J]. 武汉体育学院学报，2005（4）：111-113.
[8] 苏正南. 新课程理念下的体育教学设计[J]. 体育与科学，2003（11）：68-70.
[9] 卢元镇. 体育人文社会学高级教程[M]. 北京：高等教育出版社，2003.
[10] 顾明远. 教育大辞典（第一卷）[M]. 上海：上海教育出版社，1990：210 -211.
[11] 乔静然. 基于新课程标准的石家庄市初中体育教学设计研究[D]. 石家庄：河北师范大学，2015.
[12] 林秀春，徐瑞芳，黄倩. 中小学体育教师教学设计能力调查研究[J]. 湖北师范大学学报：自然科学版，2018，38（1）：100-107.
[13] 中华人民共和国教育部.体育与健康课程标准[Z]. 北京：北京师范大学出版社，2011.
[14] 杨雪芹，刘定一. 体育教学设计[M]. 南宁：广西师范大学出版社，2005.
[15] 孙可平.现代教学设计纲要[M].西安：陕西人民出版社，1998.
[16] 王明."友伴群体"在中专院校体育教学中的应用研究[D]. 武汉：华中师范大学，2014.
[17] 舒胜芳，高学民. 体育教学设计[M]. 上海：复旦大学出版社，2013.
[18] 冯霞. 体育教学设计与教案编写[M]. 北京：北京：体育大学出版社，2004.
[19] 吕峰. 学校体育教学设计[M]. 长春：吉林大学出版社，2012.
[20] 杨雪琴. 体育教学设计[M]. 南宁：广西师范大学出版社，2008.
[21] 王成军. 我国大中小学体育教学目标衔接的现状及对策研究[J]. 青少年体育，2017（4）：54-55.

[22] 杜俊娟. 体育教学设计[M]. 北京：北京体育大学出版社， 2007.
[23] 李伟. 新课准下体育教学组织形式的理论性研究[J]. 北京体育大学学报，2007，30（5）：22-23.
[24] 王秀香，李旭，鲁永学. 中小学体育课时计划教学目标设计中的问题及其解决对策[J]. 体育学刊，2014，21（6）：100-103.
[25] 张晓林. 深化新课程改革中体育教学目标泛化的解构与治理[J]. 西南师范大学学报：自然科学版，2017，42（4）：158-162.
[26] 王飞雄，涂琢成. 新课程背景下体育课教学目标设计问题的分析[J]. 西南师范大学学报：自然科学版，2017，36（7）：622-624.
[27] 李海娜. 人本主义视角下我国农村中小学体育教学目标研究[D]. 新乡：河南师范大学，2017.
[28] 王国亮. 翻转课堂在体育教学中的价值及实施策略[J]. 教学与管理，2015（12）：117-121.
[29] 张磊. 基于变易理论的体育教学内容分析及其设计策略[J]. 北京体育大学学报，2015，38（6）：80-84.
[30] 蔺新茂. 实用主义体育与体育教学内容的实用性分析[J]. 北京体育大学学报，2016，39（11）：82-88.
[31] 张学忠. 学校体育教学论[M]. 北京：人民体育出版社，2006.
[32] 田慧生，李如密. 教学论[M]. 石家庄：河北教育出版社，2006：187.
[33] 王则珊. 学校体育理论与研究[M]. 北京：北京体育大学出版社，2005：296.
[34] 党炳康. 试析体育说课的要素及说课技巧[J]. 渭南师范学院学报，2016，31（8）：52-57.
[35] 霍军. 创新教育理念下体育教学方法理论与实践研究[M]. 北京：北京体育大学出版社，2012.
[36] 党林秀. 基于学生全面发展的体育教学方式理论与实践研究[D]. 上海：华东师范大学，2017.
[37] 张细谦，杨文轩. 体育与健康课程实施的发展策略[J]. 体育学刊，2012，19（1）：74-77.
[38] 钱巧鲜. 体育分层教学及其策略研究[J]. 体育文化导刊，2015（5）：155-158.
[39] 刘海元. 学校体育教程[M]. 北京：北京体育大学出版社，2011.
[40] 马特维耶夫. 体育理论与方法[M]. 姚颂平，译. 北京：北京体育大学出版社，1994：54-85.
[41] 翟清晨. “分组式探究”体育教学法在初中体育课堂的实验研究[D]. 西安：西

安体育学院，2015.
[42] 曲红军. 论体育教学方法的分类与选择——优化的视角[D]. 济南：山东师范大学，2003.
[43] 李明鉴. 快乐体育教学法对中学生身心健康影响的实验研究[D]. 牡丹江：牡丹江师范学院，2015.
[44] 冯晓丽. 体育教学方法分类研究[J]. 体育科学，2004，24（1）：53-55.
[45] 高菲菲. 对体育教学方法研究现状的分析和评价[J]. 首都体育学院学报，2006，18（3）：14-16.
[46] 杨枉. 关于体育课程改革教学方法的思考[J]. 辽宁教育行政学院学报，2010(6)：170-171.
[47] 黄继英，赵世颖. 和谐教学法的理论探讨[J]. 黑龙江高教研究，2006(5)：164-165.
[48] 刘易斯. 2011 年版新课程标准理念下西安市初级中学体育教学方法设计研究[D]. 西安：西安体育学院，2015.
[49] 屈小亮. 建国以来我国体育教学方法的梳理、评判与反思[D]. 长春：吉林体育学院，2016.
[50] 李宗山. “互联网+”时代信息化在中小学体育教学中的应用[J]. 教学与管理，2016（9）：98-100.
[51] 樊临虎. 关于现代体育教学组织形式的研究[J]. 北京体育大学学报，2005（11）：1533-1541.
[52] 杨青. 教学组织形式研究的发展及其问题[J]. 体育世界，2007（5）：54-56.
[53] 苏友伟. 实施有效体育教学的案例分析[D]. 南京：南京师范大学，2011.
[54] 李国锋. 新课标下的体育教学方式八创新[J]. 体育教学，2004（1）：17-18.
[55] 韩桂凤. 现代教学论[M]. 北京：北京体育大学出版社，2003.
[56] 马凌. 新课程理念与体育教学方式的转变[J]. 体育教学，2003（2）：4-6.
[57] 宋平. 制约体育教学组织形式的因素[J]. 西安体育学报，2000（7）：138-139.
[58] 李冬初. 常德市七中体育课堂教学 1+4 选项制教学模式实践研究[D]. 北京：北京体育大学，2015.
[59] 韩丽，张美超. 融合动作捕捉技术的体育微课教学设计与实验研究[J]. 辽宁师范大学学报：自然科学版，2017，40（2）：199-206.
[60] 王萍. 我国与日本体育教学中分组教学组织形式的分析[J]. 搏击·武术科学，2005（2）：11.
[61] 刘丽丽. 新课程标准下体育教师角色与教学组织形式[J]. 西安工程大学学报，2008（8）：529-531.

[62] 吴式颖. 外国教育史教程缩编本[M]. 北京：人民教育出版社，2002：45.
[63] 杨斌. 教学过程本质研究 30 年：回顾与反思[J]. 当代教育与文化，2009（1）：33-38.
[64] 周波. 我国近 60 年教学过程本质研究的审视[J]. 河北：河北师范大学学报，2009（6）：42-46.
[65] 李世彬. 教学过程本质的分类研究[J]. 教育探索，2001（9）：28-29.
[66] 刘利平. 论教学过程的本质[J]. 新疆医科大学学报，2011（3）：286-287.
[67] 潘洪建. 教学过程本质研究之反思[J]. 四川师范大学学报，2001（1）：87-88.
[68] 熊和平. 我国近 20 年教学过程本质研究的反思[J]. 教育与现代化，2001（3）：3-8.
[69] 廖振昌. 从新课程改革视域分析中学体育教学创新设计[J]. 教育现代化，2017（1）：248-250.
[70] 杨小燕，陈思远. 基于微课支持的体育教学设计研究[J]. 四川体育科学，2017，36（5）：133-136.
[71] 张冰. 体育课堂教学过程设计需要注意的两个问题[J]. 科技资讯，2015（6）：155.
[72] 巴晓慧. 新课改下中小学体育课时计划教学过程编写特点的分析[D]. 大连：辽宁师范大学，2017.
[73] 毛振明. 关于体育教学模式的研究[J]. 广州体育学报，2000，4（20）：4-7.
[74] 许剑. 体育教学模式概念的系统分析[J]. 体育与科学，2006，27（3）：76.
[75] 李尚滨，王德才，刘英爽，等. 基于物联网的体育教学平台设计[J]. 体育学刊，2015，22（1）：90-94.
[76] 张细谦. 有效体育教学模式的创建与实施[J]. 广州体育学院学报，2015，35（1）：106-109.
[77] 夏俊彪. 成果导向体育课程设计研究[D]. 南京：南京师范大学，2015.
[78] 张亭，唐景丽. 新中国基础教育体育课程改革走向的回顾与反思[J]. 武汉体育学院学报，2016，50（10）：96-100.
[79] 孙英俊，胡少亭. 体育教学设计的四要素[N]. 中国体育报，2007-07-25（7）.
[80] 郑仲. 体育教学设计应遵循的原则[N]. 九江日报，2013-10-11（6）.
[81] 潘绍伟，于可红. 学校体育学[M]. 北京：高等教育出版社，2008：100-101.
[82] 韦同启. 谈学期体育教学工作计划的制定[J]. 体育师友，2007（5）：38.
[83] 薛凌. 计划行为理论在体育教学设计中的应用[J]. 教学与管理，2015（12）：114-116.

[84] 张东如，程保华. 体育课时教学计划的设计[J]. 黄石教育学院学报，2011（1）：36.

[85] 杜存锋. 如何制定新学期体育教学工作计划[J]. 体育教学，2000（6）：21.

[86] 陈旭. 体育教学课时计划设计应注意的几个问题[J]. 临沂师范学院学报，2002，24（3）：112-113.

[87] 涂绍生，张波. 体育与健康课堂教学理论与案例分析[M]. 北京：人民体育出版社，2013.

[88] 尚力沛，程传银. 基于发展学生核心素养的体育单元教学设计[J]. 临沂师范学院学报，2018，25（1）：98-103.

[89] 杜煦佳. 新课程标准下中小学体育课表格式课时计划的要素编写设计[D]. 大连：辽宁师范大学，2016.

[90] 袁鸿祥. 体育教学中单元计划的设计要素与呈现[J]. 教学与管理，2017（3）：55-57.

[91] 赵清堂. 新课程背景下初中体育教学单元设计分析探讨[J]. 中国校外教育，2014（12）：157.